市政道路建设
管理理论与应用
——哨关路工程建设管理实践

闭春华 魏家旭 唐 洪 ⊙ 著

西南交通大学出版社
·成 都·

图书在版编目（CIP）数据

市政道路建设管理理论与应用：哨关路工程建设管理实践／闭春华，魏家旭，唐洪著. —成都：西南交通大学出版社，2018.3
ISBN 978-7-5643-6099-3

Ⅰ. ①市… Ⅱ. ①闭… ②魏… ③唐… Ⅲ. ①市政工程–道路施工–施工管理–云南 Ⅳ. ①U415

中国版本图书馆 CIP 数据核字（2018）第 046309 号

市政道路建设管理理论与应用
——哨关路工程建设管理实践

闭春华　魏家旭　唐　洪　著

责 任 编 辑	姜锡伟	
封 面 设 计	何东琳设计工作室	
出 版 发 行	西南交通大学出版社 （四川省成都市二环路北一段 111 号 西南交通大学创新大厦 21 楼）	
发行部电话	028-87600564　028-87600533	
邮 政 编 码	610031	
网　　　址	http://www.xnjdcbs.com	
印　　　刷	四川煤田地质制图印刷厂	
成 品 尺 寸	170 mm × 230 mm	
印　　　张	17.25	
字　　　数	298 千	
版　　　次	2018 年 3 月第 1 版	
印　　　次	2018 年 3 月第 1 次	
书　　　号	ISBN 978-7-5643-6099-3	
定　　　价	88.00 元	

图书如有印装质量问题　本社负责退换
版权所有　盗版必究　举报电话：028-87600562

编委会

主　编　闭春华

副主编　魏家旭　唐　洪　王东生

编　委　朱红兴　李家舜　苏雄斌　刘昆珏　李官勇
　　　　　郭振豪　胡　俊　张明杰　吕维超　马兴伟
　　　　　刘睿迪　钱石建　字锐周　杨　杰　李　强
　　　　　陈玉键　王　伟　张崇文　樊兴波　连国彪
　　　　　程春梅　王　璐　唐　斌　韦章林　闭　芬
　　　　　邹　政　赵平波　刘天国　张云沂

前　言

市政道路是城市运行的脉络，市政道路主要服务于城市的内部体系。与公路相比，市政道路的建设管理具有工程融资难度大、施工干扰多、工期紧、施工质量控制难度大、安全保通要求高、施工环保和文明施工要求高等特点。近年来，随着我国建设领域投融资体制的改革，市政道路建设领域也开始引入 PPP 融资模式，投融资模式的创新为市政道路的建设带来了大量的资金，推动了市政道路建设新高潮的掀起。

随着我国城市化进程的不断提速，市政道路的建设规模不断加大，各地在市政道路工程领域的投资不断增加，我国市政道路的建设管理水平不断提升。由于市政道路自身所处环境的特殊性，人们对其在进度、质量、安全、环保等多个方面的管理均提出了更高的要求；此外，新的投融资模式也为市政道路的建设管理带来了新的挑战。总而言之，在新形势下，如何有效提高市政道路的建设管理水平，仍然是一个需要不断探索的领域。

云南省建设投资控股集团有限公司具有丰富的市政道路建造经验，近年来集团在市政建设领域的业务逐步从传统的施工承包向投融资、运营管理等全过程全生命周期的业务延伸，集团发展迫切需要对市政道路建设管理等方面的经验进行总结和提高。为此目的，集团委托所属路桥总承包部，组织具备丰富经验的总工程师、专业技术人员，以哨关路的建设管理为依托，编著本书，针对市政道路建设过程中的组织、规划、进度、质量、安全保通等多个方面进行深入分析探讨，以期为后续市政道路建设管理提供参考之用。

著者

2017 年 12 月

目 录

第1章 绪 论 ·· 001
1.1 市政道路的建设管理特点 ·· 001
1.1.1 市政道路的工程特点 ·· 001
1.1.2 市政道路建设管理的特殊性 ·· 003
1.2 市政道路融资模式的对比分析 ·· 004
1.2.1 BOT模式及其变化 ··· 004
1.2.2 ABS模式 ··· 008
1.2.3 PPP模式 ··· 009
1.2.4 其他融资模式 ·· 013
1.3 滇中新区哨关路工程建设管理简述 ·· 016
1.3.1 工程概况 ·· 016
1.3.2 工程总体目标 ·· 023
1.3.3 工程实施总体安排 ·· 024

第2章 市政道路建设管理组织 ·· 027
2.1 市政道路建设管理组织类型与选择 ·· 027
2.1.1 建设管理组织的主要类型 ·· 027
2.1.2 建设管理组织形式的选择 ·· 033
2.2 市政道路工程实施组织的类型与选择 ······································ 035
2.2.1 实施组织的主要类型 ·· 035
2.2.2 实施组织形式的选择 ·· 038
2.3 市政道路项目组织驱动机制 ·· 040
2.3.1 项目组织驱动机制的内涵 ·· 040
2.3.2 项目组织的契约驱动机制 ·· 042
2.3.3 项目组织的职权驱动机制 ·· 044

2.4 哨关路工程建设管理组织···047
　　2.4.1 哨关路的融资模式··047
　　2.4.2 哨关路的实施组织结构设计·····································048
　　2.4.3 哨关路项目组织的主要岗位职责划分······················050

第3章 市政道路的施工组织设计管理·····································063
3.1 施工组织设计的基本理论··063
　　3.1.1 施工组织设计的基本概念、要素、原则·················063
　　3.1.2 施工组织设计的内容··069
　　3.1.3 施工组织设计在工程中的运用和作用······················070
3.2 哨关路施工总体部署··072
　　3.2.1 总体施工目标··072
　　3.2.2 施工片区划分··072
　　3.2.3 总体施工安排··073
　　3.2.4 各项大临设施··075
3.3 主要重点工程施工组织安排··079
　　3.3.1 本工程重点难点分析··079
　　3.3.2 重难点工程主要应对措施······································081
　　3.3.3 跨沪昆铁路桥施工组织··083
　　3.3.4 路面工程施工组织··092

第4章 市政道路工程进度管理···102
4.1 市政道路进度管理特点··102
　　4.1.1 工程项目分类··102
　　4.1.2 市政道路进度管理理论··103
　　4.1.3 市政道路进度控制基本原理··································103
4.2 线状工程进度计划方法简介··104
　　4.2.1 甘特图和CPM/PERT方法······································105
　　4.2.2 LSM方法··106
　　4.2.3 LOB/CPM方法···121

4.3 LSM方法在哨关路工程中的应用 ································ 126
　　4.3.1 工程总体进度计划与控制 ································ 126
　　4.3.2 工程局部进度计划优化 ···································· 132
4.4 哨关路的进度管理办法与保障措施 ································ 137
　　4.4.1 哨关路的进度管理办法 ···································· 137
　　4.4.2 哨关路的进度保障措施 ···································· 141

第5章 市政道路工程质量管理 ································ 144

5.1 市政道路工程质量管理理论 ·· 144
　　5.1.1 市政道路质量管理基本概念 ································ 144
　　5.1.2 市政道路工程质量的影响因素 ······························ 147
　　5.1.3 市政道路工程质量的通病 ·································· 149
　　5.1.4 市政道路工程质量管理的特点与原则 ························ 151
5.2 市政工程质量管理基本方法 ·· 152
　　5.2.1 施工质量管理的重点 ······································ 152
　　5.2.2 材料和人的质量控制 ······································ 155
　　5.2.3 施工方案的质量控制 ······································ 157
　　5.2.4 施工工序的质量控制 ······································ 158
5.3 哨关路的质量管理办法与质量保证措施 ······························ 161
　　5.3.1 质量目标与质量保证体系 ·································· 161
　　5.3.2 质量管理制度 ·· 164
　　5.3.3 工程质量检测制度 ·· 168
　　5.3.4 主要分项工程质量保证措施 ································ 171
　　5.3.5 成品半成品防护措施 ······································ 178

第6章 市政道路施工阶段投资控制 ································ 183

6.1 市政道路投资控制基本理论 ·· 183
　　6.1.1 建设项目投资控制的含义 ·································· 183
　　6.1.2 市政道路投资控制的类型和方法 ···························· 185
6.2 市政道路施工阶段的投资控制 ······································ 187
　　6.2.1 施工阶段投资控制的内容 ·································· 188

  6.2.2 施工阶段投资控制面临的主要问题 ·········· 189
  6.2.3 施工阶段投资控制的主要方法 ············ 190
 6.3 哨关路施工阶段的投资控制 ················ 196
  6.3.1 哨关路的计量支付管理 ··············· 196
  6.3.2 哨关路的资金管理 ················· 206

第 7 章 市政道路施工安全与应急管理 ············ 212

 7.1 市政道路施工安全管理理论基础 ·············· 212
  7.1.1 安全事故致因理论 ················· 212
  7.1.2 市政道路施工危险源的识别 ············· 221
 7.2 哨关路施工安全管理办法与施工保证措施 ·········· 225
  7.2.1 哨关路的安全管理办法 ··············· 225
  7.2.2 哨关路的安全保障措施 ··············· 232
 7.3 市政道路应急管理理论基础 ················ 239
  7.3.1 突发事件 ···················· 239
  7.3.2 应急组织管理的理念 ················ 241
  7.3.3 应急组织管理的环节及内容 ············· 242
  7.3.4 应急救援的影响因素 ················ 243
 7.4 哨关路的应急管理制度与措施 ··············· 246
  7.4.1 应急管理制度 ··················· 246
  7.4.2 应急事故处理流程 ················· 248
  7.4.3 应急管理技术措施 ················· 249

参考文献 ························· 254

第1章 绪 论

市政道路指的是通达城市各地区,与市外道路相连接并负担着对外交通、供城市内交通运输及行人使用的道路。市政道路是城市总体规划的重要组成部分,具体分为快速路、主干道、次干道及支路四类。

近年来,随着我国建设领域投融资体制的改革,大量涌入的资金为城市基础设施建设新高潮的兴起提供了坚实的经济基础。随着我国城市化的不断加快,市政基础设施建设也快速发展,各地在市政道路工程领域的投资不断增加,市政道路的建设管理水平不断提升。市政道路自身所处环境的特殊性,对其进度、质量、环保等多个方面的管理均提出了更高的要求,如何有效提高市政道路的建设管理水平,仍然是一个需要不断探索的领域。

为及时总结市政道路的建设管理经验,提高市政道路的建设管理水平,云南省建设投资控股集团有限公司组织团队对哨关路等多条市政道路的建设管理经验进行了总结提炼,针对市政道路建设过程中的组织、规划、进度、质量、安全保通等多个方面进行了深入分析探讨,以期为后续市政道路建设管理提供参考。

1.1 市政道路的建设管理特点

1.1.1 市政道路的工程特点

现代的市政道路是城市总体规划的主要组成部分,关系到整个城市的有机活动。城市各重要活动中心之间要有便捷的道路连接,以缩短车辆的运行距离;城市的各次要部分也须有道路通达,以利居民活动。城市道路既繁多又集中在城市的有限面积之内,纵横交错形成网状。市政道路主要服务于城市内部体系。与公路相比,市政道路具有以下主要特点:

1. 市政道路工程具有公益性

市政道路工程是城市基础设施建设工程，不仅是城市形象的标志，更与城市的生存和发展紧密相连，与市民的生活质量休戚相关。

2. 市政道路工程的施工具有很强的社会性

市政道路工程往往穿越市区，施工期间对市民的生活影响较大。一般新建工程或改扩建工程与原有工程（如地下管线、人防工程、地上建筑物、输电及通信线路等）会有冲突。这样，市政道路建设部门在建设过程中就会经常与原有工程的管理部门产生联系。在建设施工中，各方面包括设计方、施工方、监理方、建设主管部门等，都会参与到其中。因此，市政工程施工是一项社会性很强的工作。

3. 市政道路工程具有其独特的系统性

一个大型市政道路项目必然会有配套的若干工程，如建设一个高架桥工程，必然会有配套的自来水、雨污水、电力、电信、煤气、供热、路灯等工程，这就要求施工单位在工程进行中，系统地安排各项子工程的进展，既要与各主管部门协调施工时间、方法，又要充分考虑各子工程间的相互关系，合理安排施工顺序。

4. 施工场地狭窄、动迁量大

由于市政道路工程一般是在市内的大街小巷施工，旧房拆迁量大，征地拆迁成本高，受制约的因素多。其施工场地狭窄，常常影响施工路段的环境和交通，给市民的生活和生产带来不便，也增加了对道路工程进行进度控制、质量控制的难度。

5. 道路交叉多，交通组织困难

由于市政道路服务于城市内部体系，因此道路密度很大，而且主要成网状分布，因此不可避免地形成了许多道路交叉。此外，市政道路在施工过程中难免要与许多已经建成的公路、铁路、水利设施、城市轨道交通等工程产生交叉；许多交叉穿越的方式或采用桥梁上跨，或采用地下工程下穿。总之，道路改扩建或立交桥、高架桥的建设，是为了解决或缓解当前交通拥塞的状况。因此，规划部门往往只有在那些交通流量大的瓶颈口处才决定扩建或新建，而在这些处所施工势必会给已经拥挤不堪的地段带来"雪上加霜"的窘况。

6. 地下管线等附属设施多

在市政道路建设过程中，施工单位一般会将大量的城市生命线工程附着在市政道路的下方。因此，城市快速路的修筑往往伴随着大量地下管线等附属设施（主要包括供水、排水系统管线，电力、燃气及石油管线，电话和广播电视等通信管线）的修建。这些附属设施有时会各自独立修筑，有时会采用城市综合管廊的形式集中修筑。这些附属设施是城市快速路的重要组成部分，也会对城市快速路的投资和进度产生直接影响，若盲目施工极有可能挖断管线，造成重大的经济损失和严重的社会影响，同时也会给道路工程进度带来负面影响，增加额外的投资费用。

7. 原材料投资大

城市道路工程材料使用量极大，在工程造价中，所占比例在50%左右。如何合理选材，是工程质量控制的重要环节。施工现场的分布、运距的远近都是材料选择的重要依据。

8. 地质条件影响大

城市道路工程中雨水、污水排水工程，往往受施工现场地质条件的影响。如遇现场地下水位高、土质差，就需要采取井点或深井降水措施，待水位降至符合施工条件时，才能组织沟槽的开挖；如管道埋设深、土质差，则还需要施作沟槽边坡支护，方能保证正常施工。

1.1.2 市政道路建设管理的特殊性

1. 工程融资难度大

与高速公路可以通过收费回收建设投资相比，市政道路在运营过程中很难产生直接经济收益。因此，市政道路建设主要依靠地方财政投入来支持。近年来，随着PPP等融资模式的推广运用，市政道路建设领域也逐步开始推广PPP融资模式。市政道路PPP项目的建设投资回收最终要依靠政府财政投入来偿还，而政府有限的财政收入限制了市政道路的建设规模，同时也会给大规模的PPP项目带来潜在的财务风险。

2. 工期紧、施工干扰因素多

与公路建设相比，市政道路施工的准备期短、开工急。由于市政道路在城区范围内施工，道路施工不可避免地对城市的正常运转产生巨大的干扰。为减少工程建设对城市日常生活的干扰，政府给市政道路设定的施工周期通常都很短，并且对施工周期的要求十分严格，工程只能提前完工，不允许推后。施工单位只能根据工期倒排进度计划，这样容易产生误差。由于市政道路施工拆迁量、拆迁难度都很大，征地拆迁问题常常成为制约工程进度的重要因素；此外，施工环保、施工安全、保通、文明施工等方面的要求都是制约道路工程施工进度的重要因素。

3. 施工质量控制难度大

市政道路工程具有线长、结构终年外露等特征，并且其建设过程受各种复杂多变的条件和因素制约，如行政干扰、地质水文条件及天气因素等，加之市政道路工程施工现场的场地一般比较狭窄，战线长，地下管线交错复杂，并且工期要求紧，施工过程中还要综合考虑城市供热、给水、雨水、污水、燃气、电力、通信、绿化等条件制约，加大了工程的施工难度及复杂性以及市政道路工程质量的控制难度。

4. 安全保通任务重

城市快速路在市区进行跨线施工时，既要保证工程施工的顺利进行，又要保证既有道路的畅通，此外还要同时保证既有道路的同行安全和在建道路的施工安全。因此，城市快速路施工的安全保通任务非常繁重。

5. 环境保护、文明施工要求高

与高速公路相比，城市快速路在城市范围内施工，因此对施工环境保护和文明施工提出了更高的要求。环境保护和文明施工的高要求主要体现在以下几个方面：① 对地上构筑物和地下管线的保护要求高；② 对施工围挡的要求高；③ 对施工噪声控制及施工扬尘控制要求高；④ 对土方运输要求高；⑤ 对保证既有道路通行秩序要求高。

1.2 市政道路融资模式的对比分析

1.2.1 BOT 模式及其变化

1. BOT 模式

BOT 是"建设—经营—转让"的英文缩写，指的是政府或政府授权的项目业主，将拟建设的某个基础设施项目，通过合同约定并授权给另一投资企业来融资、投资、建设、经营、维护该项目，该投资企业在协议规定的时期内通过经营来获取收益，并承担风险，政府或政府授权的项目业主在此期间保留对该项目的监督调控权，协议期满根据协议由授权的投资企业将该项目转交给政府或政府授权的项目业主的一种模式。BOT 模式适用于现在不能盈利而未来却有较好或一定的盈利潜力的项目。其运作结构如图 1-1 所示。

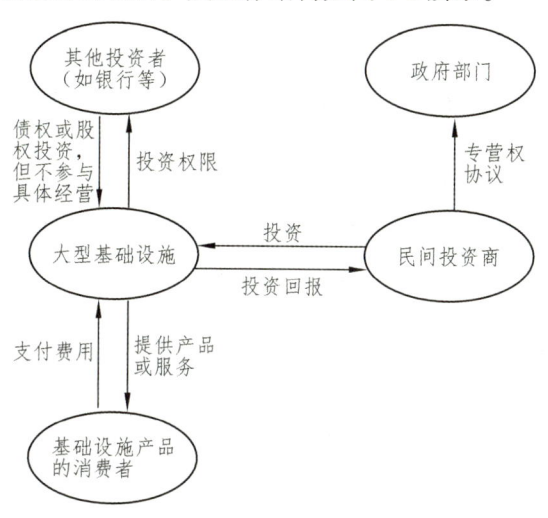

图 1-1　BOT 融资模式运作方式

BOT 模式又衍生出了 BOOT、BOO 等相近似的模式，这些模式一般被看作 BOT 的变种，它们之间的区别主要在于私人拥有项目产权的完整性程度不同（表1-1）：

表 1-1 BOOT、BOO 与 BOT 的比较

英文简称	BOT	BOOT	BOO
英文全称	Build-Operate-Transfer	Build-Own-Operate-Transfer	Build-Own-Operate
私人拥有项目产权的完整性	在特许期内暂时拥有，但不完整	在特许期内暂时拥有，较完整，私人参与度比 BOT 高	长期拥有，完整，近似于永久专营

TOT 是"移交－经营－移交（Transfer-Operate-Transfer）"的简称，具体是指：中方在与外商签订特许经营协议后，把已经投产运行的交通基础设施项目移交给外商经营，凭借该设施在未来若干年内的收益，一次性地从外商手中融得一笔资金，用于建设新的交通基础设施项目；特许经营期满后，外商再把

该设施无偿移交给中方。

2. BT 融资模式

BT（建设—转让）是 BOT 的一种演化模式，其特点是协议授权的投资者只负责该项目的投融资和建设，项目竣工经验收合格后，即由政府或政府授权的项目业主按合同规定赎回。这种模式适用于建设资金来源计划比较明确，而短期资金短缺、经营收益小或完全没有收益的基础设施项目。

根据政府面临的任务目标和项目特点，BT 模式涉及的适用范围总体上讲是：前期工作成熟到位、急需投资建设；建设资金回收有保障，但回收时间较长（一般在 10 年以上）；项目的中长期筹资能力较好，短期融资较困难。其使用范围包括：土地储备整治及开发（BT）；城镇供水项目（BT 或 BOT）；污水处理项目（BT 或 BOT）；水电，特别是小水电开发（BT 或 BOT）；河堤整治开发建设（BT）；部分水源建设项目（BT）。

3. 采用 BOT、BT 模式时要注意的主要问题和对策措施

采用 BOT、BT 有助于缓解水利建设项目业主一段时间特别是当前资金困难。但具体操作中存在项目确定，招标选代理业主，与中标者谈判，签署与 BOT、BT 有关的合同，移交项目等多个阶段，涉及政府许可、审批、标的确定等诸多环节。其中，BT 方式还存在到期必须回购付款的资金压力。这些都需要注意应对，确定相应的对策措施。

1）完善机制，寻求法律支持。

项目的谈判中、签订中、履行中以及转让中寻求法律的支持是客观的需要，这对于项目的健康有序运行十分必要。

（1）在项目的谈判中。

当采用 BOT、BT 方式融资进行基础设施建设时，应请律师参与商务谈判、起草法律文件、提供法律咨询、提出司法建议等。如果是通过招标投标方式从优确定投资者，则应依据《中华人民共和国招标投标法》审查整个招投标过程，特别是对开标过程的真实性、合法性进行现场公证。

（2）在协议签订中。

BOT、BT 项目企业确定后，项目业主应与该项目承包商签订《投资建设合同书》。这个合同书是 BOT、BT 项目的核心协议，此后的一系列协议，都应依据此合同展开。项目业主应运用法律程序（如公证方式）从形式要件、实质要件上，确保这一合同的真实合法有效。如果项目承包商由多家投资者组成，投

资者之间也必须提交联合的法律文书。依照国际惯例，各类法律文书都应办理公证，使 BOT、BT 项目更趋规范化。

（3）在项目转让过程中。

BOT、BT 项目的投资方完成项目工程建设后，提出书面申请，由政府组织交工验收。验收合格后，BT 方式的投资方可申请 BT 移交；BOT 方式的项目进入经营，到期后提出移交。在项目转让过程中，相关各方应请法律机构或公证机构参与。

2）给予 BOT、BT 项目承包商比较合理的条件

以 BOT、BT 方式进行基础设施建设，建设周期长、投资回收慢，投资者对项目带不走，相比有的投入产出企业，BOT、BT 项目企业承担的风险更大。所以应制定对 BOT、BT 方式投资者比较合理的承包条件，如价格、融资的财务费用、支付条件等，以消除 BOT、BT 项目投资者的顾虑，把 BOT、BT 项目投资者利用降低工程质量、加大建设费用等方式提前收回投资转移到确定的合同条件上来。

3）强化对项目的监督

强化对 BOT、BT 项目的监督可通过以下途径进行：

（1）确定指标。

要确定项目的建设规模、建设内容、建设标准、投资额、工程时间节点及完工日期，并确认投资方投资额等，设立相应的资产、质量状况指标，并明确规定每一指标的上、下限。

（2）严格监督。

政府或政府授权的企业负责项目的全过程监督，对项目的设计、项目招投标、施工进度、建设质量等进行监督与管理，有权向投资方提出管理上、组织上、技术上的整改措施。

（3）强化法律。

若发生私自更改或超过规定数量的可诉之法律。实行建设市场准入制度，在施工过程中，监理工程师如发现承包人有分包嫌疑时有权进行调查核实，承包人应提供有关资料并配合调查，如分包成立则按违约处理。

4）注重风险防范，设立相应的资产、质量状况指标

首先，组建一个专业小组，形成依据完善的防范风险的合同条件；其次，充分预见经济、技术、质量、融资等各类可能存在的风险，拟定相应的风险回避对策；最后，力求各种审批和法律手续完善，做到公平、公正、公开。

1.2.2 ABS 模式

ABS 是 Asset-Backed-Securitization 即"资产证券化"的简称。这是近年来出现的一种新的基础设施融资方式，其基本形式是以项目资产为基础并以项目资产的未来收益为保证，通过在国内外资本市场发行成本较低的债券进行筹融资。规范的 ABS 融资通常需要组建一个特别用途公司（Special Purpose Corporation，SPC）；原始权益人（即拥有项目未来现金流量所有权的企业）以合同方式将其所拥有的项目资产的未来现金收入的权利转让给 SPC，实现原始权益人本身的风险与项目资产的风险隔断；然后通过信用担保，SPC 同其他机构组织债券发行，将发债募集的资金用于项目建设，并以项目的未来收益清偿债券本息。ABS 融资方式具有以下特点：与在外国发行股票筹资相比，可以降低融资成本；与国际银行直接信贷相比，可以降低债券利息率；与国际担保性融资相比，可以避免追索性风险；与国际双边政府贷款相比，可以减少评估时间和一些附加条件。其运作流程简要图示如图 1-2。

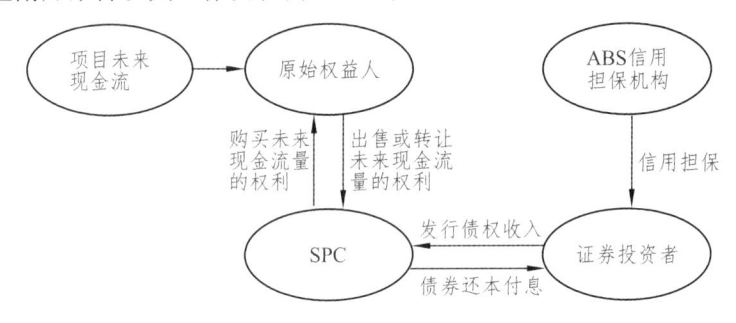

图 1-2　ABS 模式运作流程

在西方，ABS 广泛应用于排污、环保、电力、电信等投资规模大、资金回收期长的城市基础设施项目。

同其他融资方式相比，ABS 证券可以不受项目原始权益人自身条件的限制，绕开一些客观存在的壁垒，筹集大量资金，具有很强的灵活性。其优势具体表现在：① 政府通过授权代理机构投资某些基础设施项目，通过特设信托机构发行 ABS 证券融资，用这些设施的未来收益偿还债务，可以加快基础设施的建设速度，刺激经济增长。这样，政府不需用自身的信用为债券的偿还进行担保，不受征税能力、财政预算（如发行债券）法规约束，不会增加财政负担，缓解了财政资金压力。② 采用 ABS 方式融资，虽然在债券的发行期内项目的资产所有权归 SPC 所有，但项目的资产运营和决策权依然归原始权益人所有。因此，在运用 ABS 方式融资时，不必担心关系国计民生的重要项目被外商所控制和利用。这是 BOT 融资所不具备的。③ 发债者与投资者纯粹是债权债务关系，并不改变项目的所有权益。因而，ABS 方式避免了项目被投资者控制，保证了基础设施运营产生的利润不会大幅度外流。作为业主的政府无须为项目的投资回报做出承诺和安排。④ 减轻了银行信贷负担，有利于优化融资结构和分散投资风险，也为广大投资者提供了更广的投资渠道。

1.2.3　PPP 模式

1. PPP 模式的概念

PPP 为"公私合伙制"，是指公共部门通过与私人部门建立伙伴关系提供公共产品或服务的一种方式。PPP 包含 BOT、TOT 等多种模式，但又不同于后者，更加强调合作过程中的风险分担机制和项目的货币价值（Value For Money）原则。PPP 模式是公共基础设施建设中发展起来的一种优化的项目融资与实施模式，是一种以各参与方的"双赢"或"多赢"为合作理念的现代融资模式。其典型的结构为：特许经营类项目需要私人参与部分或全部投资，并通过一定的合作机制与公共部门分担项目风险、共享项目收益。根据项目的实际收益情况，公共部门可能会向特许经营公司收取一定的特许经营费或给予一定的补偿，这就需要公共部门协调好私人部门的利润和项目的公益性两者之间的平衡关系，因而特许经营类项目能否成功很大程度上取决于政府相关部门的管理水平。通过建立有效的监管机制，特许经营类项目能充分发挥双方各自的优势，节约整个项目的建设和经营成本，同时还能提高公共服务的质量。

PPP 是一个完整的项目融资概念，其最原始的形式是 1985—1990 年备受关注的 BOT 模式。较早的、比较正式的 PPP 模式出现在 1992 年英国保守党政府提出的"私人融资计划"（Private Finance Initiative，PFI）中。当时，PFI 模式大多用于运输部门的建设（在英国曾高达 85%）。但是现在，作为 PFI 的后继者，PPP 被广泛运用于各种基础设施项目的融资。确切地说，PPP 不是一种固定的模式，而是一系列可能的选择，如服务或者管理合同、计划 – 建设、计划 – 建设 – 运营，等等。这些不同的形式具有一些共同之处：① 希望转移更多的风险到私人部门；② 提高工程项目的成本利用效率；③ 提高对社区使用者的收费效率和水平。

2. PPP 模式的结构特点

PPP 模式的组织形式非常复杂，既可能包括营利性企业、私人非营利性组织，同时还可能有公共非营利性组织（如政府）。合作各方之间不可避免地会产生不同层次和类型的利益和责任的分歧。只有政府与私人企业形成相互合作的机制，才能使合作各方的分歧模糊化，在求同存异的前提下，达到项目目标。

PPP 模式的基本结构是：政府通过政府采购的形式与特殊目标公司签订特许合同（特殊目标公司一般是由中标的建筑公司、服务经营公司或对项目进行投资的第三方组成的股份有限公司），由特殊目标公司负责筹资、建设及经营。政府通常与提供贷款的金融机构达成一个直接协议，这个协议不是对项目进行担保，而是向借贷机构承诺将按与特殊目标公司签订的合同支付有关费用。这个协议使特殊目标公司能比较顺利地获得金融机构的贷款。由于协议内容不同，PPP 的实施形式有很多。一种极端形式是，私人部门提供几乎所有的资金，承担工程带来的主要风险，如建筑成本风险、延期风险以及由项目收益率的下降和比预期更高的运营成本所带来的风险。另一种极端形式是，私人部门只是设计建设一个被许多参数限定好了的项目，并且只对其中某一固定的收入进行运营。较为普遍的情况是，私人承包商承担设计建设的风险以及延期风险，但是政府承诺的收益足以弥补工程的竞价成本和运营成本。

PPP 模式不同于传统的承包做法。后者是让私人部门来运营一个曾经为公共部门运营的项目。在这种情况下，私人部门没有提供任何资本，也没有任何责任和控制权的转移。PPP 也不同于完全的私有化：私有化除去一些必要的规制外，是不需要政府的，或者政府在项目中的重要性应该最小化；而在大多数的 PPP 项目中，政府一般都扮演着重要的角色。

在过去的 20 年里，所有的工业国家都面临着公共服务需求的增长和巨大的财政压力之间的矛盾。虽然政府财政资金的缺乏是 PPP 模式出现的主要原因，但是 PPP 不仅意味着从私人部门融资。PPP 最主要的目的是为纳税人实现货币的价值（Value For Money），或者说提高资金的使用效率。PPP 能够通过许多途径来使纳税人的"货币"更有价值：① 私人部门在设计、建设、运营和维护一个项目时通常更有效率，能够按时按质完成，并且更容易创新；② 伙伴关系能够使私人部门和公共部门各司所长；③ 私人部门合作者通常会关联到经济中的相关项目，从而实现规模经济效应；④ 能够使项目准确地为公众提供其真正所需要的服务；⑤ 由于投入了资金，私人参与者保证项目在经济上的有效性，而政府则为保证公众利益而服务。

风险分担是 PPP 的一个突出特点。经验表明，合适的风险分摊对于一个项目的成功至关重要。PPP 关于风险分担的理念是不断变化的。在英国早期的 PFI 阶段，PPP 强调的是将风险全部转移到私人部门。但是通过一段时间的实践，人们发现让各方面承担其所能承担的最优风险将会更有利于项目的发展。PPP 的风险分担理念解决了传统公共部门建设不能处理好项目风险的问题。

简而言之，PPP 模式的最大特点是：将私人部门引入公共领域，从而提高了公共设施服务的效率和效益，避免了公共基础设施项目建设超额投资、工期拖延、服务质量差等弊端。同时，项目建设与经营的部分风险由特殊目标公司承担，分散了政府的投资风险。适当有组织的 PPP 模式还能够使政府得到更好的财政控制。利用私营合作者所拥有的专门技能，通过 PPP 项目，公众可以得到设计得更好的公共基础设施。另外，从宏观的角度看，PPP 模式通过让私人部门在传统的政府领域发挥比原来更为重要的角色，刺激了经济活动。PPP 模式也使得在一个市场中获得的经验和技巧能够为其他市场所共享，提高了市场的运作效率，为经济的长期发展提供了动力。

3. BOT 模式与 PPP 模式的比较

与 PPP 模式相比，BOT 项目融资模式很早就为国人所熟知了，在我国也有不少成功运用的例子。PPP 模式是在 BOT 理念的基础上进一步优化而衍生出来的。BOT 的基本模式是政府为项目的建设和经营提供一种特许权协议作为融资基础，由本国或外国公司作为投资者和经营者安排融资、承担风险、建设项目，在有限的时间内经营项目并获得合理的回报，最后根据协议将项目归还给政府。了解这二者之间的异同，有利于深化对 PPP 模式的认识。

1) BOT 与 PPP 的共同点

（1）这两种融资模式的当事人都包括融资人、出资人、担保人。融资人是指为开发、建设和经营某项工程而专门成立的经济实体，如项目公司。出资人是指为该项目提供直接或间接融资的政府、企业、个人或银团组织等。担保人是指为项目融资人提供融资担保的组织或个人，也可以是政府。

（2）两种模式都是通过签订特许权协议使公共部门与私人企业发生契约关系的。一般情况下，政府通过签订特许权协议，由私人企业建设、经营、维护和管理，并以由私人企业负责成立的项目公司作为特许权人承担合同规定的责任和偿还义务。

（3）两种模式都以项目运营的盈利偿还债务并获得投资回报，一般都以项目本身的资产作担保抵押。

2）BOT与PPP的区别

（1）组织机构设置不同。

以BOT模式参与项目的公共部门和私人企业之间是以等级关系发生相互作用的，在组织机构中没有一个相互协调的机制，不同角色的参与各方都有各自的利益目标——自身利益最大化，这使得他们之间很容易产生利益冲突。根据信息经济学原理，由于BOT模式缺乏协调机制，参与各方之间存在信息不对称。博弈各方在各自利益最大化的驱使下，最终达到"纳什均衡"，其中一方利益达到最大化是以牺牲其他参与方的利益为代价的，其社会总收益不是最大的。PPP模式是一个完整的项目融资概念，但不是对项目融资的彻底更改，而是对项目生命周期过程中的组织机构设置提出了一个新的模型。它是政府、营利性企业和非营利性企业基于某个项目而形成的以"双赢"或"多赢"为理念的相互合作形式，参与各方可以达到与预期单独行动相比更为有利的结果。

在组织机构中，PPP模式参与各方虽然没有达到自身理想的最大利益，但总收益却是最大的，实现了"帕累托"最优，即社会效益最大化，这显然更符合公共基础设施建设的宗旨。

综上所述，PPP模式是建立在公共部门和私人企业之间相互合作和交流的基础之上的"共赢"，避免了BOT模式由于缺乏相互沟通协调而造成的项目前期工作周期过长的问题，也解决了项目全部风险由私人企业承担而造成的融资困难问题，公共部门、私人企业合作各方可以达到互利的长期目标，实现共赢，能创造更多的社会效益，更好地为社会和公众服务。

（2）运行程序不同。

BOT模式运行程序包括招投标、成立项目公司、项目融资、项目建设、项目运营管理、项目移交等环节。而PPP模式运行程序包括选择项目合作公司、确立项目、成立项目公司、招投标和项目融资、项目建设、项目运行管理等环节。

从运行程序的角度来看，两种模式的不同之处主要在项目前期。PPP模式中私人企业从项目论证阶段就开始参与项目，而BOT模式则是从项目招标阶段才开始参与项目。另外更重要的是在PPP模式中，政府始终参与其中，而在BOT模式中，在特许协议签订之后，政府对项目的影响力通常较弱。

1.2.4 其他融资模式

1. 基金公司融资

基金公司融资模式即基础设施产业投资基金即组建基金管理公司，向特定或非特定投资者发行基金单位设立基金，将资金分散投资于不同的基础设施项目上，待所投资项目建成后通过股权转让实现资本增值，其收益与风险由投资者共享、共担。这一方式的优点在于可以集聚社会上分散资金用于基础设施建设。其操作模式如图 1-3。

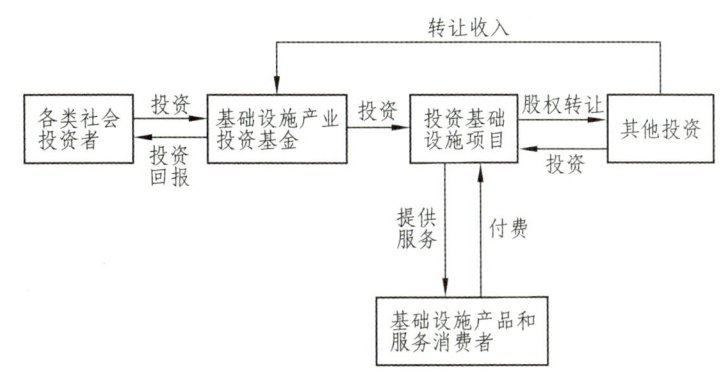

图 1-3 基金公司融资模式

2. 以"设施使用协议"为载体融资

这种融资模式即投资者事先同项目设施使用者签署"设施使用协议"并获付费承诺，然后组建项目公司，项目公司以使用协议作为融资载体来安排融资。其信用保证主要来自"设施使用协议"中使用者的无条件付费承诺，在具体的融资结构设计中往往把使用协议做成一个实际上的项目债务融资担保或信用增强途径。此方式较适合于资本密集、收益较低但相对稳定的基础设施项目，如石油、天然气管道项目、港口设施等。

3. 民间主动融资（Private Finance Initiative，PFI）

民间主动融资即对于公益性的基础设施项目，政府通过项目招标的方式确定民间投资主体，并授权后者负责项目的融资、建设与运行，作为对该民间投资主体的回报，政府在授权期限内每年以财政性资金向其支付一定的使用费或租赁费，授权经营期结束时，民间投资主体无偿转让项目给政府。PFI 融资方式与 BOT 方式有类似之处（两者均涉及项目的"建设—经营—转让"），但在 PFI 中，最终是由政府支付项目建设、维护费用，相当于是政府购买服务，而 BOT

属于项目融资方式。因此 PFI 主要用于一些不收费的项目，如免费的桥梁、隧道等，而 BOT 适用于具有收费条件的基础设施项目，如收费的桥梁等。

4. 使用者付费模式（User Reimbursement Model，URM）

使用者付费模式是指政府通过招标的方式选定合适的基础设施项目民间投资主体，同时，政府制定合理的受益人收费制度并通过一定的技术手段将上述费用转移支付给项目的民间投资者，作为购买项目服务的资金。其运作流程如图1-4所示：

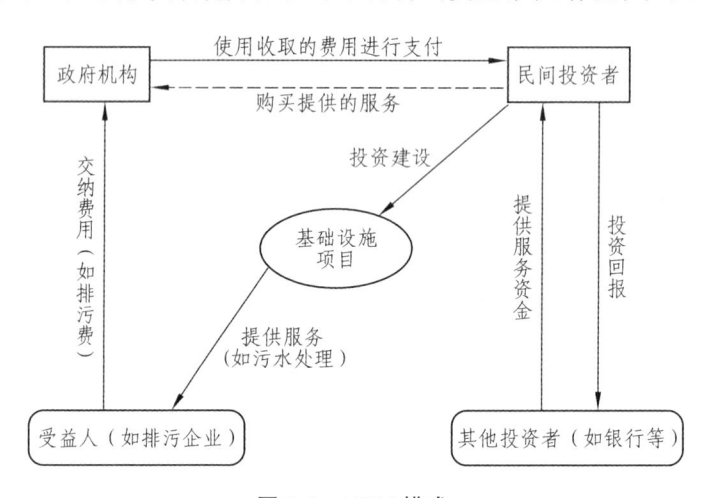

图 1-4　URM 模式

在 URM 模式下，与 BOT 一样，资金的平衡来自项目的收费，但与 BOT 不同的是，此模式中的产品和服务的收费是在政府的中介下完成的。对于一些不适合私人直接进行收费、市场风险较大的基础设施项目，如污染治理工程等，比较适合采用 URM 方式来运作。

5. 影子收费融资模式（Shadow Tolling）

影子收费融资模式指对于公益性的基础设施项目，政府通过项目招标的方式确定民间投资主体，并授权后者负责项目的融资、建设与运营，作为对该民间主体的回报，政府在授权期限内每年以财政性资金或其他形式基金向其支付一定的补偿费用，补偿其免费为公众提供服务应得的利益；授权经营期结束时，民间投资主体无偿转让项目给政府。

1）适用范围

BOT、BT 模式在一般情况下的确可以有效利用外资和民间资本，但是它有一个不可逾越的条件，就是要对基础设施的使用者直接征收费用（或政府一次性必须给出很大一笔钱来收购该基础设施），对于基础设施项目来说，这种征收可能直接降低基础设施的使用效率，显著的例子就是交通基础设施。

BOT 工程较适宜于市场需求大，并且较具经营性价值的公共建设，如收费道路、发电厂等，便于拿营运收入回收投资成本。而对于一些无法向使用者直接收费的城市非经营性公共工程，如一般公路、桥梁等，则采用"影子收费"的方式更加适合，由民间资本先行垫付经费，承担建设期间成本，政府可延后公共建设的财务支出，以纾解短期的财务负担。而政府虽然仍有财政负担，但有最大的负担上限，经营方保证稳定收益的同时，也可以通过成本规划达成利润极大的目标。这样既可吸引投资，又转移了营运风险，像英国道路建设主要就是采用了"影子收费"的激励机制。

2）采用影子收费融资模式的给付结构分析

（1）组建 DBFO 公司。

对于交通设施项目，采取授予 DBFO（Design-Build-Finance-Operate，设计—建设—融资—运营）特许权的形式，并要求民间投资主体按照要求组建项目公司，该公司通常称为 DBFO 公司，借此，私人部门可以在规定的授权期限内设计、建设、融资和运营该项目。其运作流程如图 1-5 所示。

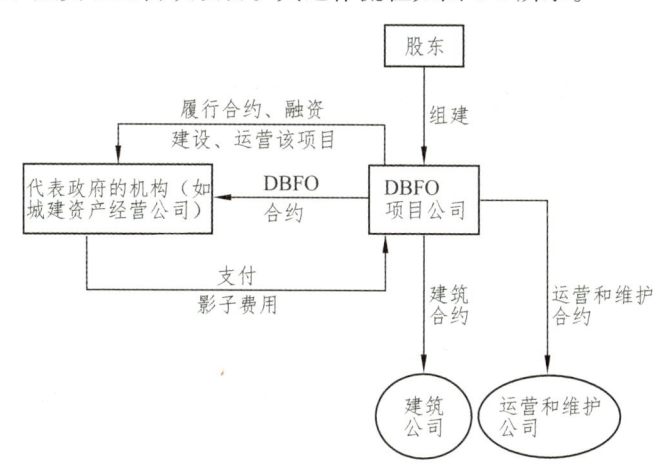

图 1-5　影子收费方式下基础设施建设融资的运作流程

（2）影子收费融资模式与 BOT、BT 等融资方式的区别。

在影子收费融资模式下，使用者并不直接向运营者付费，而是由政府根据设施的交通流量和预先商量好的费率向运营者支付使用费。这种方式就是影子收费，也可以说补偿费用的给付结构便是影子收费结构，通常在 DBFO 合约中设定。称其为"影子",是针对真实的,如 BOT 模式中的显式收费而言的。

影子收费融资模式与 BOT、BT 等融资方式的区别在于,实质上它没有真正融得资金,最终还是由政府支付项目的建设、运营和维护费用,相当于政府购买服务,只不过政府通过这种方式将支付的时间大大延长了,通常是 20 年左右。

(3)影子收费的给付结构。

影子费用的给付是为了对投资商无偿为公众提供服务进行补偿,因此其建立在过往车辆的类型和数量的基础上。影子费用的给付通常从交通设施提供服务那天开始,这样做的目的是激励投资商尽快完成工程,对公众开放。

3)影子收费方式的风险分担

对于政府而言,项目基本上由政府部门转向了私人部门,因为整个项目由私人部门负责建设、运营和维护并筹措相关成本费用;政府仅承担交通风险,原因是影子费用的给付与交通流量相关,如果交通流量始终处于第二区间,那么政府给付的额度就会比较多,但由于给付始终在政府承受范围之内,所以相对于私人部门而言,政府承担的风险还是要小得多。但是高收益必定伴随着高风险,通过采取各种方法评估和规避风险之后,影子收费依然是一个对投资商有足够吸引力的参与基础设施建设的途径。

1.3 滇中新区哨关路工程建设管理简述

1.3.1 工程概况

1. 总体概述

哨关路位于云南省滇中新区嵩明-空港片区,是片区骨架路网的重要组成部分,路线总体呈东西走向,东接新昆嵩高速,西连昆曲高速改线,总里程约 14.2 km,主要工程内容包括道路工程、桥涵工程、排水工程、交通工程、照明工程、综合管廊工程、环境保护和景观工程等。哨关路起点接新昆嵩高速小哨互通,终点顺接小龙高速哨关互通。哨关路作为片区内部骨架道路,其功能主要是作为空港-嵩明组团的东西片区发展轴、东西向骨架道路,服务于嵩明中部片区对外快速出行、未来小哨核心区,同时服务于沿线产业发展,带动周边地块开发。

哨关路区位图见图 1-6,其与其他道路交叉的关系见图 1-7,其横断面图见图 1-8。

◆ 第1章 绪 论 ◆

图 1-6 哨关路区位图

图 1-7 哨关路与其他道路交叉关系

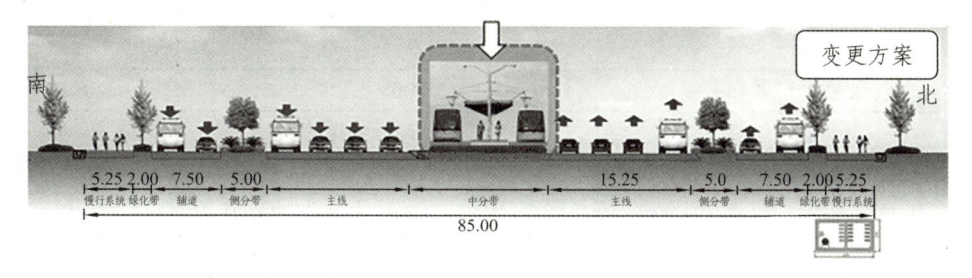

图 1-8 哨关路横断面图

2. 设计标准

1）道路等级

城市快速路。

2）设计车速

快速系统 80 km/h；

辅道系统 40 km/h。

3）加减速车道

加速车道长度：160 m；

减速车道长度：80 m；

渐变段长度：50 m。

4）道路主要线性标准（表1-2）

表1-2 道路线行标准

项目		单位	技术指标要求表		
			主路		辅路
道路等级			快速路	主干路	主干路
设计车速		km/h	80	60	40
车道宽度		m	3.5、3.75	3.5、3.75	3.5
不设缓和曲线最小圆曲线半径		m	2000	1000	500
不设超高最小半径		m	1000	600	300
设超高推荐半径		m	400	300	150
设超高最小半径		m	250	150	70
平曲线最小长度		m	140	100	35
小转角平曲线最小长度		m	1000/a	700/a	500/a
缓和曲线最小长度		m	70	50	35
机动车最大纵坡		%	4	5	6
机动车最小纵坡		%	0.3（地面）0.5（高架）	0.3	0.3
纵坡坡段最小长度		m	200	150	110
最大超高		%	6	6	6
凸形竖曲线	极限最小半径	m	3000	1200	400
	一般最小半径	m	4500	1800	600
凹形竖曲线	极限最小半径	m	1800	1000	450
	一般最小半径	m	2700	1500	700

5）通行净空高度

机动车道：≥5.0m；

非机动车道和人行道：≥2.5m。

6）荷载等级

桥梁荷载等级：城-A级；

人群荷载：按《城市桥梁设计规范》（CJJ11—2011）取用；

路面结构轴载计算标准：BZZ-100型标准车轴载。

7）设计年限

桥梁、通道、涵洞设计基准期：100年；

沥青路面设计基准期：15年。

3. 自然条件

1）地形、地貌

路线区域位于滇池盆地中部地段，属滇东高原盆地区昆明岩溶高原湖盆亚区。沿线总体地势较为平坦、开阔，局部起伏较大，局部地段基岩裸露。路线展布区内海拔一般多在1900～2300 m。路线所经区域可划分为山间盆地、岩溶地貌，局部段落为果园区，植被茂盛。项目起点位置有山体，最高海拔2150 m；中部地势较为平坦，海拔在1995 m左右；老昆曲高速之后海拔逐级攀升，终点海拔在2230 m左右。

2）气象

昆明属高原性季风气候，大部分地区为北亚热带，海拔较低的坝区和河谷区为中亚热带，海拔1900 m以上的山地为南温带。高差悬殊的地区，气候的垂直变化显著。

（1）气温：昆明市年平均气压为810.5 kPa。年平均气温为15.1℃，最热为7月，平均温度为20.2℃，极值高温为31.2℃；冬季均温为9.3℃，最冷为1月，极值最低温度为-7.8℃，最大积雪厚度为17cm；年温差为12.8℃，无霜期为240～247 d。

（2）降水：区域内年平均降水量为869 mm，年最大降水量为1348 mm，日最大降水量为313.9 mm，历年平均降雨日为96～98 d，最长持续降水17 d。降水多集中在6—9月份，雨量占全年50%以上。

（3）霜冻：区域内最大冻深为24 cm。

（4）风向及风速：区域内年平均风速为2.2 m/s，20年一遇最大风速为23.7 m/s。

（5）湿度：区域内年平均相对湿度为73%，年蒸发量为1940.9 mm，月蒸发量为278.8 mm，3、4月为最干旱月，相对湿度仅54%～55%。

3）水文条件

项目沿线河流仅花庄河，且其连通八家村水库。八家村水库位于小哨乡，水库为狭长形状，目前无人饲养，蓄水主要用作周边农民灌溉和部分村庄的饮用水源。该水库最深处近20 m。

4）区域地质构造

拟建场地地貌上属昆明断陷湖积盆地。构造区域位于蓝岭东西构造、川滇南北构造与云南山字形构造交接地带。区内历经多期构造运动，各类型构造形迹较发育，性质复杂多变。该区域按展布方向划分为近南北向构造体系、近东西向构造体系、北西向构造体系，其中近南北向构造体系为区域控制性构造。

（1）近南北向构造体系。

南北向构造体系形迹表现为一系列褶皱构造、断裂构造，如黑龙潭—官渡断裂、白邑村—龙潭箐断裂、九里冲向斜、金殿背斜、日昨云背斜及与之配套的各式断裂构造；小江断裂带（嵩明—沧溪大断裂）近代断陷湖泊发育（东湖、上游水库）。地震及第四系断裂也较发育，显示了其晚近期的活动性。路线展布区段均在此构造体系内，路线与之斜交或垂直穿越。

（2）近东西向构造体系。

东西向构造体系主要展布于乌龙村以西，由于受强大的南北向构造影响，其连续性显然遭受了不同程度破坏，只断续出露于南北向构造带之间，二者多呈截接关系。东西向构造在路线区域发育较弱。

5）地震

区域地质构造复杂，断裂较发育，地震活动频繁，地震多发生在活动性强的主干断裂或两组以上断裂交汇部位。西部的昆明西山断裂带，东部的小江断裂带都是地震活动的敏感地带。据有关史料记载：昆明地区自公元前26年迄今共发生地震652次，其中破坏性地震165次；小江断裂带从公元1500—1975年共发生地震37次，最大震级8级，≥6级的地震12次。1927年3月15日，嵩明县发生6级地震，震中位于上游水库，嵩明—沧溪大断裂本身断面倾向发生转折地段。据地震监测，小江断裂带近期内仍在活动。

6）工程地质条件

本次勘察揭示浅表层为全新统人工填土及残坡积层，其下为第四系上更新统残坡积土层、下更新统冲洪积土层，下伏泥盆系中统海口组（白云质）灰岩。

7）水文地质条件

（1）地表水。

项目区主要地表水体为青年水库及八家村水库。其中：青年水库位于线路起点北侧；八家村水库位于小哨乡，水库为狭长形状，线路以高架桥形式跨越。

（2）地下水。

本工程地下水类型主要为孔隙型潜水及基岩裂隙水、岩溶水。孔隙潜水主要赋存于第四系残坡积及冲洪积土层，该层透水性一般，主要接受大气降水补给及地表径流侧向补给。基岩裂隙水主要赋存于全强风化灰岩中、岩溶水主要赋存于灰岩溶洞中，流通性一般较差，部分岩溶发育区勘探孔未见地下水。

4. 现场条件

1）交通运输条件

新建道路与地方道路相交，主要与老 G320 国道、中对龙公路十字相交，现场运输相对困难，土石方、材料运输需沿原地方道路走向在征地线范围内修建临时施工便道。

2）砂石材料

沿线碎石、砂料匮乏，就近无成规模砂石料场，无法满足施工需求，需远距离采购。

5. 道路沿线基本情况

1）基本情况

哨关路为新建道路，规划为沿线组团对外出行的快速通道，同时也是东南绕城高速南侧的重要横向道路。规划哨关路走廊地形起伏变化较大，除中段地势较为平坦，居民聚集点较多外，两端基本尚未开发，保持着原始地貌，整个走廊带海拔高度在 1960～2190 m，高差较大。走廊带东段地形起伏频繁，最大高差接近 100 m；中段地形平坦，建设条件较好，适宜城市发展，也是本次规划的核心发展区域；西段地形一路攀升，平均地面纵坡约 4.16%。哨关路地形标高变化见图 1-10。

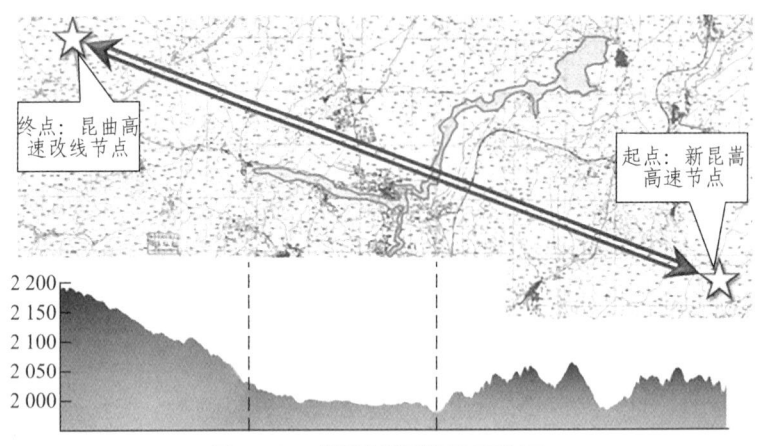

图 1-10　哨关路地形标高变化图

2）沿线相交道路情况

规划哨关路沿线主要相交道路如表 1-3 所示。

表 1-3　沿线道路相交情况

序号	路名	道路等级	被交路宽度（m）	备注
1	老 G320	规划次干道	7	现状
2	新 G320	规划快速路	41	新建
3	对龙公路	三线路	10	现状
4	昆曲高速	现状高速，规划快速路	28	即将改造

3）沿线管线情况

现状老 G320 东侧山体有南北线输油管道；现状昆曲高速东边有横穿云南成品油管道，管径为 406mm；改线一段和改线二段交叉口东侧存在主干水管，昆曲高速西侧有军用光缆。哨关路沿线管线情况见图 1-11。

图 1-11　沿线管线情况

4）沿线水系河流

项目沿线河流仅花庄河（图 1-12），且其连通八家村水库。

图 1-12　沿线河流

5）沿线铁路

项目走廊区域内有横穿铁路，即沪昆铁路（图 1-13）。沪昆高速铁路是国家《中长期铁路网规划》中"四纵四横"的快速客运通道之一，途经上海、杭州、南昌、长沙、贵阳、昆明等 6 座省会城市及直辖市，线路全长 2264 km。全线为双线电气化铁路，客运专线级，贵阳至昆明段是设计速度为 250 km/h 的高速铁路客运专线。

图 1-13　上跨沪昆铁路

1.3.2　工程总体目标

本工程的总体目标为：质量创精品，安全当标兵，进度争模范，形象做表率。

（1）质量目标：确保全部工程质量符合国家、交通部颁发的施工规范、规程、质量标准和工程建设标准强制性条文。分项工程合格率100%，分部工程合格率100%，竣工验收达到一次性验收合格，争创省优及以上工程。

（2）工期目标：精心组织，确保合同工期。

（3）安全目标：安全无事故。

（4）文明施工目标：实现规范化管理，创建文明施工标准工地。工地现场施工材料必须堆放整齐；工地生活设施必须清洁文明；工地现场必须开展以创建文明工地为内容的思想政治工作。

1.3.3 工程实施总体安排

1. 施工区段划分

根据本项目施工范围以及主要工作内容、工程数量，按照"统筹规划、均衡生产、平行施工、立体展开"的原则，采取扁平化管理模式，本项目划分为16个工区，路基、综合管廊及桥梁工区11个，路面、交通工程工区1个，绿化工区3个，照明工程工区1个。

2. 施工安排

由于征地拆迁工作分阶段进行，各工区作业队伍、机械、材料根据拆迁进度分阶段进场。

1）道路工程

（1）清表。

队伍进场后立即组织人员进行原地面复测，清表工作紧随其后。对征地红线范围内的原地面全部进行清表，清表厚度为0.5 m。

（2）临时设施。

临时设施包括梁板预制场、钢筋加工场、取弃土场、临时用电、临时用水设施等。临时设施的建设应做到便于施工、便于管理。

（3）土石方施工。

① 挖方段。

清表工作完成后，进行截水沟施工，然后根据各段工程量及进度计划合理安排机械进行土石方施工。挖余部分运至指定弃土场。

② 填方段。

填方段施工与挖方同时进行。施工前先进行填方段的软基、溶洞处理，挡墙、涵洞、排水工程及管廊工程等施工，然后根据设计图纸进行分层填筑。

2）桥梁工程

本工程中桥梁工程为控制性工程，施工时应重点做详细部署及安排。

桥梁工程施工与道路工程施工同步进行，先基础、后下部、再上部。其中梁的预制要根据下部结构施工进度合理安排时间及机械、人员，做到协调、统一。

3）排水工程

根据设计要求，雨污水管采用同槽施工。

（1）挖方段：路基开挖至路槽设计标高后，根据不同的地质条件采取合理的开挖方式进行排水工程施工。

（2）填方段：待路基填筑到路槽顶标高时，采取反开挖方式进行排水工程沟槽开挖施工。

施工时要时刻注意雨水管（井）、污水管（井）等的标高控制，并做好已完成设施的保护工作，尽量避免重复作业和返工。

由于本工程工程量较大、工期紧、工种繁多，施工方式采用流水作业，各专业紧密配合，现场有条不紊、忙而不乱地进行施工作业。

4）综合管廊工程

（1）挖方段：路基开挖至设计标高后，进行综合管廊基槽开挖。当路基边坡较大时，为保证管廊边坡稳定，管廊基槽开挖需在路基边坡防护完成后进行。

（2）填方段：当原地面标高低于管廊底标高时，先填筑至管廊底标高后再进行管廊施工；当原地面标高高于管廊底标高时，清表后直接进行管廊基槽开挖。

由于本工程综合管廊数量较大、工序繁多且直接影响后续路基填筑施工进度，因此当管廊工程具备施工条件时应立即组织人员、机械进行施工。施工时采取分区段流水作业，尽量做到各工序间的紧密协调，保证路基填筑工作顺利进行。

5）绿化景观工程、照明工程及交通工程

道路路面施工完成后进行绿化景观工程施工；绿化景观施工完成后进行照明工程及交通工程施工。

由于本工程工期较紧，因此路面施工完成后，须尽快组织景观、照明、交通工程施工作业班组分批进场。施工时采取分区段流水作业进行施工，确保工程按期完成。

3. 施工重点、难点及应对措施

1）本项目重点、难点分析

工期紧：本项目工期 24 个月，作业内容繁多，工期较紧。如何合理组织本工程施工，保证工程按时完工，是施工过程中必须解决的难题。

本工程控制性工程为桥梁工程。本标段桥梁共 7 座：起点互通匝道桥、跨老 G320 桥、跨新 G320 桥、跨沪昆铁路桥、跨花庄河桥、跨空港大道桥、跨嵩昆及兰茂路桥。

2）主要应对措施

（1）加强施工组织，落实资源到位。为确保项目顺利生产，要时刻针对现场的料具、劳动力、材料等生产要素，做好调配，并根据工程进展情况提前做好生产要素的测算，工作预见性要强，进而加强人、机、料的合理配置，保证施工不间断。

（2）建立健全生产责任制，责任到人，落实分片包干。对总进度计划进行逐层分解，按照旬保月、月保季、季保年的工作安排，做好层层包干计划，责任落实到每个工区。

（3）根据工程实际及现场作业环境，编制切实可行的专项施工方案，对超过一定规模的危险性较大的分部分项工程施工方案，须经过专家论证组通过。施工前对施工队、作业班组做好交底工作，施工过程中严格按照批复的施工方案进行施工，确保安全文明生产。

（4）严格规范，提高作业水平。严格按照规范要求层层落实，保证每道工序的施工质量符合验收标准。严格执行"三检（自检、互检、交接检）"制度，不符合要求的不经过整改处理不得开始下道工序施工。

（5）认真贯彻执行国家、地方有关环境保护的各项政策、法律、法令和规章制度，做好环境保护与水土保持工作。施工过程中严格控制粉尘、噪声、固体废弃物等的排放。

第 2 章　市政道路建设管理组织

2.1 市政道路建设管理组织类型与选择

建设管理组织是指由项目投资人委托的或指定的负责整个工程项目管理工作的组织机构，包括工程指挥部、项目公司、项目管理单位、代建单位等。本节主要探讨工程项目管理组织的类型与选择问题。

2.1.1 建设管理组织的主要类型

1. 工程指挥部式组织

工程指挥部式组织由政府主管部门牵头，组织建设单位、设计单位、施工单位针对具体项目成立指挥部、筹建处、办公室等，把管理建设项目的职能与管理生产项目的职能分开，工程指挥部负责建设期间的设计、采购、施工管理。项目建成后移交给生产管理机构负责运营，工程指挥部即完成使命。我国从 1965 年至 1984 年间，许多大、中型项目的建设，都采用了工程指挥部的方式。

这种组织形式，在行使建设单位职能时有较大的权威性，决策、指挥直接，可以依靠行政手段协调各方面关系，调配项目建设所需要的设计单位、施工队伍和材料、设备等。指挥部模式在特定的经济和政治条件下，发挥了积极作用，一批关系国计民生的基础项目及"三线"建设等，都是在指挥部模式下建成的，为我国的经济发展奠定了基础。但该模式的主要缺陷在于指挥部是临时组建的，缺乏组织建设的经验和手段，形成了"只有一次教训，没有二次经验"的局面。

虽然工程指挥部模式是行政管理的方式，许多方面不能符合市场经济的规律，但是其对项目实施过程中所出现的相互协作配合问题的解决具有决策快、效率高的特点。因此，目前在我国大型工程项目建设中，工程指挥部仍然被采用。该模式的组织结构如图 2-1 所示。

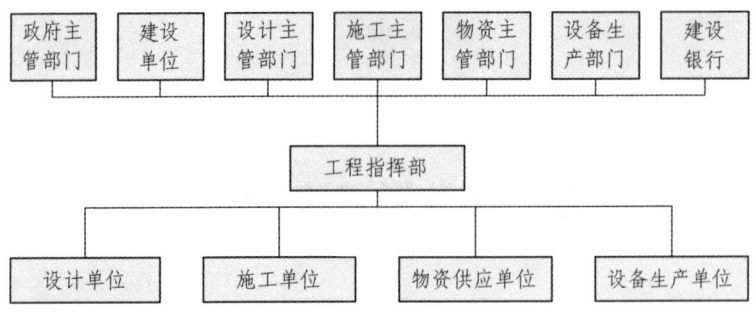

图 2-1　工程指挥部式组织

2. 项目公司式组织

项目公司是适应社会义市场经济体制的一种新型组织，是指在项目建设阶段设立相关的项目公司，由项目公司负责项目策划、筹措资金、组织建设实施、生产经营、偿还债务和资产保值。其主要职责为：组建项目公司在现场的建设管理机构，编制工程建设计划和建设资金计划，对工程质量、进度、资金等进行管理、检查监督，协调项目的外部关系，对项目的筹划筹资、人事任免、招标投标、建设实施直至生产经营、债务偿还、资产保值增值，实行全过程管理，并按照国家有关规定享有充分的法人自主权。其相应的组织如图 2-2 所示。

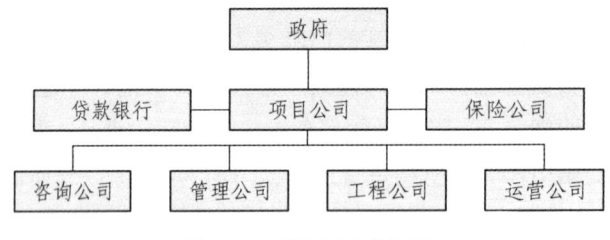

图 2-2　项目公司式组织

3. CM 式组织

CM（Construction Management）直接译成中文为"施工管理"或"建设管理"。但是，这两个概念在我国均有其明确的内涵，显然不宜这样直译。有鉴于此，我国有些学者将其翻译为建设工程管理。但从中文的词义来看，"建设工程管理"的内涵很宽，难以准确反映 CM 模式的含义，故直接用其英文字母缩写表示。

CM 组织采用快速路径法，即 Fast-Track Method，又称为阶段施工法（Phased Construction Method），是指从建设工程的开始阶段就雇用具有施工经验的 CM 单位（或 CM 经理）参与到建设工程实施过程中来，以便为设计人员提供施工方面的建议且随后负责管理施工过程的方法。这种安排的目的是将建设工程的实施作为一个完整的过程来对待，并同时考虑设计和施工的因素，力求使建设工程在尽可能短的时间内、以尽可能经济的费用和满足要求的质量建成并投入使用。

CM 组织的出发点是为了缩短工程建设工期。它的基本思想是通过采用"Fast-Track"快速路径法的生产组织方式，即设计一部分、招标一部分、施工一部分的方法，实现设计与施工的充分搭接，以缩短整个建设工期。这种模式与过去那种设计图纸全都完成之后才进行招标的连续建设生产模式不同。CM 模式的组织结构如图 2-3、图 2-4 所示，常用的两种形式如下：

图 2-3 代理型 CM 式组织

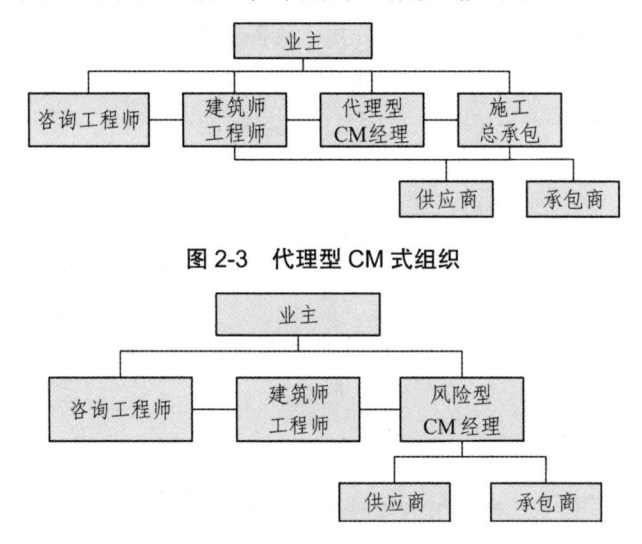

图 2-4 风险型 CM 式组织

第一种形式为代理型 CM（"Agency"CM）。在这种模式下，CM 经理是业主的咨询和代理，业主和 CM 经理的服务合同规定费用是固定酬金加管理费。业主在各施工阶段和承包商签订工程施工合同。需要说明的是，CM 单位对设计单位没有指令权，只能向设计单位提出一些合理化建议，因而 CM 单位与设计单位之间是协调关系。这一点同样适用于非代理型 CM 模式。

第二种形式称为非代理型 CM（CM/Non-Agency），也称为风险型建筑工程管理（"AT-Risk"CM）方式。采用这种形式时，CM 经理同时也担任施工总承包商的角色，一般业主要求 CM 经理提出保证最大工程费用（GMP：Guaranteed Maximum Price）的条款，以保证业主的投资控制：如最后结算超过 GMP，则由 CM 公司赔偿；如低于 GMP，则节约的投资归业主所有。但 CM 公司由于额外承担了保证施工成本风险，因而能够得到额外的收入。

CM 组织的主要优点是：

（1）设计的"可施工性"好，施工效率高。这是由于承包人在项目初期（设计阶段）就任命了 CM 项目经理，他可以在此阶段充分发挥自己的施工经验和管理技能，协同设计班子的其他专业人员一起做好设计工作，提高设计质量。

（2）设计施工等环节的合理搭接，节省了时间，工期缩短，这是由于设计和施工的平行作业而产生的。

（3）一旦设计得到业主的同意和地方政府的审批，就可以开工，因此施工工作可以提前进行。

（4）减少了设计方和施工方的对立，改善了交流渠道和提高了效率。

（5）项目可以提前完工，业主可以提前营运并收回投资。

（6）CM 式组织实现了业主对项目的直接控制。

CM 组织的缺点在于：

风险较大，因为在招投标选择承包人时，项目费用的估计并不完全准确。这都是由于各工作的搭接而引起的，业主不能像传统方式中那样在设计时就对整个和局部的费用有所把握。

设计单位要承受来自业主、CM 经理甚至承包人的压力，如果协调不好，设计质量可能会受到影响。

4. PM 式组织

项目管理式组织（PM：Project Management）是指：项目管理公司按照合同约定，在工程项目决策阶段，为业主编制可行性研究报告，进行可行性分析和项目策划；在工程项目实施阶段，为业主提供招标代理、设计管理、采购管理、施工管理和试运行（竣工验收）等服务，代表业主对工程项目进行质量、安全、进度、费用、合同、信息等管理和控制。项目管理公司一般应按照合同约定承担相应的管理责任。项目管理式组织中的各方关系如图 2-5 所示。

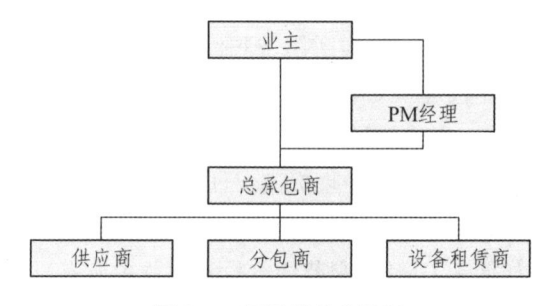

图 2-5　项目管理式组织

5. PMC 式组织

项目管理承包（PMC：Project Management Contractor）是指项目管理承包商代表业主对工程项目进行全过程、全方位的项目管理，包括进行工程的整体规划，项目定义，工程招标，选择设计、采购、施工承包商并对过程进行全面管理，一般不直接参与项目的设计、采购、施工和试运行等阶段的具体工作。PMC 的费用一般按"工时费用+利润+奖励"的方式计取。PMC 是业主机构的延伸，从定义阶段到投产全过程的总体规划和计划的执行对业主负责，与业主的目标和利益保持一致。其组织结构如图 2-6 所示。

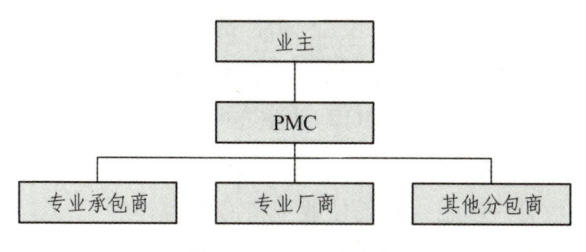

图 2-6 PMC 式组织

对大型项目而言，由于工程项目组织比较复杂，管理难度大，需要整体协调的工作比较多，业主往往选择 PMC 承包商进行项目管理承包。作为 PMC 承包商，一般更注重根据自身经验，以系统与组织运作的手段，对项目进行全方位管理。比如：有效地完成项目前期阶段的准备工作；协助业主获得项目融资；对技术来源方进行管理；对参与项目的众多承包商和供应商进行管理，确保一致性和互动性，力求项目在整个生命周期内的总成本最低。

PMC 根据其工作范围，一般可分为三种类型：

（1）代表业主管理项目，同时还承担一些界外及公用设施的设计—采购—施工（EPC）工作。这种工作方式对 PMC 来说，风险高，相应的利润、回报也较高。

（2）作为业主管理队伍的延伸，管理 EPC 承包商而不承担任何 EPC 工作。这种 PMC 模式相应的风险和回报都较上一类低。

（3）作为业主的顾问，对项目进行监督、检查，并将未完工作及时向业主汇报。这种 PMC 模式风险最低，接近于零，但回报也低。

与其他工程项目组织相比，PMC 组织形式主要具备以下几点优势：

（1）有助于提高建设期整个项目管理的水平，确保项目成功建成。业主选择的 PMC 公司大都是国内外知名的工程公司，他们有着丰富的项目管理经验和多年从事 PMC 的背景，其技术实力很强，管理水平很高。

（2）有利于节省项目投资。

业主在和 PMC 签订的合同中大都有节约投资给予相应比例奖励的规定，PMC 一般会在确保项目质量、工期等目标能达到的前提下，尽量为业主节约投资。PMC 一般从设计开始到试车为止全面介入进行项目管理，从基础设计开始，他们就可以本着节约的方针进行控制，从而降低项目采购、施工费用，以达到节省投资的目的。

（3）有利于精简业主建设期管理机构。

对于超大型项目，业主如选用工程指挥部进行管理，势必需要组建一个人数众多、组织机构复杂的指挥部。而且项目完成后如何对这些人员进行安置也是令业主较为头疼的问题。而 PMC 和业主之间是一种合同雇佣关系，在工程建设期间，PMC 会针对项目特点组成合适的组织机构协助业主进行工作，业主仅需保留很少的人数管理项目，从而使业主精简机构。

（4）有利于业主取得融资。

除了日常的项目管理工作外，PMC 还会在项目融资、出口信贷等方面给业主提供全面的支持。从事 PMC 的公司对国际融资机构及出口信贷机构较为熟悉，往往在协助业主融资和出口信贷机构的选择上发挥重要作用，而融资机构为确保其投资成功，愿意由这些从事 PMC 的工程公司来对项目建设进行管理以确保项目的成功建成，为其投资收益的实现提供保障。

PMC 作为业主的代表和延伸，主要负责项目的全面管理工作。当具体的项目实施由 EPC 或 DB 总承包商来承担时，PMC 不要过多干涉总承包商的工作。

6. 代建制式组织

所谓"代建制"，是指政府主管部门对政府投资的基本建设项目，按照使用单位提出的建设项目功能要求，通过公开招标选定专业的工程建设管理单位，并委托其进行项目可行性研究、环境评估、规划设计、项目报审以及项目施工的招投标和材料设备采购等整个建设过程的模式。

"代建制"是对我国政府投资的非经营性建设项目管理模式进行市场化改革的重要举措。"代建制"含有"代建"和"制度"两重含义："代建"是指投资人将建设项目委托给专业化工程项目管理公司代为建设直至交付使用；"制"是制度，规定在政府投资的公益性建设项目中采用这种项目管理模式。委托代建源于国际上通用的工程项目总承包，但我国的"代建制"中还包括了制度的内涵，是结合国情的一项政府投资项目管理创新。

由政府选择有资质的项目管理公司，作为项目建设期法人，全权负责项目建设全过程的组织管理，促使政府投资工程"投资、建设、管理、使用"的职能分离，通过专业化项目管理最终达到控制投资、提高投资效益和管理水平的目的。其组织结构如图2-7所示。

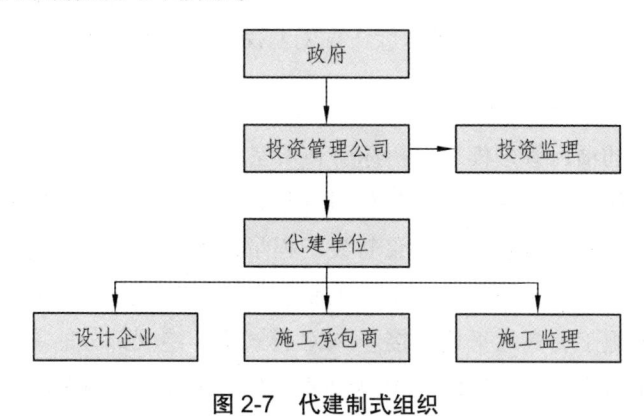

图2-7 代建制式组织

2.1.2 建设管理组织形式的选择

项目管理组织形式的选择主要与项目的复杂程度、工程成本的早期明确程度、工程项目的建设进度、业主参与工程施工管理活动的程度以及设计人员参与项目管理活动的程度等五个方面的因素有关。项目业主应综合考虑和仔细权衡不同组织形式的利弊，选择合适的项目管理组织，并在此基础上设计相应的组织结构。

1. 项目的复杂程度

传统的项目管理方式在招标之前就已经完成了所有的工程设计，并且假定设计人员比施工人员知识丰富。对于复杂的工程项目，采用CM组织是最合适的。在CM组织中，施工管理商处于独立地位，与设计或施工均没有利益关系，因此更擅长于组织协调。PMC适合于项目投资额大且包括相当复杂的工艺技术，或由于某种原因业主感到凭借自身的资源和能力难以完成，需要寻找有管理经验的PMC来代业主完成项目管理的项目。总之，一个项目的投资额越高，项目越复杂且难度越大，就越适宜选择PMC组织。

2. 工程成本的早期明确程度

工程项目的早期成本对大多数业主具有重要的意义，但是由于风险因素的影响，工程成本具有不确定性。传统的项目管理模式具有较早的成本明确程度。CM模式由一系列合同组成，随着工作进展，工程成本逐渐明确。因此，工程开始时一般无法明确工程的最终成本，只有工程项目接近完成时才可能最终明确工程成本。PMC模式中，合同总价估算偏差控制在±10%之内。

3. 工程项目的建设进度

由于传统的项目管理模式在招标前必须完成设计，因此该方式的进度最慢。为了克服进度缓慢的弊端，传统的项目管理方式经常争取让可能中标的承包商及早进行开工准备，或者设置大量暂设工程量，先于施工图纸进行施工招标。但上述方式的效果并不理想，时常导致问题发生。CM模式的建设进度最快，能保证工程快速施工，高水平地搭接。PMC模式中，绝大部分的项目管理工作都由项目管理承包商来承担。PMC作为业主的代表或业主的延伸，帮助业主在项目前期策划、可行性研究、项目定义、计划、提出融资方案，以及设计、采购、施工、试运行等整个实施过程中有效地控制工程进度。

4. 业主参与施工活动的程度

在项目公司模式中，业主可聘用社会专业力量进行招标、造价咨询等管理工作，参与施工管理活动程度可深可浅。在CM模式中，一般没有施工总承包商，业主与多数承包商直接签订工程承包合同。虽然施工管理商协助业主进行工程施工管理，但业主必须适当介入施工活动。PM模式中，业主聘请项目管理公司作为顾问，承担部分施工管理工作。PMC模式中，业主聘请管理承包商作为业主代表或业主的延伸，对项目进行集成化管理。

5. 设计人员参与工程管理的程度

在传统的项目管理方式中，设计人员参与管理工作的程度较高。在CM模式中，设计工作和工程管理工作彻底分离。设计人员虽然是项目管理的一个重要参与方，但工程管理的中心是施工管理商，施工管理商要求设计人员在适当时间提供设计文件，配合承包商完成工程建设。在PMC模式中，设计人员在PMC的组织和安排下，完成基础设计任务，并交由PMC审查。详细设计由PMC选定的总承包商来完成。

2.2 市政道路工程实施组织的类型与选择

2.2.1 实施组织的主要类型

建筑市场的市场体系主要由三方面构成，即以业主方为主体的发包体系，以设计、施工、供货方为主体的承包体系，以及以工程咨询、评估、监理方等为主体的咨询体系。市场主体三方的关系不同就会形成不同的工程项目组织系统，构成不同的项目实施组织方式。工程项目实施组织的主要类型有平行承发包、施工总承包、设计施工总承包和 EPC 工程总承包等。

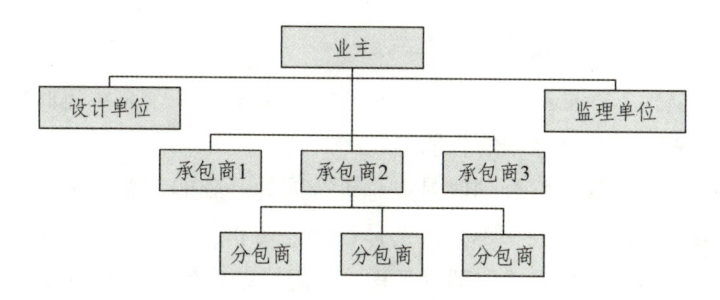

1. 平行承发包式组织

平行承发包式组织是业主将工程项目经分解后，分别委托多个承包单位进行建造的方式。采用平行承发包模式，对业主而言，将直接面对多个施工单位，而这些单位之间的关系是平行的，各自对业主负责。其组织结构如图 2-8 所示。

图 2-8 平行承发包式组织

平行承发包模式下，业主将施工任务分成几个标段，就签几个施工合同。同样，也可将设计任务、监理任务分解，分别签订几个设计合同或监理合同。工程任务分解越多，业主的合同数量也就越多。平行承发包式组织的特点有：

（1）合同数量多，业主对合同各方的协调与组织工作量大，管理比较困难。

（2）业主是直接与各专业承包方签约，层层分包的情况少，业主可以得到较有竞争力的报价，合同价相对较低。但整个工程的合同价款必须在所有合同全部签订以后才能得知，总合同价不易在短期内确定，在某种程度上会影响投资控制的实施。

（3）经过合理的切块分解，设计与施工可以搭接进行，从而缩短整个项目的工期。

2. 施工总承包式组织

施工总承包是一个承包单位（总承包商）与业主签订合同负责组织和实施全部施工任务。总承包商可以将部分专业性工作交由按照合同规定自主选择的分包商完成，或由指定的分包商完成，并负责协调和监督其工作。通常情形下，业主仅与总承包商发生直接的关系。其组织结构如图 2-9 所示。

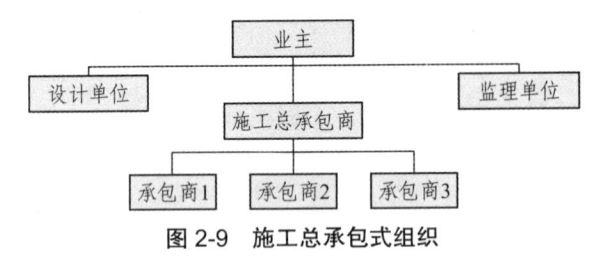

图 2-9　施工总承包式组织

施工总承包式组织是一种基于施工图已经完成，投标报价相对明确的组织形式，有利于减少业主的投资风险。施工总承包式组织加强了对各分包商的组织协调和管理，减少了业主合同管理的工作量。

3. 设计—施工总承包 DB 式组织

设计—施工（Design-Build）总承包式组织是指由一个总承包商负责工程项目的设计、施工安装全过程的总承包。

这种模式在投标和订合同时是以总价合同为基础的。总承包商对整个项目的成本负责，采用竞争性招标方式选择设计公司和分包商，当然也可以利用本公司的设计和施工力量完成一部分工程。其组织结构如图 2-10 所示。

图 2-10　设计-施工总承包式组织

设计—施工总承包式组织中业主和工程总承包商密切合作，完成项目的规划、设计、成本控制、进度安排等工作，避免了设计和施工的矛盾，可显著降低项目的成本和缩短工期。同时，建设方在选定总承包商时，把设计方案的优劣作为主要的评标因素，可保证业主得到高质量的工程项目。这种模式的特点体现在：

（1）总承包商对业主担负"单点责任"，当工程出现缺陷时，无法推卸责任，业主的利益得到保障。

（2）只要业主不对项目大纲作实质性的修改，在项目之初，就可以估算出总成本。

（3）业主与总承包商直接联系，交流效率大为提高，对业主的指令，总承包商可以更快地作出反应，满足业主的要求。

（4）总承包商负责设计、施工、组织和控制，因此，更有可能开展平行作业，并扩大平行作业的范围。

4. 设计—采购—施工总承包 EPC 式组织

EPC 为英文 Engineering-Procurement-Construction 的缩写，译为设计-采购-施工总承包。

为了弄清 EPC 式组织与 DB 式组织的区别，有必要从两者英文表述词的分析入手。DB 式组织的英文表示为 Design-Build。在这两种组织中，Engineering 与 Design 相对应，Build 与 Construction 相对应。Engineering 一词的含义极其丰富，在 EPC 式组织中，它不仅包括具体的设计工作（Design），而且可能包括整个建设工程内容的总体策划以及整个工程实施组织管理的策划和具体工作。因此，很难用一个简单的中文词来准确表达这里的 Engineering 的含义。由此可见，与 DB 式组织相比，EPC 式组织将承包（或服务）的范围进一步向工程的前期延伸，业主只要大致说明一下投资意图和要求，其余工作均由 EPC 承包单位来完成。

Build 与 Construction 两个英文词的中文含义有很多相同之处，作为英文使用时有时并没有严格区别。但是，这两个英文词还是有一些细微的区别。Build 与 Building（建筑物，通常指房屋建筑）密切相关，而 Construction 没有直接相关的工程对象词汇。DB 式组织一般不特别说明其适用的工程范围，而 EPC 式组织则特别强调适用于工厂、发电厂、石油开发和基础设施等建设工程。

Procurement 译为采购是恰当的。按世界银行的定义，采购包括工程采购（通常主要是指施工招标）、服务采购和货物采购。但在 EPC 式组织中，采购主要是指货物采购即材料和工程设备的采购。虽然 DB 式组织在名称上未出现 Procurement 一词，但并不意味着在这种组织中材料和工程设备的采购完全由业主掌握。实际上，在 DB 式组织中，大多数材料和工程设备通常是由项目总承包单位采购的，但业主可能保留对部分重要工程设备和特殊材料的采购权。EPC 式组织在名称上突出了 Procurement，表明在这种组织中，材料和工程设备的采购完全由 EPC 承包单位负责。EPC 式组织的结构如图 2-11 所示。

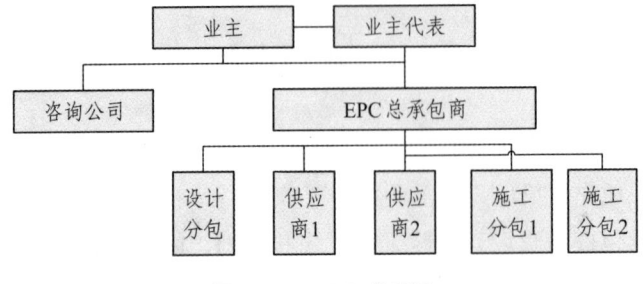

图 2-11 EPC 式组织

2.2.2 实施组织形式的选择

项目实施的组织形式，可在综合考虑以下三方面和仔细权衡不同类型组织利弊的基础上，选择适当的类型。

1. 工程项目的特殊性

1）工程项目的范围

项目的范围包括项目的起始工作、项目范围的界定与确认、项目范围计划和变更的控制。确定了项目范围也就定义了项目的工作边界，明确了项目的目标和主要交付成果。一般来说，设计—建造模式要求项目的范围明确，并且早在设计阶段，就已经明确了项目的要求；当工程项目的范围不太清楚，并且范围界定逐渐明确时，比较适合平行发包或施工总承包式组织。

2）工程的外部环境

工程的外部环境不利往往给施工带来更大的风险与不确定性，在选择项目实施组织形式时，要将其可能带来的影响考虑进去。例如：工程地质及自然环境状况，包括地质断层、溶洞、沉陷等；工程资源供应限制条件和供应保障程度，包括供水、供电、材料的采购、进出的通道等；经济、人文、法律环境，包括当地的风俗习惯、语言、宗教信仰等。

3）技术的复杂程度

技术的复杂程度直接影响施工的难度。设计施工如果由两家承包就容易出现问题，给项目增加了风险及不确定性，对工程造价与工期都会产生影响。有的项目采用新材料、新工艺或现代化手段，这些项目的施工难度就比较大，风险较高，业主此时就要考虑如何通过合适的实施组织选择降低风险。

2. 业主的要求

1）业主对风险分配的要求

随着工程项目的规模不断扩大，技术越来越复杂，项目风险的影响因素也日益复杂多样。业主是否愿意在工程建设中承担较大的风险也成为影响工程实施组织形式选取的重要因素。

2）业主对投资估算的要求

对投资预算的估计及工程项目投资总额的确定，有利于业主对项目投资进行预算和控制。很多业主由于资金问题，需要在建设前就确定工程的总造价，不可以超过预算的定额，对总价要求做到心中有数。有时，业主宁愿多支付更多的费用，只要能确保商定的最终结算价格不被超过。有许多项目是私人融资建设，贷款银行要求业主的项目成本更具有确定性，此时，选用设计－建造，或设计－采购－施工交钥匙式组织更为合适。

3）业主对建设工期的要求

选择项目的实施组织形式时，业主应考虑该项目是否对工期的要求比较严格。有的业主对工期要求较高，项目必须在某一时间前完成。对于项目实施周期长，而工期要求又特别紧的项目，例如房地产项目，缩短建设周期特别重要。此时，工期就作为选择实施组织形式的主要依据。

3. 合同双方的情况

1）业主对项目的管理能力

业主对项目的监督管理能力也是选择的重要因素，包括业主对项目实施期的管理、业主的风险管理、业主的索赔管理。业主若缺乏经验，即使参与设计也会由于经验的缺乏而达不到预期的控制效果，此时就必须依赖承包商的经验与专业特长。若业主管理能力较强，参与到项目的建设中来有利于实施对项目的质量、工期、成本的监管，则对业主比较有利。

2）业主对设计的控制

一些大型项目建成后的使用期很长，运营与维护都需要花费大量的精力与费用，此时，业主需要对设计加以控制，方便日后的维护工作。如果业主希望更富有创造性的或者是独特的外观设计，则需要更多地参与设计工作。而在设计－建造式组织、设计－采购－施工交钥匙式组织下，业主对设计的控制要求不易得到满足。

3）承包商的能力

技术简单、工程量小、易于实施的项目，对承包商的要求较低，有能力承包此项目的承包商较多；但是，对于一些大型项目，如果其工程量浩大、风险高、技术复杂，就要求承包商有较强的施工与管理能力，如果是设计－建造，或设计－采购－施工（EPC）/交钥匙总承包式组织，还要考虑承包商的设计能力。甚至，对于一些资金紧张的项目，需要承包商有较强的经济能力，预先垫付部分工程款，对于这样的项目，可供选择的承包商就比较少，而且国际上通常使用邀请招标的方式来选择承包商，即只邀请几家承包商参与投标。因此，在选择工程项目实施的组织形式时，还要考虑待选承包商的能力。

2.3 市政道路项目组织驱动机制

2.3.1 项目组织驱动机制的内涵

人是构成项目组织的最基本同时也是最能动的要素，组织运行的基本任务是驱动组织中的人为组织目标服务；而在项目组织中，人们分属于多个不同的利益主体，对项目组织而言，驱动不同利益主体围绕项目组织的目标开展工作是至关重要的。因此，项目组织驱动机制是指驱动组织中的人和各参建方围绕项目目标协同作业的动力机制，而组织驱动力是项目组织驱动机制的具体表现形式。

1. 项目组织驱动力的定义

动力有两种解释：① 使机械做功的各种作用力，如水力、风力、电力、畜力等；② 推动工作、事业前进和发展的力量。项目组织作为工程项目管理的主体，其运行动力又称为项目组织驱动力，是指激发组织内部不同利益主体的利益动机，将组织成员的工作动力整合在一起，推动项目组织为实现项目组织目标而运行的力量。

2. 组织驱动机制的动力根源

组织运行的根本动力在于组织内部各参建方对自身利益的追求。项目组织各参与方之间是非零和合作博弈，具有价值创造功能，并可以实现多赢局面。项目组织所创造的超额利益将在项目成员之间进行分配，实现其作为理性经济人追求利益的目标。因此，利益是组织各参与方为实现其作为理性经济人追求利益的目标。当组织成员的既定利益得不到满足时，项目组织的运行很可能因为该成员的不配合而受阻。因此，利益是项目组织得以运行的根本动力。

责任是利益追求得以实现的基础，是驱动力的附着点。组织及成员通过履行责任来实现组织目标，从而实现项目组织的运行，完成利益的创造。项目组织目标的实现，需要各参与方、各成员的协力合作，因此，首先要依据组织目标进行责任划分。组织目标经过科学合理的分解，具体体现为各部门、成员的责任。这种责任使个人的能力得到充分发挥，并协调各参与方、各成员的努力方向，保证项目目标的有序推进。

而权力则是履行责任的必要保障，项目组织的运转依赖各参与方组织的运转，组织的运转实际上是组织中权力的行使过程。权力的运行或行使，使组织内信息得以传递、资源得以配置、控制得以实施、目标得以达成。

3. 项目组织驱动机制的表现形式

组织运行的根本动力在于组织及个人对利益的追求，而在运行过程中，则通过组织中责任与权力的匹配来具体体现。工程项目组织是通过契约缔结起来的，组织成员的职责、权力、利益是以契约形式确定下来并保障实施的；在各参与方内部，这种职责、权力、利益的匹配主要表现为职务权力，即职权，而职责、利益也在职权的履行过程中得以实现。

1）契约驱动力

工程项目组织各参与方之间并不存在上下级关系，而是为了实现各自的利益，基于项目合作在一起的平等主体。项目组织所创造的超额利益将在项目成员之间进行分配，而分配的具体方式则通过契约来确定，因此，契约是推动项目组织各参与方运作的核心。通过契约，项目组织不仅明确了项目各参与方的收益，同时，也确定了在项目运行中，各参与方应该承担的责任和享受到的权力。在科学设计项目组织契约体系的基础上，实现组织各参与方权力与责任的对等，并围绕各自分配的利益，推动组织的运行。契约是实现组织各参与方之间权责匹配的工具，亦是组织运行动力在各参与方之间的具体形式。

2）职权驱动力

工程项目组织中的职权是处于某一职位上的权力，是一种能够影响别人处理、管理业务的权力。这种权力是由正规的层级链和报告关系规定的，是项目组织赋予各级管理者的权力。

职权与组织内的一定职位相关，是一种职位的权力，而与担任该职位管理者的个人特性无关，职位可以被设计得拥有更大的权力。组织中权力的总量可以增大，主要办法就是妥当设计各层级的任务和互动关系，以便使每个人都能有一定的影响力，都受到重视。

4. 组织驱动机制的作用模式

在利益的驱动下，工程项目组织通过构建目标体系来实现对各参与方以及组成员的导向作用。在组织环境、组织规模、权力控制的影响下，项目组织在职权和契约的双重驱动力下，推动组织运行，实现利益分配，最终实现组织目标。组织驱动力作用模式如图2-12所示。

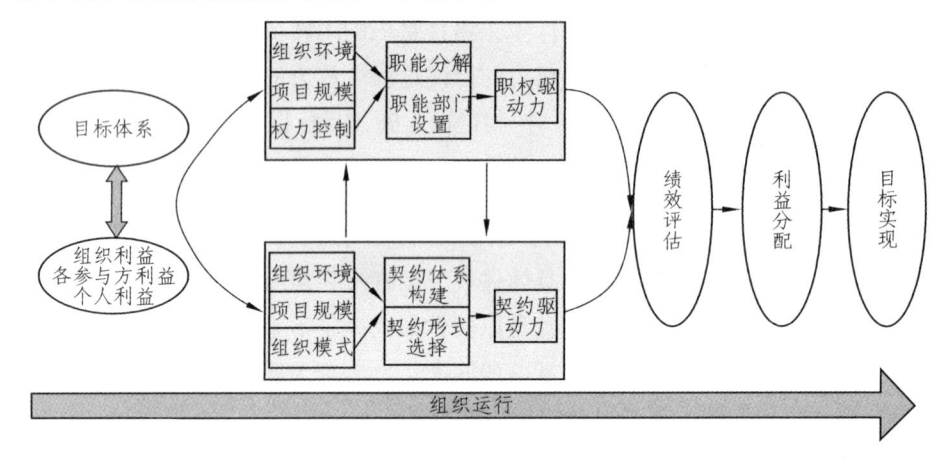

图2-12　组织运行驱动力作用模式

2.3.2　项目组织的契约驱动机制

1. 工程项目契约的形式和特点

1）契约的表现形式

工程项目与一般的企业组织相比，其重要的不同点就是工程项目是以开放的建筑市场为载体，通过正式契约（即合同）的形式来为项目配置资源，即项目组织主要是通过契约将各参与方缔结在一起。也可以说，在项目组织中，契约驱动主要是通过各类合同来具体体现，包括咨询合同、设计合同、施工合同、监理合同、采购合同等。

合同是平等主体的自然人、法人或其他组织之间设立、变更、终止民事权利义务关系的协议，由合同的主体、合同的客体以及合同的内容三大要素构成。合同的主体是指签约双方或多方的当事人，也是合同的权利和义务的承担者。合同的客体是指合同的标的，是签约当事人权利和义务所指的对象。合同的内容，就是合同签约当事人之间具体的权利和义务。

法律所规定的有效合同的基本要素有：双方当事人或各方当事人在缔结合

同时必须具有缔结合同的能力，并且具有缔约该合同的合法权限；必须就其交易的全部主要条款达成协议，通常的方法是交换要约和承诺；当事人的意图必须体现为在法律上具有强制力的合同，而不是一个社交性的或超出法律的协议；合同在执行上不得有障碍，若出现合同的目标不能实现、违法、违背公共政策以及其他不可强制执行的情况，需要一定的手续和证明，否则，合同即不具有强制力，甚至完全无效。

2）契约驱动机制的特点

契约驱动机制具备以下特点。

（1）主动驱动性。

契约驱动对于项目组织是一种主动驱动机制，各参与方为获得预期的利益应有积极性按照契约规定的权利和义务去努力完成任务。

（2）基于原则的驱动。

契约条款的不完备性和项目环境的变化，致使项目在运行过程中面临诸多阻扰，而契约中规定的双方公认的基本原则，有利于维护项目的健康运行。

（3）基于互动的驱动。

基于契约的关系是一种伙伴关系，彼此平等、为对方的目标实现提供支持，也能从对方处获取资源和帮助，这是一种互动式的依赖关系。

2. 契约驱动下工程项目组织运行的特征

项目组织成员之间用"伙伴关系"来形容远比传统的主管和下属的关系来得贴切。伙伴关系是一种平等关系，也是一种双方能够共谋福利的关系。实现项目组织成员之间伙伴关系的手段是一种以双赢为主要目的的契约，这种契约关系可以是人们常见的合同契约，当然也可以是一种内部协定。

以契约为驱动力的项目组织运行的主要特征为：

1）平等性

契约双方具有平等的法律地位，能够充分体现双方当事人的意愿和经济利益。平等性还表现在主体之间相互独立，不像职权那样存在上下级关系，这样，有利于双方的沟通和交流，有利于维护双方的权益。

2）开放性

契约是在一定的组织环境下制定的，受许多因素影响和制约。任何一方的需求要得到满足必须依靠对方的支持，因此，契约双方必须相互沟通，并根据对方的反应调节自身的行为。以契约为驱动力的项目组织模式具有开放性，而不像基于职权驱动的项目组织只关注内部的专业和职能。

3）规范性

契约往往采用书面形式。契约双方为了维护自身的权力，须认真地对契约内容进行充分考虑，反复推敲和斟酌，因此契约内容是严谨、规范的，它比基于职权驱动的组织简单命令的执行方式更规范、更科学。

4）原则性

由契约驱动的项目组织运行机制在管理上不是基于官僚制度，而是基于契约双方都认可的原则。由职权驱动的项目，不管领导的指令是否正确，下达后下属就应当服从。而以契约为驱动力的项目组织则是以双方共同认可的承诺为行为准则。承诺不是因职权而产生的强制性行动规则，而是双方公认的基本原则，是一种价值观，是原则而不是制度。此外，随着组织环境的变化，制度将不断地改变，而原则是可以相对稳定的，基于原则的管理比基于制度的管理更灵活、更有效。

2.3.3 项目组织的职权驱动机制

1. 职权的形式、内容及特点

1）职权的形式

职权分为三种形式，即直线职权、参谋职权和职能职权。

（1）直线职权。

直线职权是指给予一位管理者指挥其下属工作的权力，显然，每一管理层的主管人员都具有这种职权，只不过每一管理层次的功能不同，其职权的大小及范围不同而已。这样，从组织的上层到下层的主管人员之间，便形成一条权力线；这条权力线，被称为指挥链或指挥系统。

在这条权力线中，职权的指向由上而下。由于在指挥链中存在着不同管理层次的直线职权，故指挥链又叫层次链。它颇像一座金字塔，通过指挥链的信息传递，由上而下，或由下而上地进行，所以，指挥链既是权力线，又是信息通道。在这个指挥链中，职权关系必须遵循分级原则和职权等级原则。

（2）参谋职权。

所谓参谋职权是指管理者拥有某种特定的建议权或审核权，是某项职位或某部门所拥有的辅助性职权。

参谋的种类有个人与专业之分。前者即参谋人员，参谋人员是直线人员的咨询人，他协助直线人员执行职责。专业参谋，常为一个单独的组织或部门，就是一般的"智囊团""顾问班子"。

参谋和直线之间的界限是模糊的。作为一个主管人员，他既可以是直线人员，也可以是参谋人员，这取决于他所起的作用及行使的职权。当他处在自己所领导的部门中时，他行使直线职权，是直线人员；而当他同上级打交道或同其他部门发生联系时，他又可能成为参谋人员。为避免参谋有职无权或者越权管理的情况，在进行职权设计时，一定要保证参谋机构有职有权，且职权合理。

（3）职能职权。

职能职权是指参谋人员或某部门的主管人员所拥有的原属于直线主管的那部分权力。在纯粹参谋的情形下，参谋人员所具有的仅仅是辅助性职权，并无指挥权。但是，随着管理活动的日益复杂，主管人员仅依靠参谋的建议还很难做出最后的决定。为了改善和提高管理效率，主管人员就可能将职权关系作某些变动，把一部分原属自己的直线职权授予参谋人员或某个部门的主管人员，这样便产生了职能职权。

2）职权的内容

职权具体反映为指挥权、决策权和奖惩权等。

（1）指挥权。

在项目组织中，各直线领导需要对其所在的部门全权负责，必须明确其严格的职责，并赋予其明确的权限范围，以保证领导能够运用组织所赋予的权力，直接指挥下级。下级必须绝对服从上级的指挥和领导，以保证组织管理工作高效、有序地开展。

（2）决策权。

各级领导必须按照科学的决策程序和方法，进行正确的决策，否则，会给组织带来预想不到的后果。高层不能越俎代庖，代替下级作决策，各部门领导应在授权范围内有一定的决策权，这是保证各负其责、调动各级领导者积极性、增强其责任心的重要保证。

（3）奖惩权。

项目组织必须拥有一定的奖惩权，能够根据工作考核的情况给予其一定的奖惩。只有这样，才能发挥领导的权威作用，才能真正起到鼓舞先进、鞭策后进、增强动力的效果。

3）职权驱动机制的特点

职权驱动机制具有以下特点：

（1）条件性。

职权的存在和实现具有一定的条件性。它由时间、空间、任务性质、目标取向等限定，不能随心所欲。

（2）稳定性。

职权在组织内部某个职位上具有稳定性和长期性，只要占据该职位，无论行使与否都具备了相应的权力。

（3）主体意志性。

职权由不同主体行使，作用对象的改变必须符合作用者的预期，因此具有主体意志性。

2. 职权驱动下工程项目组织运行的特征

职权驱动的组织运行具有以下特征：

1）独占性

在正常情况下，职权来自正式职位，是合法的。它体现在人们所熟知的上下级关系中，拥有职权的上司有权力分配下属的任务，进行决策与规划，确定其工作内容及进度，下达指令，有权聘任或解聘下属，有权给予下属一定的奖惩。传统管理以职权管理为核心内容，一般认为下属作为上司的一个独有资源，可以完全占有。这种占有具有排他性和等级性。排他性是指下属被上司独自占有，一个下属不能同时被两个上司同时占有。等级性是指项目管理是分层次和等级的，有上层的高级领导、中层的部门领导和最底层的基层领导。其实，在"下属"这个称谓中已经隐含着"处于下层的雇员隶属于上层的领导者"的含义。

2）封闭性

以职权为驱动力构成的项目组织是由很多部门构成的，这些部门有其明确的职责分工和相互协作关系，形成一个连续封闭的回路，首尾相接，环环相扣。封闭性包括管理组织的封闭、管理职能的封闭、管理制度的封闭和管理过程的封闭。在封闭的项目组织中，各部门领导往往只关注本部门的工作情况，往往为了本部门的利益而与其他部门产生冲突。

3）强制性

行政方法具有明显的强制性，即上司下达指令后，不管指令正确与否，下属都应该无条件服从。强制性在保证政令统一和执行力度方面，有其优势，但这种管理方式不利于调动下属的积极性。权力的高度集中，会造成高层领导陷于日常的繁杂事务，会造成信息传递层次多、路径长而失真的现象，影响到决策的质量和效率。权力的过于集中还会造成高层领导的权力欲高度膨胀，自我感觉良好，而影响到与下属的沟通和交流。

4）制度化

制度具有规范性、严谨性和稳定性等特点。它在保证管理工作有序性方面可以起到有效作用。因此，制度是现代项目组织管理的基础和重要前提，但如果处理不好，也可能成为现代项目组织发展的障碍，导致项目组织的僵化。

所以，以职权为驱动力的项目组织在保证总体控制方面有其独特的优势，但这种组织运行方式也可能带来项目组织的僵化，不能形成一个敏捷的反应系统，这将影响到组织竞争力的增强和组织的健康发展。所以，以职权为驱动力的项目组织在运行中应注意这些问题。

2.4 哨关路工程建设管理组织

2.4.1 哨关路的融资模式

哨关路采用PPP融资模式组织项目的投资、融资、建设及运营，云南建设投资控股集团有限公司是该PPP项目的中标主体公司。云南建设投资控股集团有限公司委托集团下属云南建设基础设施投资股份有限公司（以下简称"云南基投"）作为该项目的投融资主体，云南基投成立该项目的项目公司，由项目公司负责该项目的融资、投资、建设管理与项目运营。云南建设投资控股集团有限公司委托集团下属路桥建设总承包部（以下简称"路桥总包部"）作为该项目的施工总承包管廊单位，负责整个哨关路的施工管理工作。云南建设投资控股集团有限公司委托集团下属的各分公司作为项目的分包单位参与该项目施工。项目的总体组织模式见图2-13。

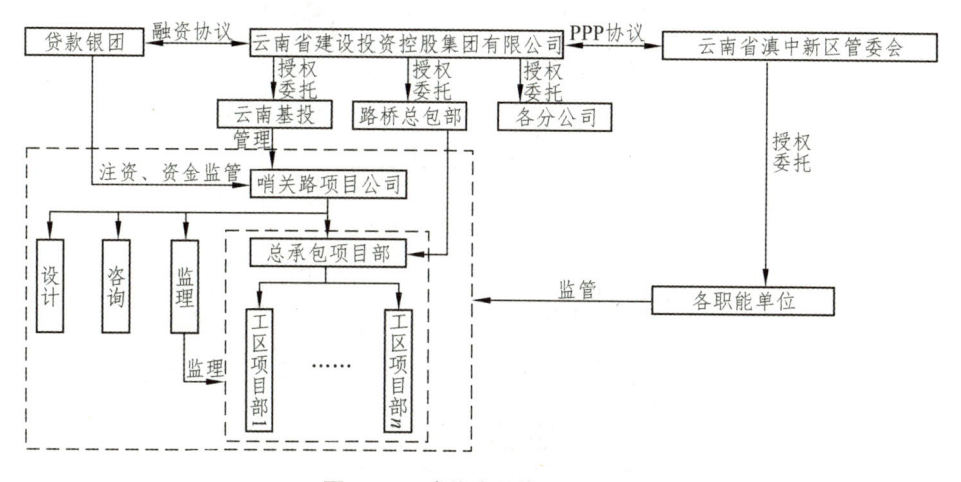

图2-13 哨关路总体组织结构

2.4.2 哨关路的实施组织结构设计

项目组织是为完成项目而建立的组织，一般也称为项目班子、项目管理班子、项目组等，如建筑施工项目的项目组织目前在我国叫项目经理部。一些大中型项目，由于项目管理工作量很大，因此，项目组织专门履行管理功能，具体的技术工作由他人或其他组织承担。而有些项目，例如软件开发项目或某些科学研究项目，由于管理工作量不大，没有必要单独设立履行管理职责的班子，因此，其具体技术性工作和管理职能均由项目组织成员承担。这样的项目组织负责人除了管理之外，也要承担具体的系统设计、程序编制或研究工作。项目组织的具体职责、组织结构、人员构成和人数配备等会因项目性质、复杂程度、规模大小和持续时间长短等有所不同。

为了优质、高效地完成本工程的施工，达到各项工程管理目标，针对本工程的施工特点，路桥总承包部组织施工力量，抽调经验丰富、年富力强的工程技术管理人员，成立哨关路总承包项目经理部，下设 9 个工区，实行项目法管理，全面履行承包合同。项目经理部及各工区项目组织机构如图 2-14 所示。

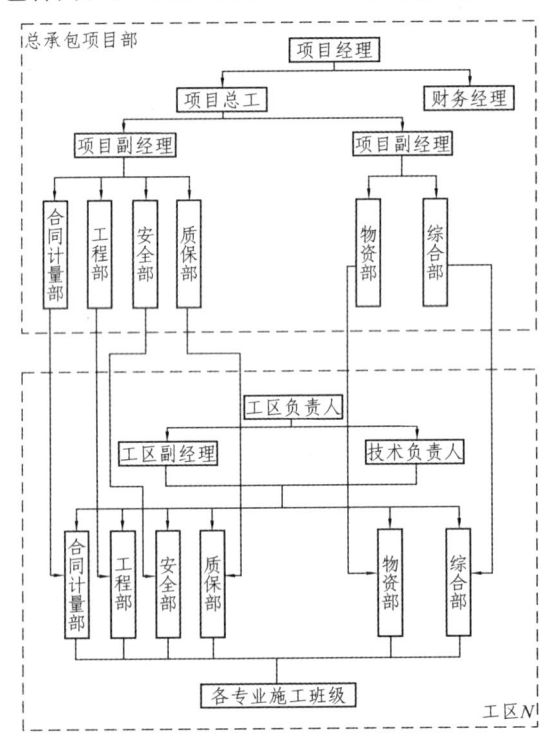

图 2-14 项目实施组织结构

根据总承包项目部的职能，配备项目部的管理人员，见表2-1。

表2-1　项目主要管理人员配备一览表

序号	部门名称	分类管理人员	配备人数	备注
1	项目决策层（6人）	指挥长	1	
2		副指挥长	1	
3		项目经理	1	兼
4		项目总工	1	
5		项目副经理	2	
6	工程技术部（17人）	部长	1	
7		测量与监测工程师	2	
8		桥梁工程师	4	
9		道路工程师	4	
10		电气工程师	2	
11		排水工程师	2	
12		资料员	2	
13	安全部（2人）	安全总监	1	
14		安全员	2	
15	质检部（3人）	质量总监	1	
16		质量员	2	
17	物资设备部（6人）	部长	1	
18		材料员	3	
19		机械工程师	2	
20	合同计量部（3人）	部长	1	
21		造价工程师	2	
22	财务部（2）	部长	1	
23		出纳	1	
24	中心试验室（7）	主任	1	
25		检验试验工程师	2	
26		试验员	4	
27	综合办公室（5人）	主任	1	
28		工作人员	4	
29	合计人数		51	

2.4.3 哨关路项目组织的主要岗位职责划分

1. 项目经理

（1）贯彻执行国家、行政主管部门有关法律、法规、政策和标准，执行公司的各项管理制度。

（2）负责对施工项目实施全过程、全面管理，组织制定项目部的各项管理制度。

（3）组织编制施工组织设计，确定和审定各工程施工方案和技术措施，及时组织处理施工中出现的重大技术问题。

（4）督促检查施工进度、质量、安全技术等工作，搞好工程的竣工验收工作。

（5）严格履行与建设单位签订的合同和与公司签订的《项目管理目标责任书》，并进行阶段性目标控制，确保项目目标的实现。

（6）根据市场需求，结合任期责任目标，制订年度施工生产计划，确定单位长远规划。

（7）注重施工质量，不断提高施工工艺，降低成本，节省费用，增强企业的应变、竞争能力。

（8）负责对施工项目的人力、材料、机械设备、资金、技术、信息等生产要素进行优化配置和动态管理，积极推广和应用新技术、新工艺、新材料。

（9）积极推行先进技术和现代管理，实行严格的质量管理，保证施工质量，力争达到优质工程。

（10）不断改善劳动条件，搞好环境保护和安全生产，关心职工生活，在现有条件的基础上，逐步改善职工的物质、文化生活条件。

（11）认真完成上级领导交办的其他工作。

2. 项目总工程师

（1）负责组织制定具体措施，贯彻国家和行业关于质量管理和质量保证以及工程质量方面的方针、政策、法律、法规、技术标准和技术规范。

（2）协助项目经理负责项目质量体系的建立、运行、审核、改进等各项工作，在质量管理和质量保证方面向项目经理全权负责。

（3）负责组织制订项目质量计划，参与讨论形成项目的质量方针和质量目标。

（4）负责组织制定各部门、各技术人员的质量职责、工作质量标准，并每月对执行职责的情况做出公正评价和考核意见。

（5）负责组织制定施工过程的质量控制措施、特殊工序的作业指导书，并定期组织进行全线质量大检查，督促质量月报的编报工作，组织编制项目质量创优计划。

（6）熟悉合同文件及施工图设计文件，领会设计意图，参加业主组织的设计交底和图纸会审。

（7）主持编制实施性施工组织设计，制订施工方案、施工工艺，编制施工技术措施和施工计划及保证质量的措施等。

（8）负责向工作技术人员进行书面技术交底，督促、检查施工技术人员进行现场技术交底工作。

（9）负责推广应用新技术、新结构、新工艺，组织项目的技术、质量攻关，做好科技成果的转化工作。

（10）负责审核项目试验、测量仪器设备购置保修计划。

（11）主持交（竣）工技术文件的编制工作，参加交（竣）工验收事宜。

（12）负责编制项目的施工技术总结，组织撰写论文和向公司推荐工作，对年度评选优秀工程技术人员提出主导意见。

（13）负责安排技术干部的业务学习及思想教育工作。

（14）负责处理项目日常的技术、质量管理事宜。

3. 项目副经理1

（1）在项目经理领导下，全面组织、协调项目各工区的施工，对现场施工协调管理全面负责，确保满足工程进度、质量、生产安全、文明施工、环境保护等目标管理要求，对项目施工生产的进度、质量、安全、文明施工全面负责。

（2）贯彻落实公司各项管理规定、办法，结合项目部实际制定实施细则。组织实施安全生产工作目标及年度安全生产工作计划。

（3）及时解决生产和管理中存在的问题，协调和发挥各职能部门的作用，确保安全生产和文明施工。

（4）协助搞好与各工区之间的协调配合，建立正常的生产工作秩序，做到合理安排、紧密配合，保证各项工作的顺利完成。

（5）组织安全生产检查，消除隐患，做到安全生产、文明施工，协助编制施工过程中的重大及专项施工方案，并按规定及时向上级管理部门报审。

（6）主持编制施工总进度计划，并组织、监督实施；组织编制、调整、落实项目日常施工生产计划，根据工期要求制订相应的周、旬、月施工进度计划并落实。

（7）组织定期安全、生产、质量检查及日常检查，召开各工区项目部定期生产、安全例会及不定期专题会议，检查及协调各工区之间的施工问题，建立合理完善的施工秩序。

（8）参与编制项目质量计划并组织、检查落实。组织对不合格品的评审及整改检查。组织项目施工的过程监测工作，批准项目的纠正、预防措施。

（9）负责外部事务的协调，及时协调和解决生产周边环境的各种问题，保证生产的顺利进行。

（10）及时发现、分析、总结生产和管理中的问题并总结经验和教训，向项目经理反馈，不断提高生产管理水平。

（11）建设项目施工过程中，应随时掌握下属各工区的施工情况，定期组织召开工程例会，总结过去工作的经验，解决施工中存在的问题。

（12）认真执行国家相关的法律法规和公司的各项规章制度，做好与建设单位、监理单位、第三方检测单位、造价咨询单位等相关单位、部门的协调工作，确保项目的顺利进行和圆满竣工。

4. 项目副经理2

（1）在国家法律、法规、规章和政策的范围内，依法对建设项目的各环节进行管理和监督。

（2）直接负责经理部的行政管理、后勤管理，指导有关处室提升行政工作能力，做好内外各项联系协调工作，维护好经理部的形象和项目建设的整体利益。

（3）创新项目建设物资管理工作思路，建立健全各项物资的管理制度和工作程序，抓好统供物资招标、供应、运输、现场堆放、仓储、使用与核算等环节的管理，确保物资供应的及时到位。

（4）在哨关路建设指挥部的统一领导和部署下，开展项目建设的征地拆迁协调工作；积极协助地方各级政府做好征地拆迁和施工环境保障工作，加强与工区项目参建单位的工作联系和协调，保证项目建设的顺利实施。

（5）负责建立健全项目征迁工作规章制度和工作程序。严格执行各项法律、法规和项目管理办法，做好对参建单位的指导和服务，监督参建单位搞好环境保护、水土保持、文明施工；加强与地方政府和有关部门的联系，配合地方政府及时处理征地拆迁工作中出现的矛盾和问题，维护社会稳定。

（6）组织和办理各类征迁报件及审批，协调地方政府有关部门及时提供建设用地；负责协调全线取（弃）土场、施工所需的临时用地的审查和办理工作；协调好因设计变更、塌方、滑坡等原因引起的二次征地拆迁工作。

（7）指导有关部门，严格执行经理部各项费用开支的审批制度，加强固定资产的管理工作，确保财产、物资安全，防止资产浪费和流失。

（8）严格执行各项廉政规定，带头廉洁自律。

（9）完成上级主管部门和项目经理部经理交办的其他工作。

5. 质量总监

（1）认真贯彻执行国家下发的安全质量方针、政策、法令、规范，执行各项技术规范、验收标准以及安全质量管理制度和技术措施。

（2）制定质量管理办法和实施细则，并负责监督、检查。

（3）全面负责质检部的日常管理工作，协助主管领导做好质量管理工作。

（4）检查和指导下属各工区贯彻执行各项规章制度、验收标准，分析掌握现场工程质量情况，针对存在的问题，及时提出纠正和预防措施。

（5）负责施工全过程的质量检查工作，制订检（抽）查计划并组织实施，审定质量检（抽）查报告。

（6）对本项目及下属各工区所承建的工程，检查其施工方法和隐蔽工程，协助监理办理有关检验签证手续。

（7）组织编写全线创优规划，质量目标及改进措施，定期审核质量体系运行情况。

（8）组织各工区进行质量检查评比，开展质量竞赛，检查制度落实情况。

（9）具体负责建立并实施质量管理体系，负责编制项目质量管理计划，推行全面质量管理。

（10）负责项目创优规划的制订及实施。

（11）组织质量事故的调查分析处理。参与竣工工程的验收工作，负责编写工程质量总结。

（12）建立健全业务范围内的各种资料台账，包括建立分项、分部、单位工程质量台账，隐患通知书和监理联络台账，质量事故台账及质量奖罚台账等，要求下属工区及时上报质量报表。

（13）参与中心试验室的管理工作,加强质量控制,并对施工质量负检控责任。

（14）完成总工及项目部交办的其他工作。

6. 安全总监

（1）贯彻执行上级有关安全工作的方针、政策和法律、法规，认真落实项目制定的安全生产规章制度，及时传达、落实上级有关安全生产工作的指示和决定。

（2）定期、不定期地组织学习上级有关安全生产工作的指示、要求和安全业务知识，搞好各项安全生产竞赛活动，拟订活动计划与措施，参加竞赛活动和检查评比工作，认真做好活动总结。

（3）编制项目年度安全工作计划，及时掌握项目的安全生产动态，采取有效措施做好安全管理，适时提出安全生产防范措施，并检查落实执行情况。

（4）检查、监督安全生产规章制度、安全生产操作规程的执行情况及岗位职责的履行情况。

（5）组织召开安全生产研讨会和经验交流会，倡导安全文化，加强安全教育和业务培训，总结和推广安全管理先进经验。

（6）会同有关部门对各工区项目部的安全生产工作进行监督、检查、考核和评比，定期向项目安全生产领导小组汇报安全生产监管状况，不断完善安全管理措施；参加安全事故的调查、分析、处理和工伤鉴定，严格按照"四不放过"的原则，会同有关部门做好员工伤亡事故的处理和善后事宜。

（7）负责督促各部门、各工区项目部进一步建立健全安全生产规章制度、应急预案及预案的演练工作。

（8）与有关职能部门协调做好职工的安全教育和岗前培训。

（9）组织开展好安全生产领导小组办公室的日常工作。

7. 工程部部长

（1）在总工程师的领导下，建立健全项目建设的工程技术管理制度和工作程序；负责项目建设的总体计划、阶段目标计划、科研计划的编制；加强项目建设的进度和计划管理，检查和分析各项计划执行情况和取得的成果，做好工作总结；抓好项目建设的技术管理工作，加强与有关部门的配合，抓好项目建设的投资控制、质量安全、施工进度的动（静）态管理；配合有关部门做好建设项目交（竣）工验收的准备工作。

（2）贯彻上级主管部门的要求，做好信息化建设和管理工作；组织编制各项技术方案，做好实施监控；抓好建设项目的节能减排、优化设计，制订总体计划，建立工作机制，采用新的节能技术和减排工艺，控制项目建设和运营的能耗与排放。

（3）组织好各工区做好项目工程的复测、技术交底工作；组织搞好重大工程技术方案、关键技术工艺的审查和审批，及时审查工程实施过程中的设计变更；围绕建设典型示范工程的目标，认真调查研究，优化、完善、补充制订工程技术方案，组织相关部门和单位抓好工作落实。

（4）结合项目建设的地质、地形和技术复杂的难点、特点，组织科技攻关和技术研究；负责科研项目的组织研究和计划编制，安排和协调科研项目顺利实施，为解决项目建设及运营管理的突出难题，提供有力的技术支撑；认真收集、研究和分析新技术、新工艺、新材料的信息和资料，搞好新技术、新工艺、新材料在项目建设中的推广应用。

（5）负责工程技术档案的整理和归档，建立翔实可靠的工程台账和技术管理台账，检查和督促参建单位工程技术档案的管理工作；加强与各工区技术管理工作的联系，密切配合合同计量部及时审查工程计量支付报表；配合项目工程的统计上报和信息管理工作，搞好本部门的痕迹化管理，做好工程大事记的编撰。

（6）抓好部门的建设和管理，定期召开工作例会，不断改进工作作风，增进沟通和联系，团结协调为各工区做好服务工作；搞好与各部门的配合，加强与地方政府管理部门、设计、监理等单位的联系协调工作，及时解决工程实施中存在的问题，保障工程的顺利实施。

（7）完成领导交办的其他工作。

8. 合同计量部部长

（1）建立健全工程台账，复核工程变更台账，统计、汇总、分析投资完成情况，提供准确、及时的工程进度和投资完成情况。

（2）负责落实项目的合同管理工作，及时掌握对外对内的合同执行情况，当合同变更时及时办理好相应的手续。

（3）负责项目成本管理工作的落实。负责项目对外对内的计量工作；负责项目月度计量工作。收集、整理工程施工中的变更签证资料，并及时编制和办理计量、支付签证。

（4）积极与业主和监理、跟踪审计等相关单位沟通，掌握工程的计量信息，建立健全工程合同管理制度，做好项目的合同交底工作。

（5）审核计量支付月报，审核补充单价，对计量细目、单价的准确性、计量数量的控制及完成金额的正确性负责。

（6）根据合同变更情况，收集、整理相关资料，做好费用索赔的申请，配合跟踪审计做好相关工作，以确保合同变更可以得到合理支付，保障好企业和项目的相关利益。

（7）负责对日常施工过程中的工程量进行统计，对分承包方提出的合同外的工程量进行核实，对分承包方的计量计价资料进行审核，并配合上级主管部门和财务部门做好工程款支付工作。

（8）负责项目的结算和最终审计的具体工作，及时向上级核算管理部门通报结算信息和上报资料，保证结算过程顺利进行。

（9）完成领导交办的其他工作。

9. 物资部部长

（1）在项目经理的领导下，及时收集、整理、汇总各部门的材料计划，统一编制材料采购计划，履行材料采购审批程序。组织物资采购招投标（议标）活动，起草并签订物资购销合同。

（2）实行定额储备、计划用料，准确反映项目部材料库存情况，按时盘点材料消耗情况，完成材料成本核算，向项目经理提供分析资料。及时组织零星物资（材料）采购，保持合理的物资库存指标，保障生产运行和工程建设需要。

（3）加强物资管理，控制物资消耗指标，严格按照物资审批程序办理出库入库，降低各种损耗和管理漏洞。及时调研市场信息，掌握市场价格动态，对供应商进行分析评估，提供物资供货渠道，及时向项目部、公司提供信息，办理相关变更协议，降低采购成本。

（4）负责进场材料的质量验收、计量收发、标识，收发材料当日记账、定期盘点，保证账物相符，账单相符。建立各种材料台账，保证账物相符，真实反映每月项目材料成本。

（5）负责项目部各种材料原始凭证、计量凭证、核算凭证、质量证明书等资料的收集，按规定程序装订保管，准确统计、报送。负责材料的对内对外结算，项目完工时及时完成材料成本核算。按时上报各种报表资料，负责项目部的材料信息化管理。

（6）做好仓库的防水、防火、防盗措施，确保物资（材料、设备）不变质、不变形，发现隐患及时上报。定期对仓库物料进行盘点、清仓、对账，做到下账及时、账簿条理清晰、账账相符。

（7）坚守工作岗位，不得无故影响各部门领料提货，不得私自挪用、外借任何物资（材料）。

（8）负责完成领导交办的其他工作。

10. 财务部部长

（1）根据国家财经政策、法律法规及上级有关规章制度，结合项目特点主持制定财务管理规章制度。

（2）制订项目部资金管理方案，负责和组织项目资金的预算、调配、使用和管理，组织监控各施工单位的资金使用，及时落实公司下达的资金上交任务。

（3）组织和实施项目部的财务收支及会计核算工作，组织编制财务预算和财务决算报告，做到会计处理及时、手续完备、内容真实、数字准确，为指挥部和公司提供真实、准确的财务信息。

（4）组织做好财务部门责任成本管理工作，积极参与项目部各项大额支出决策分析、谈判，定期牵头开展项目经济活动分析，为项目部提供真实、准确的决策信息。

（5）充分发挥财务部门的会计监督职能，完善各项财务内部控制制度，对违反国家法律法规和财经纪律的行为要敢于制止，制止无效的，积极向上级机关反映。

（6）负责财务部门内外部关系的协调，组织做好上级机关和有关部门到项目部进行检查、稽查或审计的各项准备和配合工作。

（7）负责指导和监督检查会计人员、出纳人员的工作，充分调动项目部财会人员积极性，不断提高财务管理水平。

（8）按照国家会计基础工作规范的要求，组织做好会计核算和对务文件资料的收发登记以及会计档案的整理、保管、移交工作。

（9）负责项目部会计从业人员管理和财会队伍建设工作，努力提高财会人员的业务素质和思想道德素质。

（10）负责完成领导交办的其他工作。

11. 综合办主任

（1）参与项目建设管理工作，做好党务和宣传工作，抓好行政和后勤管理事务，为项目部的各项工作提供好服务；遵守国家各项法律、法规，贯彻执行上级的指示和项目部的各项工作要求及决定；提升行政工作能力和管理水平，做好内外各项联系协调工作，维护好项目部的形象和项目建设的整体利益。

（2）负责与地方党委、政府和上级部门的联系，协调处理相关工作，报送和反馈项目建设的工作情况和有关信息及资料；掌握各参建单位的相关信息和动态，协调指挥各处（室）的工作，对急办事项催办和督办；及时准确地向项目部领导报送相关资料和信息，报告有关工作的处置情况。

（3）负责项目部行政和后勤管理规章制度的建立、健全，抓好制度的落实；搞好项目部的公文和往来文件的审核与管理，加强和提升文秘工作水平，严格行文、发文、来文的签收和处理等环节的管理及纪律要求；负责文书档案管理和大事记的编撰，做好文书、人事档案的收集、鉴定、整理、保管、统计及相关工作；督促各处（室）的保密工作，加强印章的使用和管理。

（4）负责各级政府和上级部门对项目建设的调研、检查以及各项执法检查和专项检查的安排；负责项目部各类工作会议和项目建设会议的安排，做好项目部与上级签订年度责任书的各项责任目标的分解和内部考核，组织安排好迎检工作。

（5）严格执行党的章程和纪律，在党总支的领导下，履行党总支工作机构职能；抓好项目部的党建工作、党员的日常管理工作，抓好思想政治工作、精神文明建设和党风廉政建设；负责综治维稳工作和信访工作，做好维稳教育和有关信息的调查处置；加强与新闻媒体的联系，搞好项目部的宣传报道工作；负责干部、职工的教育培训工作。

（6）负责项目部人力资源管理工作，按工资政策和有关规定，搞好职工工资和保险的核算管理；严格按规定和制度做好人事管理工作，加强临时用工的计划和管理；抓好职工的后勤生活管理，不断改善职工生活，切实做好保障服务。

（7）负责项目部行政、后勤固定资产的使用和管理，搞好公务车辆及驾驶人员的使用调派；组织做好办公、生活区域的安全卫生和设施的使用维护工作；建立健全总务台账，做好办公用品、通信工具和劳保用品的采购、发放。

（8）完成项目部领导交办的其他工作。

12. 施工员

（1）在项目经理和生产经理的领导下负责施工方案的具体实施，负责落实施工计划并安排现场组织工作。

（2）认真熟悉施工图纸，参与技术交底及图纸会审，编制各项施工组织设计方案和施工安全、质量、技术方案，编制各单项工程进度计划及人力、物力计划和机具、用具、设备计划。

（3）编制、组织职工按期开会学习，合理安排、科学引导、顺利完成本工程的各项施工任务。

（4）协助项目经理，认真履行职责，保证施工顺利进行，维护企业的信誉和经济利益。

（5）编制文明工地实施方案，根据本工程施工现场合理规划布局现场平面图，安排、实施、创建文明工地。

（6）编制工程总进度计划表和月进度计划表及各施工班组的月进度计划表。

（7）认真做好工程施工日志的记录，及时整理工程技术资料和竣工验收资料。

（8）向各班组下达施工任务书及材料限额领料单，配合项目经理工作。

（9）督促施工材料、设备按时进场，并处于合格状态，确保工程顺利进行。

（10）参加工程竣工交验，负责工程完好保护。

（11）合理调配生产要素，严密组织施工，确保工程进度和质量。

（12）组织隐蔽工程验收，参加分部分项工程的质量评定。

（13）参与安全事故调查和处理，做好工伤事故统计、分析和上报工作，会同有关人员提出预防事故措施，并检查监督。

13. 资料员

（1）资料收发工作：包括从建设、监理等单位收取图纸、变更、通知、会议记录、联系单、签证单等文件，建立收文登记，交技术负责人或项目经理审阅，根据他们的要求，复印并发放给其他需要该文件的管理人员，建立内部发文登记，领收人签名、签日期制度。

（2）起草各种施工函件：根据项目经理或技术负责人要求，起草对外文件，比如联系单、签证、各种报告、进度计划等，起草完成并经审核后，报送建设、监理单位，并建立对外发文登记制度。

（3）报审报验工作：材料、机械进场，施工组织设计与专项方案、分部方案、分项方案完成后，制定相应的报审表，在我方签字盖章完成后，报送总监办审核签字。

（4）建立资料体系：为了使我们忙而不乱，建立资料体系，对资料进行归类，建立文件盒，贴上整齐醒目的标签，使资料一目了然、井然有序。

（5）编制、收集资料：跟进施工管理过程，及时填报检验批、隐蔽记录、施工记录，及时向材料员催要合格证、检验报告、送货清单，用于报验报审，用于存档组卷。及时向试验员催要材料复检报告及其他资料，作为资料员，还要负责完成大量与施工进度、技术、安全、质量、经济相关的文件资料。

（6）中间验收与竣工验收资料的组卷与提交：分部工程完成后，及时清理组卷，填写分部验收记录、纪要、分部施工总结，填写资料目录，报送相关方签字盖章，然后报送质量监督员，申请中间验收登记。单位工程竣工后，编制单位工程质量验收记录、质量验收申请表、安全评价申报资料与安全评价申报表。

（7）竣工图的编制：收集整理从开工到完工的图纸会审、设计变更、现场签证、联系单等所有对工程发生变更有说服力的文件，据此编制竣工图，编制份数以与建设单位所签合同为准，竣工图编制完成并交由总监办签字，适时取回。竣工图完成后，要有完整的竣工图清单，避免遗漏、遗忘。

（8）竣工资料与竣工图移交：竣工资料与竣工图成册后，办理移交清单，移交甲方资料员签收。另外，还应将其他资料整理成册，比如会议记录、报告、联系单、报审表等，这些资料一式一份，项目解散后，与竣工资料、竣工图一并移交一份到公司存档。

14. 安全员

（1）认真贯彻和执行国家和上级有关安全生产的方针、政策、法律、法规、规程和标准，坚持"安全第一、预防为主"的方针。

（2）协助项目经理及技术负责人对本工程的安全管理，落实各项规章制度和安全措施计划。

（3）参与各项安全措施计划的编制，并指导开展安全工作，做好安全交底工作，对施工全过程的安全实行控制，并做好记载。

（4）做好安全生产宣传教育和培训工作，总结和推广安全生产的先进经验。

（5）控制安全动态，对施工现场进行安全检查，及时发现各种不安全因素，督促整改，消除事故隐患。

（6）对重大危险源进行监督管理，参与制订事故应急救援预案和演练。

（7）监督劳动保护用品的发放工作，并进行培训，使其掌握正确佩戴和使用防护用品的方法。

（8）配合上级部门的安全检查，如实汇报工程项目或生产中的安全情况。

15. 材料员

（1）认真学习国家规范，熟悉施工规范对材料材质的基本要求。

（2）按照采购计划验收进场物资，填写物资进场验收记录，查对质量证明、证件和材料的对应情况，协助实验员做好材料的复试工作，并做好证件的存放。

（3）按照国家施工规范要求，对属于一个验收批的每一种（批）材料均要验查收集其材质合格证和原材复检合格单；并及时将这些证、单收集整理好上交资料员，以备交工时使用。

（4）严格按照平面图堆放材料，做到堆放整齐，并对材料进行标识，做好防火、防盗工作。

（5）监督作业队和施工班组使用材料情况，督促节约使用材料。

（6）深入施工现场，掌握现场材料的使用情况，以保证现场施工材料的及时供应。

（7）对于不符合要求的材料，杜绝在工程中使用，并协商解决。

16. 核算员

（1）配合项目经理做好单位工程成本预算，定期到工程部做好材料用料、人工费的分析，结合工程项目展开定额分析，核定各种资源消耗情况，对工程预算情况提出建议和意见，并及时反馈给公司领导。

（2）熟悉施工图纸及施工现场，了解工程合同和协议书，配合项目人员编制施工进度计划，做好每个生产阶段的预算工作，及时向公司领导反映工程经济运行情况。

（3）参与项目的预算和竣工决算工作，审核项目已完工程月度用款计划和月度付款计划。

（4）参与投标文件、标书编制和合同评审，收集各工程的造价资料，参与工程建设、工程预算谈判及验收工作。

（5）对施工过程中因设计变更产生的工程量（预算未包括和未包干的）要及时准确地掌握，为工程提供结算调整资料。

（6）对在预（结）算工作中发现的有关施工图纸的问题，应及时向技术负责人反映。

（7）协助配合项目其他部门（单位）的工作，完成领导交办的其他工作。

17. 质检员

（1）认真学习贯彻《中华人民共和国建筑法》《中华人民共和国安全生产法》《中华人民共和国劳动法》等国家和地方有关的法律、法规，执行工程建设强制性标准和强制性条款，贯彻落实公司的质量、环境与职业健康安全方针、目标和各项管理规章制度。

（2）在项目经理的领导下，负责工程实体的质量检查工作，对工程项目的质量管理负具体责任。

（3）精通专业知识，熟悉施工图纸，认真执行施工验收规范及工艺标准，熟悉掌握工程洽商、技术变更等内容。

（4）督促和指导施工班组做好质量日检工作，随时检查和解决施工质量问题，并做出检查记录和质量分析记录。

（5）负责对现场班组和作业人员执行施工组织设计、质量设计、作业指导书、各专项施工方案和技术交底的情况进行监督、检查。

（6）组织质量监督、检查、自检、自纠工作，进行质量检验评定的资料填写、整理，确保预控目标的实现。负责对工程的特殊工种进行监控、检验，做好预防纠正措施的实施及质量验证工作，重要工序和隐蔽工序，质检员必须全过程进行旁站检查。

（7）负责组织参加分部、分项工程的质量评定工作，隐蔽工程验收及分项工程的交接检查，参加工程竣工验收工作。

（8）对工程检查中的不合格品有权停止施工，及时进行标识、评审、处置。

（9）在进行工作质量检查时，有权制止施工现场的违章指挥和违章作业行为，遇有严重险情，有权暂停生产并组织员工撤离危险区域。

（10）及时提供月度质量分析会所需要的有关信息。

（11）协调配合项目部其他部门的工作，完成领导交办的其他工作。

第3章 市政道路的施工组织设计管理

施工组织设计是组织工程实施的指导性文件，也是严格建设标准、保证工程质量、控制投资、合理安排项目工期、制订计划的主要依据。哨关路总承包项目部不断优化完善施工组织设计，合理有序地推进工程建设，全面完成了哨关路建设任务。

3.1 施工组织设计的基本理论

3.1.1 施工组织设计的基本概念、要素、原则

施工组织设计是在工程开工前编制，并用来指导拟建工程施工准备和组织施工的全面性技术经济文件，它是对整个施工活动实行科学管理的有力手段。施工组织设计的任务是：根据建设单位的要求，选择经济、合理、有效的施工方案；确定紧凑、均衡、有序的施工进度；拟定针对性强、效果好的技术组织措施；优化配置和节约使用劳动力、材料、机械设备、资金和技术等施工资源；充分利用施工现场的空间；实现施工进度快、质量好、成本低、安全施工的目标。

1. 施工组织设计的要素及特点

1）施工组织设计的组成

施工组织设计作为指导施工全过程各项活动的技术经济的纲领性文件，主要包括工程概述、编制依据、工程概况、工程特点、工程目标等方面的内容，说明工程的性质（新建、扩建或技术改造）及建设的目的和意义、施工总体部署和总体进度计划，明确施工总体部署原则及主要控制点，根据项目安装工程建设的总体部署，结合本工程实物工程量及计划安排，将工程施工划分为不同时间段进行施工部署。项目组织机构应主要介绍组织机构的基本形式、人员组

成及关键人员的岗位职责等，针对工程涉及的专业施工内容，编制相应的施工技术方案。

2）施工组织设计的特点

（1）施工组织设计的技术性。

施工组织设计是以单个工程为对象进行编制的，一般情况下是各个施工企业分别独立进行。它有很强的技术性和综合性，需要编制人员有足够的建筑工程理论基础和一定的实践经验。

（2）施工组织设计的多变性。

施工组织设计具有一定的多变性。由建筑物、构筑物各自的特点及建造的地点等因素带来的差异，使得编制人员没有完全统一的、固定不变的施工方案可供选择，应根据不同的拟建工程，编制特点各不相同的施工组织设计。这就要求编制人员必须详细研究工程特点、地区环境和施工条件，从施工方案的合理性和技术经济的角度出发，遵循施工工艺的要求，合理安排施工过程的排列，科学地组织物质资源供应和消耗，把施工中的各单位、各部门及各施工阶段之间的关系更好地协调起来。

（3）施工组织设计的决定性。

基本建设的程序可分为计划、设计和施工三个阶段。计划阶段确定拟建工程的性质、规模及其他一些要求；设计阶段根据计划的编制内容制定实施建设项目的技术、经济文件，把建设项目的具体内容、建设方法具体化；施工阶段根据计划和设计文件制订具体实施方案，把人们的主观设想变成客观现实。因此，施工组织设计对基本建设具有决定性作用。

（4）施工组织设计的统筹性。

施工组织设计与施工企业的施工计划之间有着极为密切的、不可分割的关系。施工组织设计是统筹安排施工企业生产的投入、产出过程的关键。施工组织设计是企业施工计划的基础，施工组织计划对施工企业的施工计划起着决定性和控制性的作用；同时，通过编制、贯彻、调整施工组织设计，施工企业可以实现自身的贡献目标、信誉目标、发展目标和职工利益目标等经营管理目标；这充分体现了施工组织设计对施工企业及施工过程的统筹性。

2. 施工组织设计分类原则

施工组织设计按设计阶段不同、编制对象范围不同、使用时间的不同和编制内容的繁简程度不同，有以下分类：

1）按设计阶段分类

（1）设计分两个阶段进行：施工组织设计分为施工组织总设计和单位工程施工组织设计两种。

（2）设计分三个阶段进行：施工组织设计分为施工组织设计大纲、施工组织总设计和单位工程施组织设计三种。

2）按编制对象范围分类

施工组织设计按编制对象范围的不同可分为施工组织总设计、单位工程施工组织设计、分部分项工程施工组织设计三种。

（1）施工组织总设计即以一个建筑群或一个建设项目为对象，用以指导整个建筑群或建设项目施工全过程的各项施工活动的技术、经济和组织的综合性文件。施工组织总设计一般在初步设计或扩大设计被批准之后，由总承包企业的总工程师负责编制。

（2）单位工程施工组织设计，即以一个单位工程一个建筑物或构筑物为编制对象，用以指导其施工全过程的各项施工活动的技术、经济和组织的综合性文件。单位施工组织设计一般在施工图设计完成后，在拟建工程开工之前由项目部的技术负责人负责编制。

（3）分部分项工程施工组织设计，是以分部分项工程为编制对象，用以具体实施其施工全过程的各项施工活动的技术、经济和组织的综合性文件。分部分项工程施工组织设计一般与单位工程施工组织设计的编制同时进行，并由单位工程的技术人员负责编制。

施工组织总设计、单位工程施工组织设计和分部分项工程施工组织设计之间有以下关系：施工组织总设计是对整个建设项目进行全局性战略部署，其内容和范围比较概括；单位工程施工组织设计是在施工组织总设计的控制下，以施工组织总设计为依据，针对具体的单位工程，把施工组织总设计的内容具体化；分部分项工程施工组织设计是以施工组织总设计、单位工程施工组织设计为依据编制的，针对具体的分部分项工程，把单位施工组织设计进一步具体化。

3）按编制内容的繁简分类

施工组织设计按编制内容的繁简程度不同可分为完整的施工组织设计和简单的施工组织设计两种。

（1）完整的施工组织设计：对于工程规模大、结构复杂、技术要求高、采用新技术、新材料和新工艺的拟建工程项目，必须编制内容详尽的完整施工组织设计。

（2）简单的施工组织设计：对于工程规模小、结构简单、技术要求和工艺方法不复杂的拟建工程项目，可以编制一般仅包括施工方案、施工进度计划和施工总平面布置图等内容的粗略的简单施工组织设计。

3. 施工组织设计编制流程

施工组织设计的编制程序分成施工组织总设计、单位工程施工组织设计和分部分项工程施工组织设计三类。施工组织总设计和单位工程施工组织设计的编制流程分别如图 3-1、图 3-2 所示。

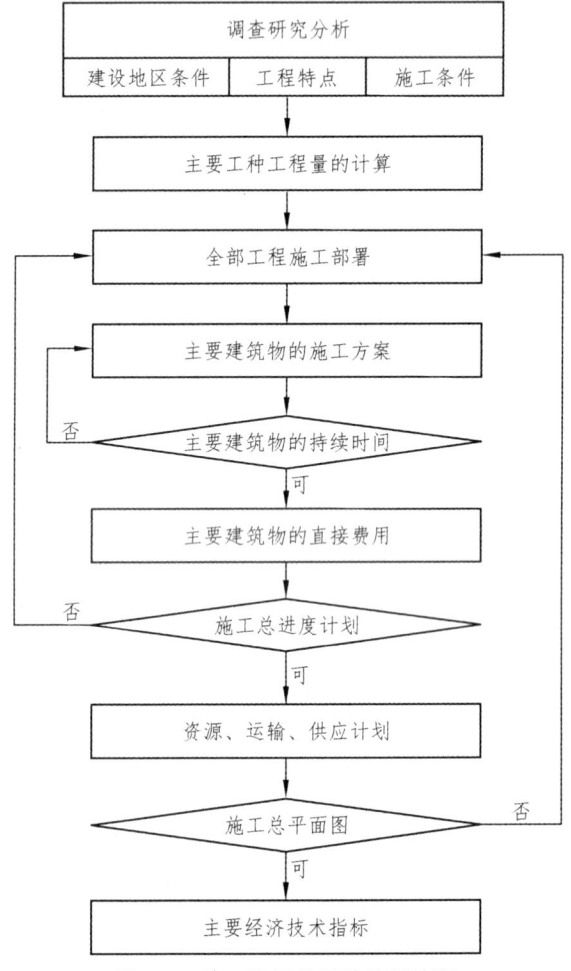

```
          ┌──────────────────────────┐
          │       调查研究分析        │
          ├──────┬──────┬─────────┤
          │建设地区条件│工程特点│施工条件│
          └──────┴──┬───┴─────────┘
                    ↓
          ┌──────────────────────────┐
          │      主要工种工程量的计算      │
          └────────────┬─────────────┘
                       ↓
    ┌────→┌──────────────────────────┐←────┐
    │     │       全部工程施工部署       │     │
    │     └────────────┬─────────────┘     │
    │                  ↓                   │
    │     ┌──────────────────────────┐    │
    │     │     主要建筑物的施工方案     │    │
    │     └────────────┬─────────────┘    │
    │                  ↓                   │
    │        ╱╲ 主要建筑物的持续时间 ╱╲  否 │
    └────←  ╲╱                        ╲╱────┘
                       ↓可
          ┌──────────────────────────┐
          │      主要建筑物的直接费用      │
          └────────────┬─────────────┘
                       ↓
              ╱╲ 施工总进度计划 ╱╲ 否
             ╲╱                ╲╱────→
                       ↓可
          ┌──────────────────────────┐
          │      资源、运输、供应计划     │
          └────────────┬─────────────┘
                       ↓
              ╱╲  施工总平面图  ╱╲  否
             ╲╱                ╲╱────→
                       ↓可
          ┌──────────────────────────┐
          │       主要经济技术指标       │
          └──────────────────────────┘
```

图 3-1 施工组织总设计编制流程

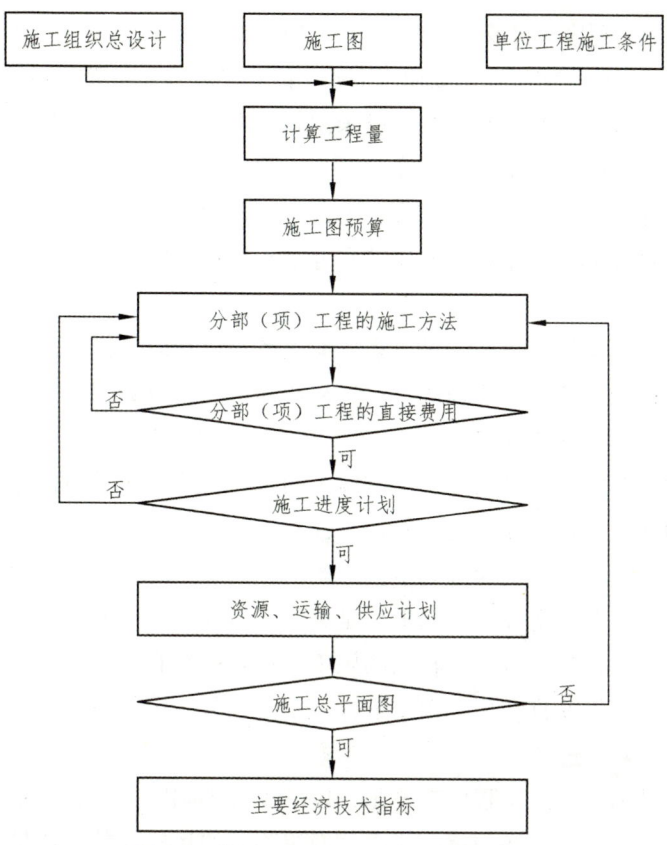

```
        施工组织总设计        施工图        单位工程施工条件
                               │
                               ▼
                          计算工程量
                               │
                               ▼
                          施工图预算
                               │
                               ▼
                   ┌──── 分部（项）工程的施工方法 ────┐
                   │           │                      │
                否 │           ▼                      │
                   └── 分部（项）工程的直接费用        │
                               │可                    │
                               ▼                      │
                否 ┌───── 施工进度计划                │
                   │           │可                    │
                   │           ▼                      │
                   │    资源、运输、供应计划          │
                   │           │                      │
                   │           ▼                      │
                   └───── 施工总平面图 ──── 否 ───────┘
                               │可
                               ▼
                         主要经济技术指标
```

图 3-2　单位工程施工组织设计编制流程

4. 施工组织设计编制原则

在编制施工组织设计时，编制人员应根据具体工程的特点和以往积累的经验，遵循以下几项原则：

（1）认真贯彻党和国家对基本建设的各项方针和政策，严格遵守国家和合同规定的工程竣工及交付使用期限。

（2）合理安排工程开展程序和施工顺序。建筑施工的特点之一是产品的固定性，因而应使建筑施工在同一场地上同时或者先后交叉进行。没有前一阶段的工作，后一阶段的工作就不能进行，同时它们之间又是交错搭接地进行的，其顺序反映客观规律要求，交叉则反映争取时间的努力。因此在编制施工组织设计的过程中必须合理安排施工顺序。在安排施工的顺序时必须考虑以下几点：要及时完成相关的准备工作，为正式施工创造良好条件；正式施工时应该先进行全场性的工作，然后再进行各个项目的施工；对于单个房屋和构筑物的施工顺序，既要考虑空间的顺序，也要考虑各个工种之间的顺序；可供整个施工过程使用的建筑物要尽可能地提前建造，以便减少施工的临时设施，从而节约投资。

（3）在选择施工方案时，要积极采用新技术、新材料、新设备和新工艺，努力为推行新结构创造条件；要注意结合工程特点和现场条件，使技术的适用性和经济合理性相结合，防止出现单纯追求先进而忽视经济效益的做法；还要符合施工验收规范、操作规程的要求和遵守有关施工安全方面的规定，确保工程质量和施工安全。

（4）施工方案的选择必须进行多方案比较。比较时应做到实事求是，在多个方案中选择最经济、最合理的。一切从实际出发，以数据来定方案，数据一定要准确，结论要有理、有力。

（5）对于那些必须进入冬、雨季施工的工程，应落实季节性施工措施，以增加全年的施工天数，提高施工的连续性和均衡性。建筑施工周期长，多属露天作业，不可避免地受到天气和季节的影响，主要是冬、雨季的影响。因此，如何克服冬、雨季所造成的不利影响是关键的问题。主要的措施有两条：一是在安排进度时，将受季节影响较大的施工项目安排在有利的天气进行，将受天气影响较小的项目安排在冬、雨季进行；二是采取一定的措施，保证冬、雨季施工的施工质量与进度。

（6）尽量利用正式工程已有设施，以减少各种临时设施；尽量利用当地资源，合理安排运输、装卸与储存作业，减少物资的运输次数和数量，避免二次搬运。精心进行场地规划布置，充分利用有限的施工用地。必须注意根据地区条件和构件条件，通过技术和经济指标的比较，恰当地选择产品预制或现场浇筑方案。确定预制方案时，应贯彻成品定制与现场预制相结合的方针，努力提高建筑工业化的程度，但不能盲目追求装配化程度的提高。要贯彻先进机械、简易机械和改进机械相结合的方针，恰当选择自行装备、租赁机械或机械化分包施工等方式，但不能片面强调提高机械化程度指标。

（7）制订节约能源和材料措施。

（8）要贯彻"百年大计、质量第一"和预防为主的方针，从各方面制定保证质量的措施，预防和控制影响工程质量的各种因素。

（9）要贯彻"安全为了生产，生产必须安全"的方针，建立健全各项安全管理制度，制定安全施工的措施，并在施工过程中经常地进行检查和督促。

5. 施工组织设计实施原则

施工组织设计的编制，只是为拟建工程项目的生产过程提供一个可行的生产方案。这个方案的经济效果如何，必须通过工程的实际建设去验证。施工组织设计实施的实质就是把一个静态平衡方案，放到不断变化的施工过程中，考核和检验效果如何，以确保工程达到预定的目标。

1）传达施工组织设计的内容和要求

经过审批的施工组织设计，在开工前要进行详细的交底，详细地讲解其内容、具体要求和施工的关键工作与质量保证措施，同时责成具体施工单位在总体安排的原则下，制定出切实可行的分步实施计划，保证施工组织设计的切实实施。

2）制定合理的管理制度

施工组织设计实施的顺利与否，主要取决于施工企业的管理素质和技术素质以及经营管理水平，而体现企业素质和管理水平的标志，就具体体现在企业的各项管理制度上。众多经验证明，只有施工企业有了科学的、健全的管理制度，企业的正常生产秩序才能维持，成本才能够降低，才能保证施工项目的正常进行，保证施工组织设计的顺利实施。

3）建立严格的考核制度

在当前实施的项目管理办法中，要把施工组织设计的实施情况纳入考核范畴内，明确项目经理的责任，并且及时对施工组织设计的执行情况进行检查，不能擅自修改设计内容。要坚持把施工过程的质量、经济责任同职工的物质利益结合起来，这对于全面贯彻施工组织设计是十分必要的。

4）统筹安排及综合平衡

在拟建工程项目的施工过程中，做好人、财、物的统筹安排，确保合理的施工规模，既要满足拟建工程项目施工的需要，又要带来较好的企业经济效益。施工过程中的任何平衡都是相对的、暂时的，平衡中必然存在不平衡的可能性，要及时分析和研究这些不平衡因素，不断地将施工条件和各专业工种的作业综合平衡，进一步完善施工组织设计，保证施工的节奏性、连续性和均衡性。

3.1.2 施工组织设计的内容

施工组织设计按照编制对象范围的不同可以分为施工组织设计大纲、施工组织总设计、单位工程施工组织设计和分部分项工程施工组织设计，按照中标前后的不同可以分为标前设计和标后设计两种。施工组织设计的编制依据主要是施工合同、设计资料、现场自然条件、项目周边条件、施工能力、施工技资料以及类似工程施工经验等。其内容主要包括以下几个方面：

（1）工程概况及特点分析。施工组织设计应首先对拟建工程的概况及特点进行分析，目的在于清楚工程任务的基本情况。

（2）施工部署。施工组织设计应对拟建工程的施工部署给出明确安排，包括施工任务的分工、施工场地的划分、工期的规划安排、分期分批施工的内容、全场性的技术组织措施、施工流向和施工顺序的确定等。

（3）施工进度计划。施工组织设计应对拟建工程的施工进度给出明确安排。施工进度计划包括划分施工过程、计算工程量、计算劳动量和机械量、确定工作天数及相应的作业人数或机械台数、编制进度计划表及检查与调整方法等。

（4）施工准备计划。施工准备计划主要是明确施工前应完成的施工准备工作内容、起止时间、质量要求等。其包括技术准备、物资准备、劳动组织准备、施工现场准备、施工场外协调等。

（5）资源需用计划。资源需用计划是根据施工进度计划编制的保证施工计划实现的支持性计划，包括劳动力、主要施工材料、预制件、半成品及机械设备需要量计划、资金收支预测计划等。

（6）施工平面图。施工平面图是施工方案和施工进度计划在空间上的全面安排。其以合理利用施工现场空间为原则，本着方便生产、有利生活、文明施工的目的，合理地布置各项资源和人员的生产、生活场地。

（7）技术组织措施。技术组织措施尽量以文字、图表的形式加以阐述，以便贯彻执行。它是确保工程质量、工期、成本和安全的必要手段。

（8）技术经济指标。技术经济指标用以衡量施工组织的水平，对施工方案、施工进度计划及施工平面图的技术经济效益进行全面评价，包括施工工期、全员劳动生产率、资源利用系数、机械施工总台班量等。

3.1.3 施工组织设计在工程中的运用和作用

1. 施工组织设计在工程中的运用

在建设工程项目管理中，施工组织设计显得尤为重要，是一个在技术和经济方面的重要文件。建设项目的监督和控制，可以明显提高工作效率。为了避免形式上的施工组织设计，施工组织设计必须认真编制审计，只有这样，才能确保施工组织设计充分发挥其实效作用，在项目管理和工程质量、安全、进度管理中实现有效控制。

在施工前期准备阶段，施工组织设计是确定施工方案、施工方法的基础。由于建设工程的施工过程是由一系列的分部分项工程所组成的，各个分部分项工程所消耗的人工、材料、机械台班等都要根据具体的施工方法、施工方案来确定。

具体方案的制订是招投标过程中技术标的内容，因此，招标投标的过程实际上也就是施工组织设计的比较。工程建设项目的施工组织设计直接影响项目工程的造价，而工程造价又可以对施工组织设计起到制约的作用。施工组织设计包括了对施工条件、布置、方案进行选择等各方面的内容，这些将直接影响工程的总造价；而对造价的要求和限制，将决定工程如何具体施工，对施工组织设计起到制约作用。因此，两者是相互约束和统一的。

用于施工现场的施工组织设计，是指导生产经营活动最直接、最有效的文件，同时，对于施工现场施工图预算的编制也将起到约束作用。在施工队伍进场前，施工人员必须熟悉施工图纸并对施工现场的具体情况进行深入的勘察，对于所制定的每一项经济组织措施，都严格审核。进场后，严格按照制定的施工组织设计进行施工，如果出现偏差，则要根据偏差情况具体分析，及时纠正，保证按计划完成。

2. 施工组织设计的作用

1）对施工进度的控制作用

在工程建设阶段，编制详细的施工进度计划，可以帮助工程管理人员，按照预先设定的目标，对施工过程中的各个工序，从时间、资源、强度进行具体细化，实现各项指标的协调和平衡。项目的进度控制从项目建设的初期开始到项目竣工，都一直在发挥着作用。在项目的每个阶段，都要靠具体的进度计划来对各项资源和费用进行管理和控制。将进度计划进行细化，可以更好地对工程建设起到监督的作用。项目在施工过程中，施工的进度计划是对项目施工的正确引导，这种引导作用同时也可以方便工作人员对各个工序在具体的施工中，所消耗的各项资源是否合理，起到跟踪检查的作用，并可根据具体的实际情况对进度计划做可行的调整。在整个施工组织设计中，技术措施是最重要的环节，是保证项目能否顺利进行的关键。编制良好的施工技术方案，可以起到事半功倍的效果。对施工组织设计技术方案的优化，可以防止施工中不必要的返工和无效施工。

2）对工程质量的控制作用

项目经理是工程质量第一责任人，对项目施工质量负全面责任。因此，工程的质量策划应由项目经理主持，结合工程实际，建立健全质量管理组织机构，并落实质量责任制，使工程质量始终处于受控状态，加强质量管理知识学习，提高全体职工的质量意识，做好质量管理的保证措施。各部门的具体负责人要加强对各部门以及现场施工人员的质量知识、施工技术、安全知识等方面的教育和培训，确保施工人员进场前有充分的质量保证意识，防止施工过程中出现由于人的因素而导致的质量问题。

管理者在进驻施工现场后，结合建设工程的具体特点，以及业主的要求，编制具体的工程质量管理规划，以明确质量控制目标和质量控制标准。这些规划，须严格按照国家颁布的相关法律法规及建筑质量验收标准的要求制订，确保项目严格按照质量规划的要求施工，确保工程的建设质量。

3.2 哨关路施工总体部署

3.2.1 总体施工目标

（1）质量管理目标：根据《城镇道路工程施工与质量验收规范》（CJJ1—2008）、《建筑工程施工质量统一验收标准》（GB 50300—2013）等国家关于市政工程的现行相关规定及验收规范，竣工验收达到一次性验收合格，并争创省优及以上工程。

（2）安全管理目标：无重伤以上责任事故；轻伤控制在 0.3% 以内；无火灾事故；无重大机械设备责任事故；无较大交通事故。全工程建设期无重、特大安全事故。

（3）工期控制目标：精心组织，确保合同工期。

（4）文明施工目标：通过有效的施工技术措施和项目管理，在保持道路畅通、环境卫生、降低噪声、搞好治安保卫工作的前提下创昆明市文明施工工地。

3.2.2 施工片区划分

根据本项目施工范围以及主要工作内容、工程数量，按照"统筹规划、均衡生产、平行施工、立体展开"的原则，采取扁平化管理模式。本项目划分为 16 个工区，路基、综合管廊及桥梁工区 11 个，路面、交通工程工区 1 个，绿化工区 3 个，照明工程工区 1 个，各工区里程划分如表 3-1 所示。

表 3-1　工区划分表

工区	施工单位	分段桩号
一工区	云南建投路桥总承包部	MZK0+966.376~MZK2+445.660, MZK3+595.629~MZK4+640
二工区	云南建投第三建设有限公司	MZK2+445.660~MZK3+595.629
三工区	云南建投第十建设有限公司	MZK4+640~MZK5+766.32, MZK6+180.32~MZK6+200
跨沪昆铁路桥工区	云南省铁路总公司	MZK5+766.32~MZK6+180.32
四工区	云南建投第四建设有限公司	MZK6+200~MG1K7+100
五工区	云南建投第六建设有限公司	MG1K7+100~MG1K8+900
六工区	云南建投第五建设有限公司	MG1K8+900~MG2K11+020、 立交区起点互通、控制中心
七工区	云南建投路桥总承包部	MG2K11+020~MZK11+600
八工区	云南建投第一水利水电公司	MZK11+600~MZK13+661.226
九工区	云南建投路桥总承包部	路面工程及交通工程
钢构工区	云南建投钢结构股份有限公司	桥梁钢结构
照明工区	云南建投安装股份有限公司	照明工程
绿化一工区	云南建投第二建设有限公司	标头~MZK5+750
绿化二工区	十四冶集团云南环境建设有限公司	MZK5+750~MG1K10+650
绿化三工区	云南建投第四建设有限公司	MG1K10+650~标尾
智慧管廊工区	中冶京城	智慧管廊

3.2.3　总体施工安排

由于征地拆迁工作分阶段进行，各工区作业队伍、机械、材料根据拆迁进度分阶段进场。

先行施工段落为 MZK10+100~MZK11+600 段，以及老 G320 桥梁至新 G320 桥梁段，主要控制性工程为跨老 G320 桥梁及跨新 G320 桥梁工程。后续施工根据征地拆迁进度逐段进行。主要控制性工程为跨嵩昆及兰茂路桥梁工程。各阶段施工安排如下：

1. 道路工程

1）清表

队伍进场后立即组织人员进行原地面复测，清表工作紧随其后。对征地红线范围内的原地面全部进行清表，清表厚度为 0.5 m。

2）临时设施

临时设施包括钢筋加工场、取弃土场、临时用电、用水设施等。临时设施的建设应做到便于施工、便于管理。

3）土石方施工

（1）挖方段。

清表工作完成后，进行截水沟施工，然后根据各段工程量及进度计划合理安排机械进行土石方施工。挖余部分运至指定弃土场。

（2）填方段。

填方段施工与挖方同时进行。施工前先进行填方段的软基处理、溶洞处理、挡墙、涵洞、排水工程及管廊工程等施工，然后根据设计图纸进行分层填筑。

2. 桥梁工程

桥梁工程施工与道路工程施工同步进行，先基础、后下部、再上部。上部结构施工要根据下部结构施工进度合理安排时间及机械人员，做到协调、统一。

3. 排水工程

根据设计要求，雨污水管采用同槽施工。

（1）挖方段：路基开挖至路槽设计标高后，根据不同的地质条件采取合理的开挖方式进行排水工程施工。

（2）填方段：待路基填筑到路槽顶标高时，采取反开挖方式进行排水工程沟槽开挖施工。

施工时要时刻注意雨水管（井）、污水管（井）等的标高控制，并做好已完成设施的保护工作，尽量避免重复作业和返工。

由于本工程工程量较大、工期紧、工种繁多，施工方式采用流水作业，各专业应紧密配合，确保现场施工作业有条不紊、忙而不乱。

4. 综合管廊工程

（1）挖方段：路基开挖至设计标高后，进行综合管廊基槽开挖。当路基边坡较大时，为保证管廊边坡稳定，管廊基槽开挖需在路基边坡防护完成后进行。

（2）填方段：当原地面标高低于管廊底标高时，先填筑至管廊底标高后再进行管廊施工；当原地面标高高于管廊底标高时，清表后直接进行管廊基槽开挖。

由于本工程综合管廊数量较大、工序繁多且直接影响后续路基填筑施工进度。因此，当管廊工程具备施工条件时应立即组织人员、机械进行施工。施工时采取分区段流水作业，尽量做到各工序间的紧密协调，保证路基填筑工作顺利进行。

5. 绿化景观工程、照明工程及交通工程

道路路面施工完成后进行绿化景观工程施工，绿化景观施工完成后进行照明工程及交通工程施工。

由于本工程工期较紧，因此路面施工完成后，须尽快组织景观、照明、交通工程施工作业班组分批进场。采取分区段流水作业进行施工，确保工程按期完成。

3.2.4 各项大临设施

根据本合同段工程所处的施工地理环境条件，临时工程的合理布置、安排与建设，将制约本合同段重点工程的开工及开工后的连续生产。因此，临时工程必须统筹规划，分段分期实施，确保重点优先。先遣进场后，先开通各施工队伍、机械设备的进场道路，完成施工队伍的安营扎寨，再展开临时设施建设，为工程开工尽早创造良好的条件，为开工后全面连续生产打下坚实的基础。

1. 项目部驻地建设

项目部驻地位于矣纳居委会张家屯村，租用民房 6000 ㎡。内设办公区、生活区、厨房、球场等生活设施。

2. 中心试验室

本项目按工程线路长度及工程量建设一个标准化中心试验室，以满足该项目常规检测要求。由云南路建集团欣业工程质量检测有限公司母体检测机构以授权书的方式，授予中心试验室试验检测的项目和类别。

1）试验室工作区设置

试验室根据工程内容和规模分设留样室、化学室、路面检测室、石料室、土工室、集料室、水泥室、力学室、水泥混凝土室、标养室等功能室 10 间，办公室加资料室 4 间，其总面积约 360 m²。试验室设置办公区域，办公区域与功能室分设。办公区域包括办公室和资料室。工地试验室根据建设项目混凝土工程量设置废试块堆放场地，其场地混凝土容量应满足工程要求。试验室电路为独立的专用线，应安装漏电保护器。

2）试验室布置

试验室制作试验室专用牌匾悬挂于醒目处，牌匾内容与工地试验室印章一致。功能室布置符合以下原则：一个试验项目需要使用的多个功能室之间距离不宜太远；试验过程产生振动的功能室宜设置在一起，试验过程需要使用隔振要求较高的精度仪器的功能室远离振源功能室；功能室室内设备整体摆放和谐美观，同时作业不至于造成互相干扰等。办公室及功能室外悬挂统一规格的门牌标识。办公室内墙体上悬挂工地试验室组织机构框图、人员配置图、主要管理制度及人员岗位职责上墙。办公区域办公桌、资料柜等布置摆放合理。功能室内主要设备旁边墙上应悬挂统一规格的仪器操作规程。对有环境条件要求的功能室应配置相应设施。对有环境条件要求的区域应有环境条件标识及限入标识。试验室加强对环境条件尤其是温湿度环境的监控，各功能室在墙体上悬挂温湿度表，对于空间较大的功能室及标准养护室在房屋对角墙体位置布置不少于两个温湿度器。操作台高度应控制在 70~90 cm，台面宽度为 60~80 cm，采用预制混凝土板加砖块砌筑然后上面铺设厚度不小于 1 cm 的瓷砖。台下可根据操作台结构设置带有柜门的储物柜。功能室温湿度记录、仪器使用（运行）记录悬挂在对应仪器背面墙体上，离地 150 cm 左右。功能室的仪器设备操作规程等框图要上墙（蓝底白字），制作尺寸为高 60 cm、宽 40 cm，框图底线离操作台顶面 60 cm。水泥混凝土室地面应设置水槽，方便设备及场地清洗。标养室门口墙体悬挂试件入出库记录台账，标准养护室内应设置试件养护架，养护架必须具有一定刚度条件（一般采用 4 mm×4 mm 的角钢制作，并刷防腐漆），其高度不宜高于 150 cm，以保证试块养生效果。

3）办公室布置

办公室内墙上应悬挂职责机构框图，采用蓝底白字，宽 60 cm、高 90 cm 的标牌，挂在离地（底线）150cm 的墙体上。设备配备满足招标文件要求及投标文件承诺，同时能够满足工程内容及规模相关要求。关键设备进行自动化改装，如压力机、万能试验机、水泥压力机等。设备精度、量程等技术指标应满足试验规程相关要求。办公室配备计算机（以实际工作量配备）、复印件 1 台及其他办公设备，办公室应具备网络通信条件。

4）人员配备

工地试验室岗位机构、组织机构完善，应设试验室负责人1名（检测工程师）、技术负责人1名（检测工程师）、检测员3人。工地试验室负责人由母体机构派出。

3. 临时用水

结合项目水文资料经实地勘察，道路沿线水源较少，全线河流仅有花庄河，沟渠仅老G320现状道路旁一条。为满足施工用水，全线共设置4个蓄水点，从花庄河取水运输至工地，采用水罐蓄水。蓄水点布置在道路红线范围内。

4. 临时用电

本工程道路沿线电力设施较少，难以满足工程施工需求。为此，项目部新增4个取电点以满足本标段施工用电需求。其中：

1#取电点（150 kV·A）：设置在MZK1+800处，主要满足MZK0+973.032~MZK2+445.66段人行天桥、溶洞注浆、涵洞等施工用电。

2#取电点（1250 kV·A）：设置在MZK2+700处，主要满足跨老G320桥钢筋加工场、T梁预制场及桥梁施工用电。

3#取电点（300 kV·A）：设置在MZK5+520处，主要满足跨新G320桥梁施工用电。

4#取电点（1800 kV·A）：设置在MZK7+250处，主要满足跨花庄河桥T梁预制场、钢筋加工场、桥梁施工及跨空港大道桥钢筋加工场、桥梁施工用电。

5. 取弃土场

全线暂设2个弃土场及1个取土场，施工时根据实际情况予以增加。

6. 预制场建设

本标段跨老G320桥及跨花庄河桥引桥采用预制预应力混凝土连续T梁，其中30 m T梁共273片，40 m T梁共407片。根据沿线地貌及构造物情况综合考虑共设置2个预制场。其具体位置及任务如下：

1#梁场设于MZK2+600~MZK2+800段路基上，负责跨老G320桥407片40 m T形梁的预制任务；2#梁场设于MZK6+200~MZK6+375段路基上，负责跨花庄河桥273片30 m T型梁的预制任务；由于跨花庄河桥梁形式为预制T梁+悬浇预应力连续刚构，跨花庄河西侧T梁考虑从2#梁场生产运输至西侧或根据施工进度需要设置临时预制场。

7. 钢筋加工场建设

本标段共有桥梁 3 座,根据结构物布置情况及规模,沿线共设 2 个标准化钢筋加工场。其具体布置位置如下:

1#钢筋加工场设置在 MZK2+700 处,负责跨老 G320 桥梁施工钢筋加工任务。2#钢筋加工场设置在 MZK6+200 处,负责跨花庄河桥梁施工钢筋加工任务。跨新 G320 桥及跨花庄河桥西侧根据实际施工需求设置小型钢筋加工场。

8. 施工便道

充分利用工程范围内的既有道路,施工便道拟尽量沿主线布置,与附近路网结合,少占地,减少干扰,以经济实用为原则修建。充分利用业主提供的施工用地,新修建一条宽 5 m 的施工便道进入各施工工点,以便机械、材料运至各施工点位。拟建便道如表 3-2(施工时根据现场条件合理调整):

表 3-2 施工便道一览表

名称	上路桩号	便道长度 km	便道宽度 m	占地面积 m²	备注
1#便道	MZK1+010	2.1	5	10 500.0	土路
2#便道	MZK2+400	1.4	5	7 000.0	土路
3#便道	MZK5+500	1.0	5	50 000	土路
4#便道	MZK6+245	0.8	5	4 000.0	现有水泥混凝土路面
5#便道	MZK7+050	1.4	5	7 000.0	土路

9. 施工现场通信

本合同段项目驻地安装一台传真机、100 MB 光纤网络;各施工作业队备有移动电话,保持与业主和监理工程师的业务联系;工程测量队、桥梁架设施工均配备统一对讲机解决通信问题。

10. 生活污水、生产废水处理

为防止工程施工对施工区附近的环境造成污染和破坏,施工外排的生产废水和生活污水必须进行处理以后,方可排入附近已建污水管网中。

1)生活污水处理

生活污水按食堂污水、粪便污水进行分别预处理,然后集中排放到附近已建污水管网中。

（1）食堂污水处理。

食堂每个污水排放口设置砖砌隔油池一个，净尺寸（内口长×宽×高）为 2.0 m×1.0 m×0.85 m，有效容积为 1.60 m^3，然后用管道引至附近已建污水管网中。

（2）粪便污水处理。

本工程施工人员基本集中在办公生活区，拟在办公生活区设置化粪池一座，然后用管道引至附近已建污水管网中。化粪池应定期冲刷清挖。

（3）其他生活污水。

其他生活污水主要指人员淋浴、洗涤等日常用水，可通过地下排水管道直接引至附近已建污水管网中。

2）生产污水处理

本工程生产废水主要有砂石料冲洗废水、汽车冲洗废水、机械设备保养废水及维修废水。拟根据废水类别和地点不同分别进行处理，然后用管道引至附近已建污水管网中。

11. 消防设施

施工期间，我单位在施工现场和办公、生活区配置足够的灭火器及其他消防工具，对机械设备停放区、材料堆放区等设置专职人员负责，同时积极与当地消防部门联系，取得当地政府和消防部门的检查认可，使这些设施经常处于良好状态，随时可满足消防要求。

12. 急救和医疗服务

为保证职工能安全、正常地生活，我单位在工地设立简易医务室，满足日常的医疗及急救服务，同时与离工地较近的医院取得联系，以便及时得到医疗和急救服务。

3.3 主要重点工程施工组织安排

3.3.1 本工程重点难点分析

1. 工期紧

本项目工期为 24 个月，作业内容繁多，工期较紧。如何合理组织本工程施工，保证工程按时完工，是施工过程中必须解决的难题。

2. 控制性工程

本工程控制性工程为桥梁工程和城市综合管廊。本标段桥梁共七座：起点互通匝道桥、跨老 G320 桥、跨新 G320 桥、跨沪昆铁路桥、跨花庄河桥、跨空港大道桥、跨嵩昆及兰茂路桥。其中：

（1）跨沪昆铁路桥。哨关路采用分幅设计跨越沪昆铁路，主线分左右两幅，每幅宽 16.25 m，辅道分左右两幅，每幅宽 13.75 m，与铁路交角为 83°。主线和辅道投影总宽度为 115 m。主桥、引桥采用连续钢箱梁跨越既有铁路，孔跨布置详见表 3-3。

表 3-3　上跨沪昆铁路桥孔跨布置一览表

序号	线路名称	引桥(连续 T 梁)	主桥（跨越铁路）	引桥（连续 T 梁）
1	左幅主线	3×30m	（30+45+30）m 连续钢箱梁	4×30m+3×30m
2	右幅主线	4×30m	（30+45+30）m 连续钢箱梁	4×30m+3×30m
3	左幅辅道	2×30m	（30+45+30）m 连续钢箱梁	3×30m
4	右幅辅道	4×30m	（30+45+30）m 连续钢箱梁	4×30m+3×30m

为了尽量减少对既有铁路的影响，主桥采用自动连续千斤顶拖拉法顶推施工就位的施工方法。新建桥梁左幅主线桥与沪昆铁路上行线交叉点铁路里程为 K2578+065；右幅主线桥与沪昆铁路上行线交叉点铁路里程为 K2578+035；左幅辅线桥与沪昆铁路上行线交叉点铁路里程为 K2578+093；右幅辅线桥与沪昆铁路上行线交叉点铁路里程为 K2578+007。

（2）跨嵩昆及兰茂路桥左幅桥长 781.34 m，右幅桥长 759.34 m，共 16 联，结构形式采用支架现浇预应力混凝土箱梁。跨嵩昆路的上部结构采用跨径组合为（35+55+35）m 的挂篮悬浇预应力连续箱梁。该桥由于跨既有线高速公路且主跨采用悬臂浇筑，是整个标段技术上的重点、难点，更是质量、安全控制的重点、难点。

（3）老 G320 桥全长 769 m，上部结构采用预制 T 梁。桥墩采用方墩加盖梁形式，墩柱最高处 34.4 m。

该桥施工重难点有：

① T 梁预制数量较大，其施工周期关系到整个工程能否按期完成。

② 桥梁为跨既有线桥，施工时如何保证既有路线正常安全运行非常关键。

③ 桥梁部分墩柱较高，施工时对安全、质量控制要求较高。

（4）花庄河桥全长 498 m，引桥上部结构采用 30 m 预制 T 梁，共 273 片，主桥采用（42+75+42）m 挂篮悬浇预应力连续刚构。

该桥施工重难点有：

① 由于该桥跨花庄河，施工时对环保要求较高。

② 该桥主跨采用悬臂浇筑，是本工程的技术难点。

本工程工序多，作业面多，劳力投入较大，施工时对作业人员的组织、管理是组织上的重点。

3. 水源匮乏

道路沿线水资源相对匮乏，沿线河流仅花庄河。

4. 土石方工程数量大，填挖深度较大

（1）部分地段开挖须采用爆破方式，爆破作业是安全控制的重点。

（2）土石方施工时，防治水土流失是环境保护控制的重点。

（3）高填路基施工是路基土石方施工质量控制的重点、难点。

5. 障碍物较多

道路红线范围内障碍物较多，主要有高压线、变压器、通信光缆、燃气管道等，对施工影响较大。

3.3.2 重难点工程主要应对措施

（1）加强施工组织，落实资源到位。为确保项目顺利生产，要时刻针对现场的料具、劳动力、材料等生产要素，做好调配，并根据工程进展情况提前做好生产要素的测算，工作预见性要强，进而加强人、机、料的合理配置，保证施工不间断。

（2）建立健全生产责任制，责任到人，落实分片包干。对总进度计划进行逐层分解，按照旬保月、月保季、季保年的工作安排，做好层层包干计划，责任落实到每个工区。

（3）根据工程实际及现场作业环境，编制切实可行的专项施工方案，对超过一定规模的危险性较大的分部分项工程施工方案须经过专家论证组通过。施工前对施工队、作业班组做好交底工作，施工过程中严格按照批复的施工方案进行施工，确保安全文明生产。

（4）严格规范，提高作业水平。严格按照规范要求层层落实，保证每道工序的施工质量符合验收标准。严格执行"三检（自检、互检、交接检）"制度，不符合要求的不经过整改处理不得开始下道工序施工。

（5）认真贯彻执行国家、地方有关环境保护的各项政策、法律、法令和规章制度，做好环境保护与水土保持工作。施工过程中严格控制粉尘、噪声、固体废弃物等的排放。

① 施工场地内安排洒水车进行洒水降尘，避免或减少粉尘污染。

② 加强设备管理，对作业机械采取防噪、减噪措施，对强噪声设备作业时间进行严格控制，减少对周围环境的影响。

③ 桥梁桩基施工时，要做好泥浆池的防护措施，废弃泥浆须经处理合格后排放或运输至指定地点集中处理排放。

④ 边坡开挖完成后要及时进行防护，取弃土场施工时要做好排水措施，施工完毕后要及时复耕，以避免或减少水土流失。

⑤ 对环境保护的重点部位（如种畜场），施工前要根据业主及相关单位要求做好围挡措施。

（6）跨既有线道路悬臂施工。

施工前应结合工程特点及既有线道路周围环境等编制切实可行的施工方案及安全防护方案。

跨既有线道路的安全防护措施主要有：

① 挂篮的安全防护措施。

挂篮设计为全封闭结构，实行封闭施工，挂篮外侧要设置安全防护网，防止高处坠落。

② 挂篮行走安全措施。

滑道要铺设平整、顺直，不得偏移。挂篮移动时，现场由专人负责指挥，缓慢对称进行。同时应加强观测，就位后及时锚固。

③ 起重作业安全措施。

起吊设备需经相关部门检验合格，操作人员持证上岗。作业时设专人指挥，避免交叉作业。

④ 支架稳定措施。

班组必须严格按操作要求和技术安全交底施工，操作人员必须持证上岗。使用架子作业时，作业人员必须戴安全帽、系安全带。所有材料应堆放整齐平稳，工具放入工具袋内，上下传递物体严禁抛掷。

支架设计须进行受力分析及稳定性验算，施工时严格按照专项施工方案及规范要求进行。

（7）及时与监理、业主等相关部门单位进行协调，配合相关部门单位做好路线范围内的高压线、通信光缆等障碍物的改移或保护工作，确保施工顺利进行。

3.3.3 跨沪昆铁路桥施工组织

1. 施工部署及施工准备计划

1）施工管理组织机构

为了加强施工现场管理，确保工程按期完成，以及创优目标实现，我公司拟在现场成立滇中产业聚集区（新区）哨关路项目上跨、下穿沪昆铁路工程项目经理部（工区）。本工程项目由公司总工程师主管，设项目经理、项目副经理、项目总工及各职能部室，详见图3-3。

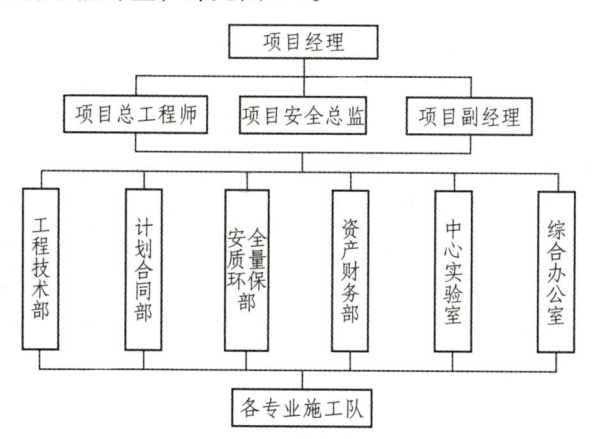

图 3-3 项目组织机构图

2）施工能力分析及施工任务分工

根据施工部位、施工条件及施工需要，本桥投入4个专业施工队：桩基施工队负责所有桩基施工；T梁施工队负责T梁预制、吊装、引桥墩柱、盖梁和桥面系及附属工程的施工；现浇箱梁顶推施工队负责主桥墩柱、盖梁及箱梁现浇、顶推就位施工；综合管廊施工队负责综合管廊的施工及铁路线路的养护与防护。

根据现场情况和工期要求，计划投入10台钻机进行桩基施工，小里程端6台，大里程端4台，小里程端先施工辅路左幅和主线左幅桩基（从靠近铁路端向桥台方向进行），大里程端先施工辅路左幅和主线左幅桩基（从桥台向铁路方向进行），桩基完成后立即进行承台、墩柱、系梁、盖梁施工。在施工桩基的同时，进行T梁场布置、T梁预制。待辅路左幅和主线左幅桩基、承台、墩柱、系梁、盖梁施工完成后，投入2台架桥机进行架梁（从桥台向铁路方向进行），架梁的同时，进行箱梁的现浇、顶推施工（辅路左幅和主线左幅同时开始）。待辅路左幅和主线左幅顶推就位后，架桥机跨越铁路继续架梁，直至辅路左幅和主线左幅T梁全部架完。辅路左幅和主线左幅施工完成后，以同样的方法施工辅路右幅和主线右幅。由于综合管廊的施工和上跨铁路桥基本上互不干扰，综合管廊施工队与上跨铁路桥梁平行施工。

3）施工准备和施工组织计划

（1）与铁路局有关部门的协调、配合。

在开工前，由施工单位向昆明铁路局报审施工方案，经审查通过后，由施工单位与设备管理单位和行车组织单位分别签订施工安全配合协议书，并完成开工报告及相关准备工作，经批准后开工。

（2）施工人员组织计划。

按照工程特点和工期目标要求，合理组织劳动力。重点工程、关键工序组织专业化骨干队伍进场施工。确保施工高峰期，劳动力数量和技术能力满足施工工期需求。根据季节变化特点，采取经济措施，确保农民工满足施工需要。本工程施工作业队中的主要管理人员、技术人员和大型工装设备操作人员均具有国内大中型公路桥梁建设、铁路营业线及临近营业线工程施工的实践经验，并经培训，持证上岗。

（3）技术准备计划。

熟悉工程整体情况及设计意图，使全体管理人员、技术人员对所承包的工程有一个整体的、全面的印象。收集有关技术标准、施工规范和操作规程。仔细核对图纸，及时解决图纸中存在的问题，在施工前完成技术交底工作。编制详细的施工作业指导书，做好施工现场平面布置、工期进度计划以及保证质量、安全、进度计划的措施。桥梁在施工全过程中要进行施工监测。施工监测内容包括：桩基沉降观测、墩身变形观测、顶推过程控制观测。制订监控量测计划和信息化管理系统，并纳入施工的全过程。建立先进、可靠、精确、完整、有效的质量检测、控制体系。选定的外委试验室必须通过质量监督及计量主管部门对外委试验室的试验资质认证，方可投入使用。

（4）物资准备计划。

施工所需钢筋、混凝土、透水土工布、防渗土工布、钢塑土工格栅、玻纤格栅、HDPE中空壁缠绕管及钢筋混凝土管由总包单位统供，其余施工材料由项目部采购。由物资部负责设备和材料的采购、租赁和进场组织工作，保证原材料和施工设备的按时进场，生产的连续进行；工地试验室负责材料进场的检验工作，严格控制材料质量关，为工程质量提供有力保证。原材料进场后严格按相关文件及规范要求进行检验，不合格的材料不使用。

（5）机械准备计划。

做好设备的选型和配件供应工作，设备选型力求实用、高效、耐用、易修，型号宜少不宜杂。采用大型设备施工，进场施工机械做到实用、配套、性能稳定，以施工机械化保障施工进度和质量，以保证工期。经理部配备专业设备维修人员，在工地设配件库，备足易损配件，加强对设备的维修和保养，确保设备始终处于完好状态。保障水、电供应，架设必要临时电力线，并配备足够的运输车辆，备用发电设备，确保工程不间断施工。充分发挥机械施工高效率的特点，做到施工、保养统筹兼顾，关键控制性工程必须充分利用大型机械设备的优势，以缩短节点工期。

2. 施工进度计划及控制

1) 施工工期

计划开工日期为2016年6月20日，计划完工日期为2017年6月19日，工期为12个月（具体开工日期以批准的开工日期为准）。

2) 施工阶段划分

（1）承包人驻地建设及施工场地准备（1个月）：2016年6月20日至7月19日。

（2）桩基、承台、墩柱，系梁、盖梁施工（6个月）：2016年7月20日至1月19日。

（3）现浇箱梁顶推施工（6个月）：2016年9月20日至3月19日。

（4）T梁预制、架设（9个月）：2016年8月20日至5月19日。

（5）综合管廊施工（8个月）：2016年8月1日至3月29日。

（6）桥面系及附属工程施工（3个月）：2017年3月20日至6月19日。

3) 施工进度图

施工进度图详见图3-4。

4) 施工进度计划控制

本工程施工进度根据合同工期的要求，结合工程实际特点，编制了施工进度控制措施：

施工进度计划

年度	2016							2017										
月度	6	7	8	9	10	11	10	1	2	3	4	5	6	7	8	9	10	11	12
施工准备																			
桩基施工																			
承台、墩柱、系梁、盖梁施工																			
T梁预制、吊装																			
箱梁现浇、顶推施工																			
综合管廊施工																			
桥面系及附属工程施工																			
现场清理、退场																			

图 3-4 施工进度计划

（1）按时进场、及时开工，做好施工准备。及时复测、熟悉设计文件，并进行技术交底，做到进场快、开工快，压缩施工准备时间，准备足够的劳动力和机具设备。

（2）加强组织管理，科学合理安排施工，抓好工序衔接，做到有条不紊，提高工程进度。

（3）建立健全岗位责任制，签订承包责任书，以日进度保旬进度，以旬进度保月进度，确保各项施工任务按计划完成。

（4）抓好材料供应工作，材料供应责任到人，确保施工生产需要，做到提前准备，及时供应。

（5）加强机械维修保养，建立健全施工机械维修保养岗位责任制，确保施工机械完好率，提高机械施工效率。

3. 主要资源需用计划

1）劳动力需用计划

根据施工方案、施工进度的要求，合理组织施工队伍，施工队伍内工人技术等级比例安排合理，满足劳力组合优化要求。

（1）项目管理人员构成。

项目管理人员的安排按照图 3-3 进行配置，项目经理、项目总工及主要部分负责人的资历应符合集团规定的强制性要求。

（2）劳动力计划。

劳动力计划见表 3-4。

表 3-4　劳动力资源计划

年度	2016							2017				
月份	5	6	7	8	9	10	11	12	1	2	3	4	5
人数	48	62	80	106	140	160	160	168	140	120	80	60	40

2）施工机械设备及机具需用计划

拟投入本工区的主要施工机械表见表3-5。

表 3-5　拟投入本工区的主要施工机械表

设备名称	型号规格	额定功率/kW	数量/台 小计	其中 自有	其中 新购	其中 租赁	预计进场时间
挖掘机	CAT32OC		1	1			2016年5月
装载机	ZL-50		1	1			2016年5月
钢筋弯曲机	GQ40		8	8			2016年5月
电焊机	PZ50		8	8			2016年5月
钢筋切断机	DDE14		10	10			2016年5月
冲击夯	BS60Y		2	2			2016年5月
冲击钻机	CZ-30		10	10			2016年5月
架桥机	90TT		2	2			2016年8月
真空压浆机	VSLYJJ		2	2			2016年5月
真空机	VSLCZB		1	1			2016年5月
泥浆泵	3PNL		10	10			2016年5月
潜水泵		40	4	4			2016年5月
预应力拉伸机	YC500		2	2			2016年5月
千斤顶	HY-50		4	4			2016年5月
千斤顶	YCW250		4	4			2016年5月
千斤顶	YCW150		6	6			2016年5月
电动油泵	Zb500		4	4			2016年5月
波纹管成型机			4	4			2016年5月
压浆机			2	2			2016年5月
挤压套筒装置	WCT20		4	4			2016年5月
汽车吊	QY40		3	3			2016年5月
卷扬机	JK5T		2	2			2016年5月
发电机组	200 kW		4	4			2016年5月

拟配备本工区的主要材料试验、测量、质检仪器设备表见表3-6。

表3-6 拟配备本工区的主要材料试验、测量、质检仪器设备表

序号	仪器设备名称	型号规格	数量	用途
1	钢筋抗拉弯试验设备		2	钢筋
2	泥浆含砂量测定仪	NA-1	3	泥浆含砂量检测
3	泥浆黏度计	L006	3	
4	泥浆比重计	NB	6	测定泥浆比重
5	水泥标凝时间及稠度测定仪	CL-1	1	
6	坍落度测定仪	ZC_3-A	2	塌落度测定
7	回弹仪		2	测定砼强度
8	钢筋保护层测定仪	100kg	1	保护层厚度
9	反力架		1	
10	脱模器	多功能	2	脱模
11	烘箱	101-2 A	1	
12	标准筛		1	
13	摇筛机		1	
14	针片状试验规		1	
15	压碎值测定仪		1	
16	视比重测定仪		2	
17	水质分析		1	
18	万能材料试验机	1000 kN	1	力学性能检测
19	电动压力机	2000 kN	1	
20	全站仪	Topcon	2	测量、定位
21	水准仪	B20	2	高程控制
22	水准仪	DSS	2	高程控制
23	三米直尺		30	
24	气压计		2	气压测定
25	气温计		2	气温测定

3）资金使用计划

管理利用好工程资金是保证该工程按质按期完成的重要手段。为管好建设资金，施工中将根据初步的形象进度计划，编制资金使用流动计划。由计划合

同部和财务部依据流动计划监督和管理资金的使用，确保建设资金专款专用，使各项施工管理得以正常进行。

4. 施工行车组织措施和既有线现场安全防护细则

1）概述

施工安全防护工作是确保既有线行车安全和施工安全的重要手段。施工防护工作的好坏，直接关系到既有线的行车安全，关系到国家财产和人民群众的生命安全。在紧靠既有线施工时，为了确保列车行车和施工的安全，必须按规定设置施工安全防护。未设好施工防护，不得进行施工作业。施工防护内容按《铁路技术管理规程》规定的防护办法组织实施，并不得擅自变更。

2）线路防护安全技术措施

（1）施工里程：沪昆线 K2577+937～K2578+037。

（2）沪昆铁路（小哨—杨林）。

（3）作业时在施工地点两端 500～1000m 处设置作业标。

（4）所有防护人员统一由现场施工负责人指挥，并按"防护安全职责"作业。小哨设驻站联络员 1 名/班（24 小时值班、三班倒）。

（5）工地设一名现场防护员（24 小时值班、三班倒）。

3）防护员的基本条件与职责

防护员按各自的分工负责范围，分为驻站联络员、施工工地防护员、关门防护员 3 种。施工安全防护工作除要加强防护的硬件建设外，最重要的还需要提高人的素质，加强对防护员队伍的思想、政治素质及施工安全业务技术教育，严格掌握、严格考核防护员队伍，确保施工安全防护万无一失。

防护员的工作职责：

根据施工负责人的指示办理封锁、开通线路等手续。了解、掌握列车运行情况，及时通知工地负责人。维护列车运行秩序，及时制止盲目抢点施工，延长占用区间时间的现象。在执行防护任务时，有权制止或纠正施工负责人的错误指令。认真贯彻执行"安全、细致、迅速、准确"八字方针，迅速正确地发出或转达各种指令和信号，确保施工中的行车和人身绝对安全。防护员必须坚守工作岗位、精力集中、加强瞭望，要严格纪律，认真做好施工防护工作。如因事暂时离开岗位时，应有胜任人员代替。防护员使用的通信、信号设备必须妥善保管，经常检查，保证在使用时性能良好。驻站联络员和工地防护员必须按有关规定认真填记"防护记录簿"。

4）防护员工作制度与要求

（1）防护员的工作要求。

防护员在执行职务时，必须穿着规定的服装，佩戴易于识别的证章，按规定带齐防护信号备品。防护员执行任务时必须精神饱满。接班前必须充分休息，班前、班中不得饮酒，如有违反，应立即停止其工作。防护员必须熟悉本区段内的列车运行情况，尤其要求熟记本区段列车到、发（通过）时刻，以保证旅客列车的安全。防护员必须持证上岗，随时接受上级和安全管理人员的检查。必须抱着负责任的态度，保证安全生产。防护员在上岗前必须熟悉有关规章制度、管内线桥设备状态、当日施工内容及防护要求，会检查、使用、保养防护用品，能根据不同的作业或在改变防护地点时，实行不同的防护，能按要求与驻站联络员联系。

（2）驻站联络员要求。

必须掌握施工负责人当天布置的安全生产注意事项、生产任务、作业地点、作业内容、人员分工情况等。带齐防护信号用品，并认真检查信号用品是否良好，不良者立即更换。在开始防护前，负责核对钟表，做到车站行车室、驻站联络员、工地中转防护员三者时间一致。不得随意离开行车室（信号楼）。经常与车站值班员联系，熟悉并注意车站控制台的信号显示，了解列车运行计划，正确掌握列车运行情况，并及时告诉工地防护员，由工地防护员转告施工负责人，以便安排工作计划，掌握收工时间。为了确保行车及施工安全，必须执行预报、确报制度。驻站联络员必须在准备作业中，与防护员共同确认电话或对讲机状态是否良好，并与车站、施工负责人准确对时，按规定办理相关手续。为了防止电话听错，必须执行复诵制度。当工地防护员接到驻站联络员发出预报、确报或变更通知的电话后应复述一遍，确认无误，并在各自的记录本上记载，以备查考。办理封锁施工时，在施工前按规定向车站值班员提出申请办理封锁施工手续，及时准确地向工地护员传达调度命令内容。临近施工终止时，提前询问施工负责人能否按时开通，如果需延长施工时间或限速运行，必须提前通知车站值班员并办理手续。封锁施工完毕，根据施工负责人或工地防护员的通知，向车站值班员办理线路开通手续。

（3）工地防护员工作要求。

认真执行铁路行车和安全管理的有关规章制度，遵守防护员工作的基本职责，切实负责做好安全防护工作。加强同工地施工负责人的联系，掌握作业情况，及时向驻站联络员汇报作业进度，转述现场领导和施工负责人的要求。列车开过来时，手持信号旗（灯）做好通知下道的准备。当接到驻站联络员的发车通知时，工地防护员及时按联络信号"一长三短声"催促所有人员、机具下道，并做好检查和监视工作。如电话发生故障，与驻站联络员失去联系，要立即通知施工负责人停止作业，迅速把机具撤离轨道，并手持红色信号旗进行防护。通信联络未恢复前，不得撤除防护上道作业。

5）防护办法

凡影响行车安全的施工，均应设置防护人员，并配备和使用相应的通信防护设备。

（1）在区间线路上使用移动停车信号施工的防护办法。

根据《铁路技术管理规程》第 392 条，防护办法如图 3-5 所示。在距离施工地点两端各 20 m 处设置移动停车信号牌（灯），现场防护应站在距施工地点 800 m 附近且瞭望条件较好的地点显示停车手信号。设置移动停车信号防护时：抄录并确认施工封锁命令；施工负责人通知两端防护员展开停车手信号进行防护；设置施工地段两端的移动停车信号牌；发出施工命令。

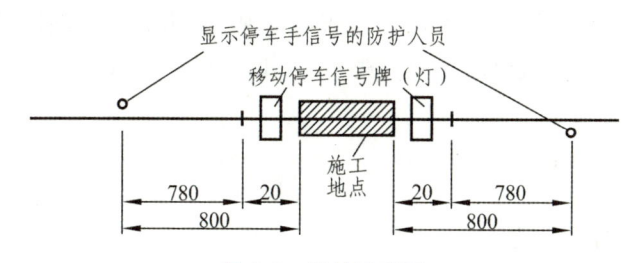

图 3-5 防护示意图

撤除移动停车信号防护时：施工负责人经检查确认线路达到放行列车条件；撤除施工地段两端的移动停车信号牌；通知两端防护员收起停车手信号，确认线路处于开通状态；按施工负责人下达的开通命令，工地防护员通知驻站联络员请求车站值班员办理线路开通手续。

（2）区间线路施工，车站与施工地点间用电话联系的程序规定。

施工负责人应通过驻站联络员与车站值班员保持密切联系，掌握列车运行时刻，有效利用空闲时间，计划好施工作业的数量和进度，安排好劳动力、工具和材料，设置好防护后方可施工。在作业进程中应密切注意来车"预报""确报"等信号。预报：车站对施工区间办理闭塞时，驻站联络员应立即向工地防护员发出预报；如通过列车，则应提前 10 min（即邻站向本站发车时）发出预报。确报：车站向施工区间发车时，驻站联络员应立即向工地防护员发出确报；

如施工地点距车站较近或施工条件较为复杂，而需提前预报、确报时，施工负责人应事先与驻站联络员商定明确，并通知全体防护员及施工人员。变更通知：预报、确报有变化时，驻站联络员应及时向工地防护员发出变更通知。

工地防护员接到驻站联络员的预报、确报、变更通知后，均应立即按规定信号向施工负责人鸣示，直至对方以相同信号回答为止。同时应加强警戒，注意瞭望，监视来车与工地情况。如设有中间联络防护员，应以上述相同方式准确及时地将信息传达给对方。驻站联络员与工地防护员应每 3~5 min 通话一次，如通信联系中断，工地防护员应立即以停车信号防护，并通知施工负责人停止作业，机具下道，尽快将线路恢复到允许放行列车的条件，恢复工作未完成时不得撤除防护人员。无论是开工、收工或是转移作业地点，均应及时告知驻站联络员。未尽条款按现行《铁路技术管理规程》执行。

6）施工地段线路检查制度

每天 18：00 前由现场安全员，进行当天的线路检查，确认无超限后，施工养护人员才准离开线路。巡检人员检查时必须使用"线路检查记录簿"做好详细的记录，每天由安全员进行签认。检查后发现线路几何尺寸超过保养标准时，当天进行处理。如有线路变化和特殊天气，增加检查频率。

3.3.4 路面工程施工组织

1. 施工总目标确定

（1）安全目标：无因工死亡事故；无重伤事故，轻伤率控制在 5‰ 以内；重大交通运输、机械操作事故为零。

（2）环境保护和水土保持目标：从开工到竣工，做到各项环保及水保指标完全满足环境部门的要求，创绿色环保样板工地，配合地方建设一条绿色环保大道。

（3）质量目标：竣工验收达到一次性验收合格，争创省优及以上工程。

（4）文明施工目标：做到现场布局合理，施工组织有序，材料堆码整齐，设备停放有序，标识标志醒目，环境整洁干净，实现施工现场标准化、规范化管理；争创文明施工工地和文明施工先进单位。

（5）文物保护目标：严格按照《中华人民共和国文物保护法》的有关精神，与地方文物保护部门签订文物保护实施协议书，确保文物不受损坏或流失。

（6）工期目标：2017 年 2 月 28 日通车，计划开工日期、计划交工日期由业主统一安排，完全响应业主工期要求。

2. 主要工程数量表（表3-7）

表3-7 主要工程数量表

序号	项目名称	单位	数量
1	级配碎石底基层（厚18cm、20cm）	m²	756 787
2	水泥稳定碎石基层（厚34cm、38cm）	m²	699 261
3	透层	m²	615 377
4	稀浆封层	m²	615 377
5	粘层	m²	1 242 283
9	粗粒式沥青混凝土下面层AC-25（厚7cm）	m²	540 694
10	中粒式沥青混凝土中面层AC-20（厚5cm）	m²	701 591
11	细粒式沥青混凝土上面层AC-13（厚4cm）	m²	701 591
12	混凝土预制块路缘石（流水石）	m	230 000
13	人行道铺装	m²	40 000

3. 工程重难点分析

（1）本项目周边多条高速公路及市政项目在建，碎石、砂等地材紧缺，项目砂石料储备工作成为路面工程施工的重点，应选择多家合格砂石料供应商，以防备由于砂石料供应不及时对项目进度产生影响。

（2）本项目工期紧，业主要求2017年2月28日实现全线通车，且道路路幅宽，保证路面熟料产量、运输及施工现场机械的合理组织调配是确保该项目按期完工的重点。

（3）项目沿线村落多、人口多，施工难免要和村民发生接触，文明施工、与村民和谐共处是顺利完成此项工程任务的前提保证。

4. 施工组织机构

根据该项目的工程特点，迅速选调富有类似施工经验的管理人员、技术骨干组成精干、高效的"项目经理部"（图3-6），作为驻现场施工管理机构，全权负责组织、协调现场施工，并与业主、监理工程师及设计单位密切配合，搞好施工组织、对外协调和各类保障工作。

1）项目部主要负责人和各部门主要职责范围

项目经理是本工区的全权代表，主管本工区的全面工作；项目副经理1名，负责生产、安全及现场调度工作；项目总工负责本工区的技术、质量管理、"四新"技术的应用推广等工作。各职能部门分工协作，确保整个机构及体系正常运行。各部室工作职能一览见表3-8。

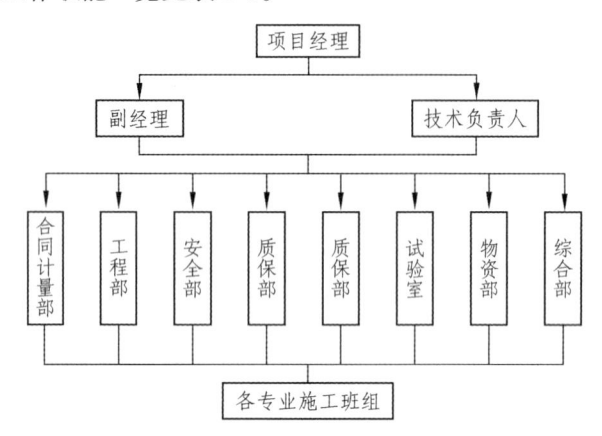

图 3-6　路面施工管理组织

表 3-8　各部室工作职能一览

部　　室	管　理　职　能
综合办公室	负责项目日常生活管理、文件管理、保密资料管理，外来人员的接待及对外协调工作等工作
工程技术部	下设技术部、测量队，负责图纸审核、实施性施组设计和技术交底书编制、现场技术指导；负责本工区的控制测量，对施工队的施工放样，进行指导和复测，对完工项目负责贯通测量，负责测量仪器的维护保养和校核，负责测量计算资料的复核、整理和归档
工地试验室	负责对进场原材料、构配件、半成品质量，按现行有效规程进行取样检验，把好工程材料质量检验关，做好施工现场质量的过程控制
质检部	按公路工程质量检验评定标准要求建立质量管理体系，确保及提高工程质量符合规定要求。认真贯彻执行国家、行业等有关工程质量的法律法规、标准规范和规章制度，做好工程质量的监督与管理工作
安全部	负责安全保证体系、措施的实施、控制；进行现场安全文明施工的管控；负责项目部环保工作，组织对目标、指标和管理方案实施情况监督检查
物资机械部	负责本工区的工程材料供应与保障及工程机械的配备、管理与维修
计划合同部	负责进度计划、计量支付、合同管理和成本控制、经济核算、费用控制
财务部	负责财务管理、成本核算；参与合同评审，组织开展成本预算、计划、核算、分析、控制、考核；为综合管理体系提高财务保证

注：各科室在履行各自职责的同时，加强科室之间的协作。

2）施工队伍配备和任务划分（表3-9）

表3-9 施工队伍配备和任务划分表

所属工区	队伍名称	劳动力（人）	主要负责施工的内容
九工区	路面施工一队	60	负责一标段路面底基层、基层的施工
	路面施工二队	40	负责一标段路面面层的施工
	路面施工三队	60	负责二标段路面底基层、基层的施工
	路面施工四队	40	负责二标段路面面层的施工
	附属工程施工二队	100	负责一、二标段路缘石、人行道铺装等附属工程的施工

5. 主要资源配置

1）劳动力组织计划

根据本项目工程数量和进度要求，结合我单位的综合施工能力，本工程需要劳动力高峰期为300人。其中技术与管理人员60人，施工作业人员240人。施工高峰期劳动力不足时，实时补充。

管理人员和前期施工队伍在中标后积极组织进场，进行施工准备工作，确保按期开工，其他人员随之进场。施工过程中，劳动力实行动态管理，结合工程进度计划需要进行人员调整。

2）主要材料供应安排及计划

做好材料采购合同的订立和完善，根据总工期的计划安排，提前做出材料供应计划，做好周密的进场计划和周期性储备计划与落实。避免过多储存和供不应求，材料分批进场，短期储存，略有富余，同时组织相应能力的运输车辆，及时供应。

物资管理人员选配素质高、业务精且有丰富市场经验的同志担任，周密结合工程计划、市场价格和市场供需关系，认真做好本工程的物资供应与保障工作，确保工程施工有序进行。

根据本项目的实际情况，路面工程用主要材料作如下计划：

（1）沥青：本项目采用70号A级道路用石油沥青，用量约11 000 t，由项目部自行采购。为保证工程进度不受沥青供应的影响，同时为避免由于沥青涨价造成项目成本增加的风险，项目部计划于2016年9月完成基质沥青的招标、采购工作，将项目使用的 11 000 t 基质沥青灌装储存在昆明周边的货场，在路面面层施工时罐车运输至工地拌和站使用。项目所用的 SBS 改性沥青和乳化沥青，由项目部在拌和站自行加工使用。

（2）水泥：路面基层水泥稳定碎石所用水泥为不低于 32.5 级的缓凝水泥，用量约 40 000 t。本项目水泥由云南建投集团物流公司统一供应，由于水泥不能长时间储存，所以本项目水泥根据基层施工进度实时供应。

（3）砂石料：路面工程砂石料用量大，本项目砂石料总量约为 140 万吨。由于路面工程工期紧，所以施工前需储备一定数量的砂石料。根据本项目实际情况，项目部拌合站料仓和扩展备料仓能储存砂石料约 35 万吨，同时采取了以下两条措施来保证大面积施工时的砂石料供应：一是在 1#拌合站设轧石设备，自行生产砂石料；二是放大地材采购半径，从更远的地方选择合格的砂石料场。

6. 人员安排与保证措施

1）人员安排

（1）劳动力部署。

根据 9 个工区的工程量、工程特点和重难点、工期要求等综合考虑，项目管理人员、技术人员、施工作业人员将根据进度计划的要求及工程实际情况分期、分批进场，做到不影响施工同时也不出现长时间窝工的现象，人员配备计划详见劳动力投入计划表。

（2）人员培训与动员。

项目开工前利用一周时间进行施工前施工总动员，对进场人员进行分批分次的培训。培训的主要内容是：介绍滇中新区哨关路工程的建设意义以及工程基本情况；对入场人员进行全员入场安全培训；讲述 9 个工区概况和工程特点、施工总体进度安排和注意事项，并特别强调本工程快速施工的意义；明确工期、质量目标，强化工期、质量意识和安全环保意识；做好特种作业人员的岗前培训工作，确保特种作业人员持证上岗；施工培训与动员逐级进行，确保所有人员以饱满的热情、高昂的士气投入到施工中，以实际行动确保按期、优质、快速、安全地完成施工任务。

2）人员保证措施

人员配备在充分考虑合同条件和工作范围的基础上，结合本工程技术特点进行相关人力资源优化配置。其原则是管理干部职责分明、职权统一，工人一专多能，特殊工种人员持证上岗。

组织强有力的领导班子，科学组织，合理安排，超前考虑。以集团"四保、一控、一树"为指导思想，深入现场，了解情况，解决主要矛盾，坚持用一流的思想、一流的管理、一流的质量、一流的速度安全按期完成施工任务。人员进场后及早进行人员的动员、培训等工作，及早进入施工状态。进场人员先进行安全生产、质量意识、施工规范、操作规程、验收标准、文明施工、环境保护等教育和专业知识专题培训。根据需要配备的特种作业人员全部持证上岗。施工高峰期部分劳动力不足时，及时补充。

7. 进度目标与保障措施

1）工期目标

计划路面工期 7 个月，计划开工日期为 2015 年 8 月 1 日（实际以开工报告签署之日起计算），计划完工日期为 2017 年 2 月份，积极响应业主工期要求。

2）建立工期保证体系

将本工程作为公司的重点工程，成立工期保证体系，工期保证体系见图 3-7。

3）强化进度计划管理的措施

（1）运用网络技术，缩短跨度，分段管理。

采用先进的项目管理软件系统，尽可能开展多工序同步施工，合理安排作业层次，加快施工进度。

（2）对施工进度进行科学监控。

运用投资指标监控法、形象进度监控法、单项进度指标监控法等多种方法对全过程进行进度监控管理。进度监控程序见图 3-8。

4）人力、财力、机械设备保证措施

（1）精选队伍，组织务实、高效项目班子。

将本工程作为我单位重点工程，挑选本单位优秀的管理及技术人才，成立精干、高效的项目经理部，同时调配精锐的专业化施工队伍，做到工种齐全，持证上岗。

（2）机械设备投入，提高劳动生产率。

发挥机械施工的优势，我单位已集中挑选了先进的足够的机械设备，整装待命，接到中标通知书后可做到迅速上场。

同时，确保机械设备进场时状态良好，加强施工中的维修和保养，提高完好率，保证主要机械设备出勤率在 90%以上。

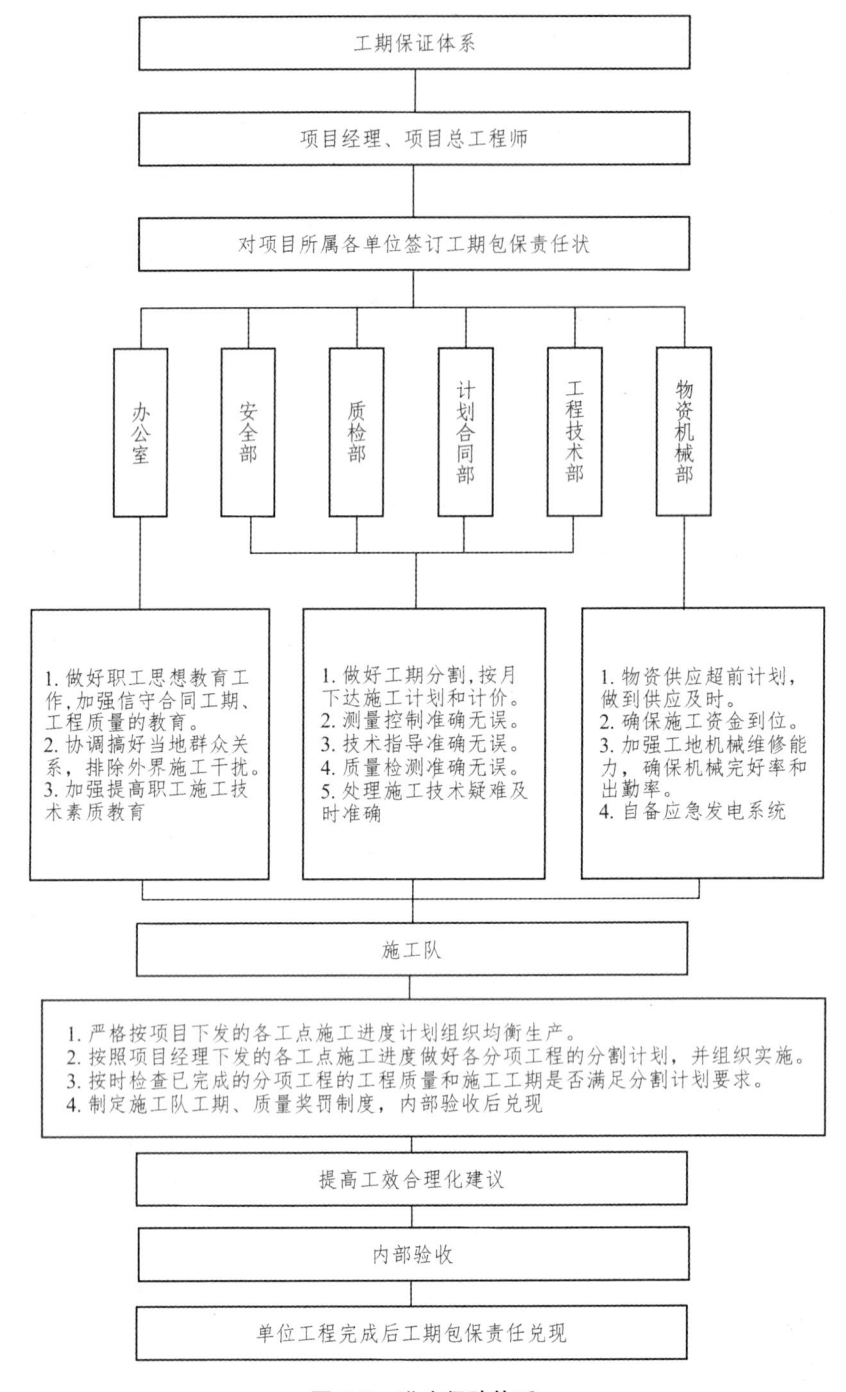

◆ 市政道路建设管理理论与应用——哨关路工程建设管理实践

```
                    ┌──────────────┐
                    │  工期保证体系  │
                    └──────┬───────┘
                           │
                    ┌──────┴────────────┐
                    │ 项目经理、项目总工程师 │
                    └──────┬────────────┘
                           │
              ┌────────────┴──────────────┐
              │ 对项目所属各单位签订工期包保责任状 │
              └────────────┬──────────────┘
                           │
        ┌────────┬────────┬┴───┬────────┬────────┐
     ┌──┴─┐  ┌──┴─┐  ┌──┴─┐ ┌─┴──┐ ┌──┴─┐  ┌──┴─┐
     │办公室│  │安全部│  │质检部│ │计划 │ │工程 │  │物资 │
     │    │  │    │  │    │ │合同部│ │技术部│  │机械部│
     └──┬─┘  └──┬─┘  └──┬─┘ └─┬──┘ └──┬─┘  └──┬─┘
```

1. 做好职工思想教育工作，加强信守合同工期、工程质量的教育。 2. 协调搞好当地群众关系，排除外界施工干扰。 3. 加强提高职工施工技术素质教育	1. 做好工期分割，按月下达施工计划和计价。 2. 测量控制准确无误。 3. 技术指导准确无误。 4. 质量检测准确无误。 5. 处理施工技术疑难及时准确	1. 物资供应超前计划，做到供应及时。 2. 确保施工资金到位。 3. 加强工地机械维修能力，确保机械完好率和出勤率。 4. 自备应急发电系统

```
                    ┌──────┐
                    │ 施工队 │
                    └──────┘
```

1. 严格按项目下发的各工点施工进度计划组织均衡生产。
2. 按照项目经理下发的各工点施工进度做好各分项工程的分割计划，并组织实施。
3. 按时检查已完成的分项工程的工程质量和施工工期是否满足分割计划要求。
4. 制定施工队工期、质量奖罚制度，内部验收后兑现

```
              ┌──────────────────┐
              │ 提高工效合理化建议 │
              └──────────────────┘
              ┌──────────────────┐
              │      内部验收      │
              └──────────────────┘
              ┌──────────────────────────┐
              │ 单位工程完成后工期包保责任兑现 │
              └──────────────────────────┘
```

图 3-7　进度保障体系

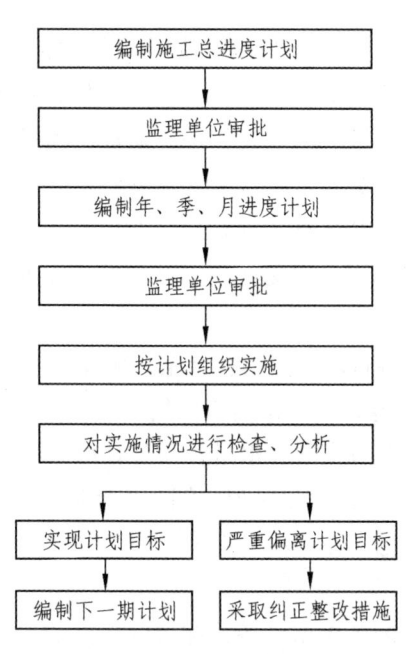

```
编制施工总进度计划
      ↓
  监理单位审批
      ↓
编制年、季、月进度计划
      ↓
  监理单位审批
      ↓
  按计划组织实施
      ↓
对实施情况进行检查、分析
      ↓
实现计划目标 / 严重偏离计划目标
      ↓            ↓
编制下一期计划  采取纠正整改措施
```

图 3-8 施工进度监控程序

5) 保证资金，搞好内部经济责任制，确保工程进度计划

财务部门确保资金按期到位，保证施工物资、材料提前采购，满足施工需要。

加强各级领导，建立健全岗位责任制，签订包保责任制合同，对施工中发生的异常情况及时修改计划，每周一总结，摆出问题，查出原因，提出措施，确保每旬、月、季度工期兑现。

8. 施工标准化管理的重点

1) 工厂化

根据任务规模和工程特点，本工区对水稳碎石、沥青混合料等项目的生产采用工厂化，划分施工任务满足生产工厂化的要求，以保证质量，提高生产率。

（1）原材料的工厂化管理。

原材料应按技术质量要求由专人采购与管理，采购人员和施工人员之间对各种原材料应有交接记录。原材料进厂后，对原材料的品种、规格、数量以及质量证明书等进行验收核查，并按有关标准的规定取样和复验。经检验合格的原材料方可进厂。对于检验不合格的原材料，应按有关规定清除出厂。原材料进厂后，及时建立"原材料管理台账"，内容包括材料名称、品种、规格、数量、生产单位、供货单位、"质量证明书"编号、"复试检验报告"编号、检验结果以及进货日期等。"原材料管理台账"应填写正确、真实、齐全。水泥、矿物掺和料等应采用散料仓分别存储。袋装粉状材料在运输和存放期间应用专用库房存放，不得露天堆放，且应特别注意防潮。粗骨料按技术条件要求分级采购、分级运输、分级堆放、分级计量。原材料具有符合工厂化生产的堆放地点和明确的标识，标明材料名称、品种、生产厂家、生产日期和进场日期。原材料堆放时有堆放分界标识，以免误用。骨料堆场应进行硬化处理，并设置必要的排水条件。

（2）水稳料采用具有自动计量的搅拌站，配置2~3只粉料储料罐，储存水泥。配置4组骨料配料仓，料仓出料口由气动阀控制，并安装在线含水量检测仪器，可在线连续检测砂石实际含水量，及时对水稳料配合比进行调整。

（3）水稳料采用自卸车运输，确保摊铺工作连续进行。运输水稳料过程中，要覆盖水稳料，保证水稳料在运输过程中保持含水率。

2）机械化

提高机械化水平，配备大型设备，配备效率高的水稳碎石搅拌站、沥青拌和站、摊铺机、智能型沥青洒布机、压路机等主要机械，并配备与之配套的高效率施工机备，保证设备数量充足，主要设备有备用，配备机况良好的设备。在设备配备上使机械设备能力大于进度计划指标能力，有足够的设备储备。同类机械设备尽可能采用同厂家设备，以便于维修、配件供应和通用互换，确保机械使用率。设备选型以电动液压为首选，机械设备配备采用大型机械化配套技术，合理进行匹配，形成快速施工能力。

3）专业化

针对各专业工程，每个施工队下设相应的专业作业班组，各专业作业班组均配备有丰富相应施工经验的专业施工人员，施工人员在上岗前针对工区施工特点组织培训，培训合格后持证上岗。各专业作业班组根据专业施工特点配备数量充足的施工机械，满足生产工厂化和作业机械化的需要。施工期间对劳动力进行动态调配时，由各施工队相同作业班组间进行人员调配，避免"一员多岗"。施工期间各专业主要施工人员相对固定，以保证本工区工程安全、优质、快速施工。

针对本工区工程特点设置的主要专业化施工班组如下：机械化施工班：配备摊铺机、装载机、平地机、振动压路机、自卸车等大型机械设备，负责路面的施工；圬工班：配备混凝土搅拌站、振捣器等机械设备，负责结构圬工的混凝土拌制、浇筑、养护。

4）信息化

为了完成项目信息化工作的实施，公司成立专门的信息化小组，负责相应的信息化工作，对外以及对内的信息要求做到及时的沟通。信息员要求统一培训，考核合格后上岗，信息系统实施和使用的过程中，信息员必须不定期参加相关的培训并接受信息化领导小组的考核，提高使用信息系统的业务能力。参与信息化工作的部门要求严格遵守国家有关信息安全保密规定，确保信息系统内提供的上网信息的真实性。直接发布交换共享的数据，需经过数据来源部门认可。

计算机网络管理人员对网络运行、安全、保密等负有主要技术责任，操作人员要严格按照计算机操作规程，加强对计算机病毒的防范措施。因利用公司信息网络而造成的纠纷或由此而引发的民事或刑事责任，按国家法律和有关规定处理。

第4章 市政道路工程进度管理

4.1 市政道路进度管理特点

4.1.1 工程项目分类

工程项目是指在一定的约束条件下如限定资源、时间和规定质量标准等，具有特定的明确目标和完善的组织结构的一次性事业。工程项目的分类方法很多，如按项目的建设性质可以分为新建项目、扩建项目、改建项目、迁建项目，按项目的用途可以分为工业项目、农业项目、商业项目等。

同样，工程项目可以依据其工序施工作业的特性，划分为重复性工程项目和非重复性工程项目。所谓重复性工程项目是指组成该项目的大多数工作是一些重复性、周期性的工作，如多层住宅、高速公路、管道工程以及房地产开发项目，这些工程项目归为重复性工程项目，反之为非重复性工程项目。

其中，重复性工程项目依据组成该工程各个工作工序、施工过程在几何空间上的安排布置和施工进程可以划分为两类工程项目：垂直型重复性工程项目和水平型重复性工程项目。如果工程项目的各个分项工程在水平方向上是连续的，各分项工程的施工进程也是连续的，该重复性工程项目称为连续型重复性工程项目。如土木工程中的：高速公路工程、隧道工程、城市高架桥工程、城市地铁工程、城市轻轨工程等属于连续型重复性工程项目。由于这些工程项目的施工建设进程是沿水平方向用米、站、千米来表达的，因而，像高速公路工程、隧道工程、城市高架桥工程、城市地铁工程、城市轻轨工程等又称为水平型重复性工程项目，也称为线状工程项目。而像多层住宅等工程属于离散型重复性工程项目，也称为垂直型重复性工程项目。

因此，市政道路属于典型的线状工程，属于水平型重复性工程项目。

4.1.2 市政道路进度管理理论

PMBOK 里的项目时间管理就是项目进度管理（Project Schedule Management），质量控制、成本控制与项目安全管理等方面与其是对立与统一并存的。项目中每项计划完成的先后时间在项目进度计划中一目了然。计划是进度管理与控制的基础，包括起始时间、完成时间和中间所经历的建设过程。安排一个有效的项目进度计划一般有 7 个必要的步骤，如图 4-1 所示。

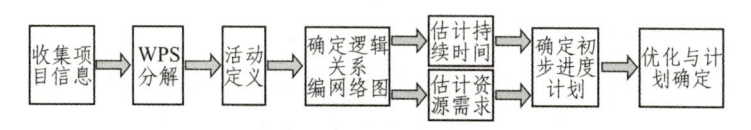

图 4-1 项目进度计划的一般过程

在编制项目进度计划前，要对项目进行结构分解。作业分解结构主要是指以项目的可交付成果为主导，进一步把项目任务划分为组，在编制项目进度计划过程中更好地辅助人们揭开项目程序、定义项目范围等，也为计划和进度计划框架提供了有效的理论依据。

市政道路工程项目管理需要通过有效地分配、使用已有的资源劳动力、材料和时间等，以最小的成本消耗和业主顾客最满意的方式，对组成工程项目的活动工序进行计划、评价和控制，从而实现具体的既定目标。工程项目的进度计划编制及管理是工程项目管理最主要、首要的工作，是工程项目管理中其他工作如成本管理、资源管理等的基础。

4.1.3 市政道路进度控制基本原理

1. 动态控制原理

动态控制原理是指项目自开始就按一定的状况向前发展，产生了实际的进度轨迹，通过实时地控制和调整实际的施工进度，使之与计划保持相对一致，达到最终的进度目标控制。该原理跟随各项目的发展而产生了动态循环的控制方法。

2. 系统原理

根据项目的特征建立一系列的进度计划，形成一个进度计划系统，对应系统里进度计划的不同对象、不同步骤都设有专门的职能部门或人员负责，形成一个完整的进度控制系统，用系统的理论和方法解决系统的问题。

3. 信息原理

施工项目进度控制的重要环节是信息反馈，各项目施工的实际进度基本是由信息反馈这个环节把最新施工情况反馈给基层施工项目进度控制的工作人员，利用其分工职责范围，对反馈的信息进行汇总，进一步把信息传递给上级，直到决策部门或人员。

4. 弹性原理

计划编制者根据自身的知识和实践经验，结合实际施工中存在的各种不确定因素，在编制施工项目进度计划时都会留有足够的空间，这就是指施工进度计划的编制具有弹性。通过利用预留的弹性余地，调整各子项目的进度，从而最终实现对总进度的控制。

5. 封闭循环原理

关于项目的进度计划控制基本是一个 PDCA 的过程，即不间断地对项目进度设置计划、进行实施及检查，通过比较分析解决实际进度与计划进度之间的问题，实现进度控制的循环控制过程。

6. 网络计划技术原理

关于施工项目进度控制的完整计划管理与分析计算的基础理论来源于网络计划技术原理，其运用计算机进行网络计划绘图、计算优化、分析和控制。随着现代工业科学技术的不断发展，在 20 世纪 50 年代时，美国的一位专家创造了网络计划技术，当前已被广泛使用，尤其是工业发达的国家。网络计划技术也是目前最为流行的一种现代生产管理模式。

4.2 线状工程进度计划方法简介

进度是项目管理中几个最重要的目标之一，每个项目都必须在工期以内完工。施工方提前完工可以获得建设方的奖励，建设方可以提前投入生产，早日获得利润；否则，会受到巨额罚款。因此，合理地制订进度计划对双方都具有重要意义。常用的进度计划方法有关键日期表法、甘特图、CPM/PERT、LSM 计划方法、LOB/CPM 方法。甘特图和 CPM/PERT 是我国在建设线状工程时常用的进度计划方法，LSM 方法和 LOB/CPM 方法在国外被研究和运用于线状工程项目的情况较多。

4.2.1 甘特图和 CPM/PERT 方法

1. 甘特图和 CPM/PERT 方法研究对象

甘特图和 CPM/PERT 网络计划方法广泛应用于各种类型的项目中，不只是建设工程，在医学、IT、工业上也都有应用。所以甘特图和网络图的研究对象很广泛，大多数项目都能够用这两种方法编制进度计划。但是在建筑工程中甘特图应用得最为广泛。

2. 甘特图和 CPM/PERT 简介

1）甘特图简介

甘特图，也叫横道图，是以横向线条结合时间坐标来表示工程各工作的施工起讫时间和先后顺序的，整个计划由一系列的横道组成。甘特图易于编制、简单、明了、直观、易懂，适合工序较少的简单项目。用在大型项目中，可以帮助高级管理人员对项目进行全局性的了解，基层人员可以合理地安排进度。但是，从甘特图中只能看到各项工序的开始和结束时间，它们之间相互联系、相互制约的逻辑关系并没有显示出来，不利于时间的计算，更不能客观地突出项目施工过程中的重点。从甘特图中难以看出计划的潜力所在，这些局限导致其很难应用到大型复杂的项目中，且不利于改进和加强施工进度的管理工作。

2）CPM/PERT 简介

CPM 和 PERT 在 20 世纪 50 年代几乎同时出现，它们的基本原理是一致的。PERT 技术由美国海军、博思管理咨询公司（Booze-Allen Hamilton）及洛克希德公司（Lockheed Corporation）在联合研制北极星导弹计划时创造的。CPM 方法同时产生，是由杜邦（Du Pont, Inc）独立开发的，过去常被用于建筑业。构建网络图最常用的两种方法有双代号网络图法（activity-on-Arrow，AOA）和单代号网络图法（activity-on-Node，AON）。在过去的实际应用中，PERT 和 CPM 方法的差异越来越模糊化，因此现在通常将这两种技术统称为 CPM/PERT 技术。

网络图在项目进度计划编制中有很多优点，它能清晰地展现所有任务的依赖关系，帮助管理者组织资源安排，识别关键活动，确定项目何时能够完工，识别具体项活动应当开始和结束的时间，能够阐述活动依赖于哪些活动。网络计划虽然有很多优点，但是它仅仅是事件的抽象表示，这可能会有一定的误导作用。首先，网络图可能变得过于庞杂而失去意义；其次，构建中的错误推理可能导致逻辑关系过于简单或者不正确，尤其是在多层次的网络图中经常发生；再次，可能用于有些并不适合的活动；最后，使用 PERT 技术在确定时间时可能会存在强烈的乐观倾向，如果时间不合理，就会导致工期估计不精确，早期的错误会对以后的活动产生严重影响。

3. CPM/PERT 关键路径

关键路径，即网络图中最长的路径。关键路径上的活动具有最少的浮动时差，某些活动提前或者延迟完成会改变关键路径。计算网络图的最早开始、完成时间及最迟开始、完成时间分为两个步骤，即正推法和逆推法。正推法是逐步相加的过程，从活动的第一项开始一直算至最后一项，用来计算活动最早开始和最早结束时间及项目的工期。逆推法是逐步相减的过程，从最后一项活动开始倒推到第一项活动，用来计算各活动的最迟开始时间和最迟结束时间。正推法和逆推法完成以后，就能确定每项活动的自由时差和总时差，最后得出关键路径。

4. 线状工程中的应用现状

在我国，对房屋建筑、铁路、公路等建筑工程都采用甘特图或者 CPM/PERT 方法编制进度计划，但是应用在线状工程中的效果并不理想。甘特图仅能反映工序的开始和结束时间，并不能反映它们之间的关系。网络图应用到线状工程中时，有以下几点局限：首先，线状工程很多工序需要连续施工，用网络图编制有时会破坏施工的连续性。其次，当施工过程中出现变更时，网络图不易更新，关键路径很可能发生变化。因为一个工序的时间发生改变，可能会对以后的工序产生重大影响。最后，网络图不易交流和理解，这会影响项目管理的效率。为了节约线状工程的施工时间，将一个项目分为几个部分，采用平行施工，这时网络图就会变得很复杂，不利于从上到下的交流与理解。

4.2.2 LSM 方法

1. LSM 方法概述

我国对建设项目的分类有很多标准，比如按照建设性质分为新建工程、扩建工程、改建工程等，按用途可分为生产性项目和非生产性项目。而 LSM 方法所研究的对象是沿着线型的路径或空间位置执行的连续施工的线状工程。这类工程的施工活动种类相对土建工程要少得多，各活动有牢固的顺序逻辑，且在执行过程中保证工序的连续性至关重要，像铁路工程、高速公路、地铁、管道工程等，LSM 方法就是以这类线状工程为研究对象的。

　　LSM 方法自 20 世纪 80 年代出现以来，有了很快的发展。在工程实际中，CPM/PERT 方法的成熟理论及其功能强大的管理软件的广泛使用，使得 CPM/PERT 方法占据了市场的主导地位，其他进度计划方法的发展受到很大限制。从 1981 年 Johnston 将 LSM 方法应用于高速公路建设工程的进度管理以来，已有很多学者对其进行研究，并取得了一定的成果。而经验告诉我们，LSM 方法未能广泛推广应用的最主要原因是缺少有效的商业化应用软件，从而不能满足建筑业市场的需求。

　　LSM 方法与 CPM/PERT 方法的最大不同在于，CPM/PERT 方法只是从时间一个角度对工程进行计划和控制，而 LSM 方法是在一个由时间和空间组成的二维坐标系里表达工程进展情况。它依据线状工程工序施工的时空特点，用一个直角坐标（时间-地点坐标，Time-Location，T-L 坐标）来描述线状工程项目施工的进度计划。水平轴表示线状工程的空间位置，垂直轴来表示线状工程的时间进展情形，根据工序施工的时间和空间位置用一定的图标将工程进展在二维坐标系里表达出来。

　　用二维的坐标表达线状工程的进度计划更易理解，更容易让人接受，如图 4-2。从该 T-L 坐标中可以看出，K30+00 和 K50+00 处路基的铺设速度发生变化， 垫层在整段路中的铺设速度不变，路面铺设的速度在 K20+00 处由 2000 m/周

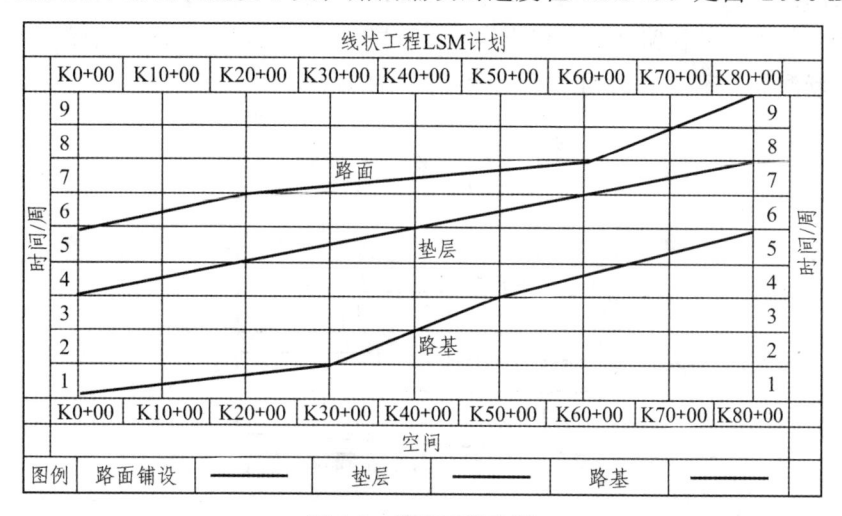

图 4-2　线状工程实例

变为 4000 m/周，在 K60+00 处又减为 1000 m/周。LSM 方法能够提供给管理者工序的施工速度何时何地发生变化，是否进行控制等信息。这种计划图不需要大量专业的训练就能识图，直观易懂，便于现场管理人员和施工人员对信息进行分析和采取相应的措施。

2. 活动的分类

依据工序施工的时空关系，LSM 方法中的工序可分为三大类：线状工序（Linear Activity）、条状工序（Bar Activity）和块状工序（Block Activity），如图 4-3 所示。

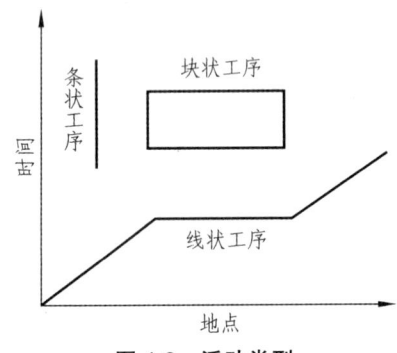

图 4-3 活动类型

线状工序如市政道路施工中的路基填筑，公路工程中的水泥稳定碎石层铺设、路面铺设等；常见的条状工序有市政道路中的下水井、地下通道的修建等；常见的块状工序有局部软基处理等。下面以一个简单的例子来说明上述工序。

例如：某市政工程路基施工有施工准备、局部软基处理、土石方工程、路基碾压、涵洞等工序，用 LSM 方法表示如图 4-4 所示。

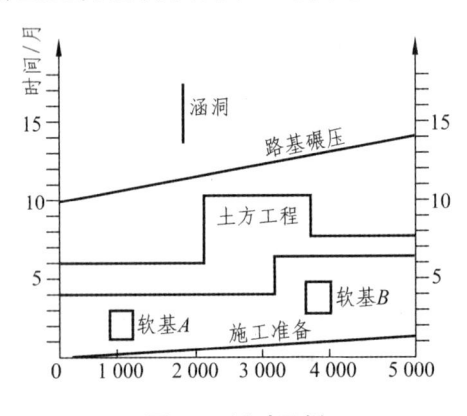

图 4-4 活动示例

早期文献中把 LSM 计划中的活动简单分为上述三种，而后来的学者对其做了进一步的划分：按照施工活动是否连续、是否贯穿整个项目、是否分段施工，提出了更为详细及符合施工实际的分类方法。

线状活动可分为连续全过程线性活动（Continuous full-span linear activity，CFLA）、间歇全过程线性活动（Intermittent full-span linear activity）、连续部分线性活动（Continuous partial-span linear activity，CPLA）、间歇性部分线性活动（Intermittent partial-span linear activity）、分段连续线性活动（Linear continuous segmented activity）和分段间歇性线性活动（Linear intermittent segmented activity）六种类型。表 4-1 对线状活动的具体分类进行了说明。

表 4-1 线状活动的划分

分 类		描 述
线状活动	连续全过程线性活动（Continuous full-span linear activity）	活动是线性的、连续的，而且是贯穿于工程项目的全过程
	间歇性全过程线性活动（Intermittent full-span linear activity）	活动是线性的，但施工过程是间歇性的、断断续续的，而且是贯穿于工程项目的全过程（工程项目开始到项目完工）
	连续部分线性活动（Continuous partial-span linear activity）	活动是线性的、连续的活动，但不是贯穿于工程项目的全过程，而是其中的部分
	间歇性部分线性活动（Intermittent partial-span linear activity）	活动是线性的，但施工过程是间歇性的、断断续续的，而且不是贯穿于工程项目的全过程，是其中的部分区段
	分段连续线性活动（Linear continuous segmented activity）	活动是线性的、连续的活动，在项目全过程中分若干个区段施工
	分段间歇线性活动（Linear intermittent segmented activity）	活动是线性的，在项目全过程中分若干个区段施工，但施工过程是间歇性的

条状活动（Bar activity）可分为间歇性条状活动（Intermittent bar activity）、离散型条状活动（Discrete bar activity，DBA）和重复性条状活动（Repetitive bar activity）三种类型。表 4-2 对条状活动的具体分类进行了说明。

表 4-2 条状活动划分

分 类		描 述
条状活动	间歇性条状活动（Intermittent bar activity）	在空间某一点上需要花费较多的施工时间，但施工过程是间歇性的
	离散型条状活动（Discrete bar activity）	在空间某一点上需要花费较多的施工时间，但施工过程是连续的，是个体的活动，如下水井、高速公路中的桥梁工程等
	重复性条状活动（Repetitive bar activity）	在空间某一点上需要花费较多的施工时间，但施工过程是连续的，在工程某区段是重复性的

块状活动细分为连续全过程块状活动（Continuous full-span block）、间歇全过程块状活动（Intermittent full-span block）、连续部分块状活动（Continuous partial-span block，CPB）和间歇性部分块状活动（Intermittent partial-span block）四种类型。表 4-3 对块状活动的具体分类进行了说明。

表 4-3 块状活动划分

分 类		描 述
块状活动	连续全过程块状活动（Continuous full-span block）	在工程项目的全过程上的每个空间点上需要花费较多的施工时间，且施工过程是连续的，如公路工程中的路基土方工程等
	间歇性全过程块状活动（Intermittent full-span block）	在工程项目的某区段上的每个空间点上需要花费较多的施工时间，且施工过程是间歇性的
	连续部分块状活动（Continuous partial-span block）	在工程项目的某区段上的每个空间点上需要花费较多的施工时间，且在该区段中施工是连续的，如软基处理等
	间歇性部分块状活动（Intermittent partial-span block）	在工程项目的某区段上的每个空间点上需要花费较多的施工时间，且在该区段中施工是间歇的

以上是 LSM 方法对线状工程活动的分类，其表示方法与 CPM/PERT 方法有所不同。前者通过活动发生的时间与地点的关系，用二维的线条或者图形来表示其活动，如图 4-5 所示。在 AOA 中，用箭线表示活动，箭头表示工作流向，节点连接活动，箭线和两端的节点共同表示一项活动。在 AON 中，一个节点代表一项活动，箭线代表相邻两活动之间的逻辑关系，只在时间一个维度表示。

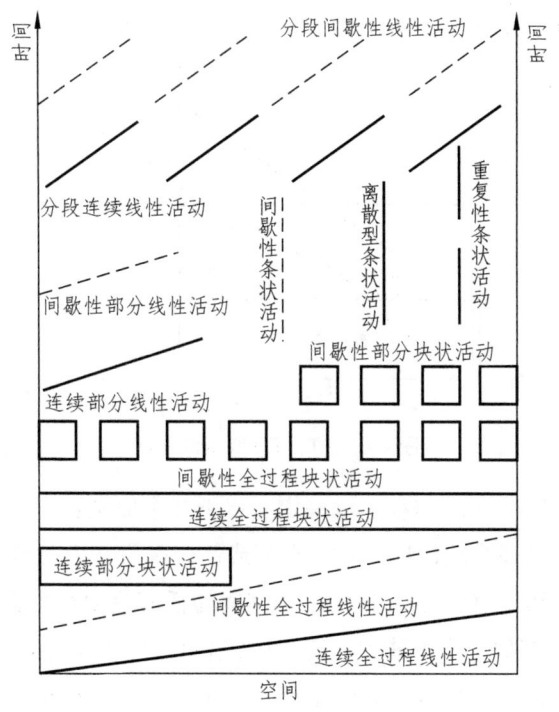

图 4-5 LSM 方法活动表示

3. 关键控制路径

一个有价值的计划必须能够提供一些必要的信息，比如该计划的期望工期、关键路径及工序之间的关系等，便于项目管理人员制定进度目标及进度管理方案等。类似 CPM/PERT 方法中的关键路径，LSM 方法也有其关键控制路径（Controlling Activity Path，CAP）。CAP 路径的计算与关键路径法的计算有很大差别，需要先介绍几个相关概念，说明相邻两工序之间的关系。

（1）LT（Least Time Interval）：最短时间间隔，一般发生在相邻两工序中的端点或任一工序施工速度变化的转折点上，在图中沿 Y 轴方向。

（2）CD（Coincident Duration）：搭接时间区间，指相邻两工序同时施工的时间区间。

（3）LD（Least Distance Interval）：最小空间间隔，指在搭接时间区间内相邻两工序最短的空间距离，在图中沿 X 轴方向。

（4）BB（Beginning Buffer）：相邻两工序开始施工时的时间间隔。

（5）MB（Minimum Buffer）：相邻两工序的最小时间间距。

以上几个概念如图 4-6 所示。

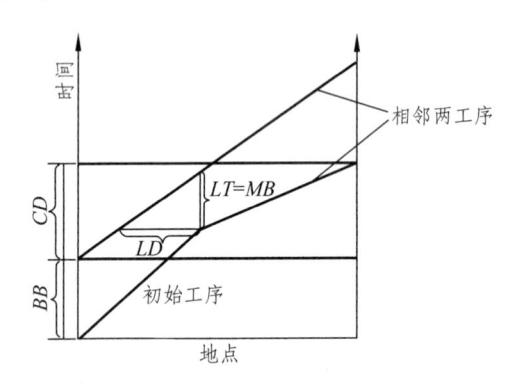

图 4-6 *LT*、*TD* 等概念图例

关键控制路径（CAP 路径）的确定有以下几个原则：

（1）连续全过程线性活动 CFLA 全部或部分区段必为关键工序。

（2）如果相邻 CFLA 的 $CD \neq \emptyset$，则其间的任何活动均为非关键工序；如果 $CD=\emptyset$，则其间的其他工序可能为关键工序，这由这些工序之间的相互关系确定。

（3）可能的关键线路的确定从开始工序开始（即 $t=0$ 时刻），到最后工序结束。确定 CAP 路径的基本步骤：

① 根据施工方案绘制出初始的 LSM 进度图，按工序的开始时间，正向顺序找出各工序之间的 *LT* 和 *LD*；

② 按照确定 CAP 路径的原则，找出可能的关键工序或关键区段；

③ 从结束工序的终点开始，反向追踪，把关键工序或关键区段用直线连接起来（连接线），确定 CAP 路径；

④ 计算各工序之间的时间参数。

4. 活动施工速度差

活动的施工速度差类似于 CPM/PERT 方法中的时差的概念。LSM 方法中活动的施工速度差是指该活动可能变为关键活动（段）时可能的施工速度变化值。其可以定义为：某活动的施工速度差是指在不影响相邻两活动的最小间距（Minimum Buffer）的前提下，该活动最小可能的施工速度（the lowest possible production rate）与计划施工速度（the planned production rate）之间的差值。

在 CPM/PERT 计划中非关键工序的总时差不为零，关键工序的总时差为零，总时差为零则自由时差必为零。同样，在 LSM 计划中，施工速度差只存在于非关键活动（段）中，关键活动（段）的施工速度差为零。在 T-L 坐标系中，斜线代表一个线性活动，从斜线的起始位置可以得出计划的开始时间和空间位置，由斜线的斜率可以得出计划的施工速度。活动进行到何时何地都可以用线状活动上的任意一点表示，计划与现实的时空有一一对应的关系。斜线与时间轴夹角的正切值，即该斜线斜率的倒数，就是该线状活动的计划施工速率。活动的计划施工速度可以依据定额得出。当地在建设实践中，由于施工活动中的不确定性，活动的实际施工速度围绕计划施工速度上下波动。

由于施工活动有各个方面的约束，比如施工工艺的要求、不可预见的人为变更、资源是否及时供应等，我们做进度计划时不得不考虑这些因素的影响。假如进度计划安排的过于紧凑，各活动之间相互干扰，势必会影响施工的进度及工程的质量。因此，LSM 计划中相邻两活动之间应该有合理的时间或空间距离，这个距离我们称之为间距（Buffer）。LSM 计划有时间和空间两个维度，所以相邻两活动之间有时间间距和空间间距。时间间距沿 Y 方向，有最小时间间距 MB(Minimum Buffer)和相连活动开始施工时的间距 BB(Beginning Buffer)。最小时间间距 LT 代表两道相邻工序间的最小时差。MB、BB 和 LT 的定义如图 4-6 所示。施工速度差的计算过程如下：

第一步：绘制线状工程项目的 LSM 进度计划，确定其关键控制路径 CAP。

第二步：找出线性活动的前端非关键活动（段）和后端非关键活动（段）。LSM 计划中，一个线状工序的全部或者一部分是关键活动（段），假如只有一部分是关键活动（段），则其余的是非关键活动（段）。根据关键活动（段）与非关键活动（段）的位置关系，可将非关键活动（段）分为前端非关键活动（段）和后端非关键活动（段），如图 4-7 所示。

第三步：在不影响关键路径的前提下，确定前端非关键活动（段）的最早可能开始时间和后端非关键活动（段）最迟必须完成的时间，即前（后）端非关键活动段可能的最低施工速度的位置。

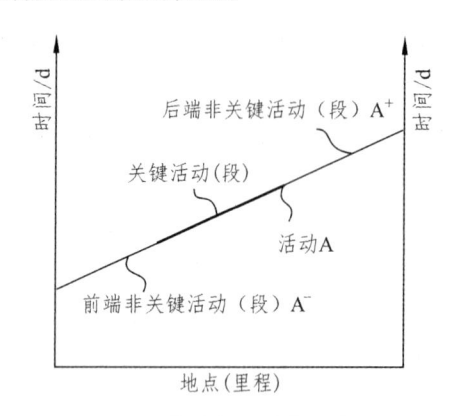

图 4-7　非关键活动表示方法

第四步：计算非关键活动（段）的施工速度差 RF。

按照施工速度差的定义：

$$RF=计划施工速度 - 可能的最低施工速度$$

5. 控制点、最小施工速度和施工速度差

1）控制点及确定方法

（1）控制点（Control Point）：在 LSM 计划中，确定非关键活动（段）的最早可能开始时间或最迟必须开始时间时的控制位置。在 LSM 计划中，控制点可以用时间来表示，也可以用空间位置来表示。

（2）控制点的确定方法：在 LSM 计划中，控制点的位置一般位于：线性活动（段）的端点；关键活动与非关键活动的分界点处；线性活动（段）施工速率变化处；与其他活动有空间约束的位置处。图 4-8 分别描述了上述的各种情形。

控制点在线性活动（段）的端点：控制点在线性活动（段）端点的情况有两种，例如图 4-8 所示，为了保证关键路径不变，两个全过程线性工序之间的 LT 要保持不变，由 LT 可确定 B 工作的前端非关键活动段 B⁻ 的最早可能开始时间的控制点及 C 活动的后端非关键活动段 C⁺ 的最迟必须完工时间的控制点。

控制点在关键活动与非关键活动的分界点处：控制点位于关键活动段与非关键活动段分界点处也有两种情况，如图 4-9 所示。D 的生产速率比 D⁺ 的小，为了保证活动 D 与活动 C 之间的 LT 不变，所以 D 与 D⁺ 的交点是控制点，它决定了 C 的最迟必须完工时间。

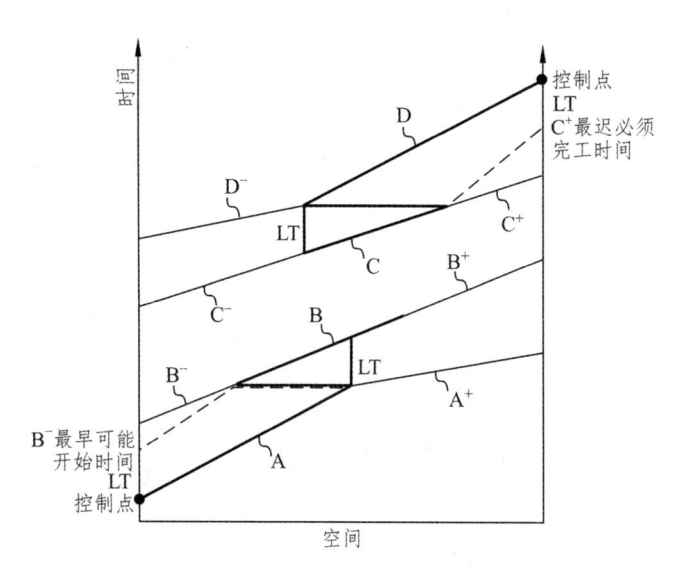

图 4-8 控制点位于端点处

控制点在施工速率变化处如图 4-9 所示，控制点既是关键活动段与非关键活动段的分界，又是生产速率变化的位置。

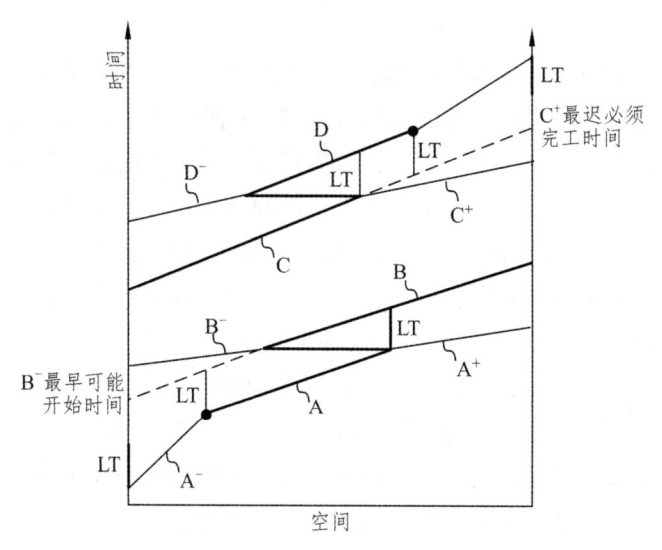

图 4-9 控制点位于分界处

控制点位于受其他活动空间位置的约束处：当非关键活动（段）与其他活动有空间上的约束关系时，该活动（段）的最早可能开始时间也会受其影响。如图 4-10 所示，因为受到块状活动 B 的影响，前端非关键活动段 C^- 的最早开始时间是 C′，而不是 C″。活动 B 的起始坐标和结束时间决定了 C⁻活动只能在 C′处开始，假如在 C″开始，则会发生在同一时间和地点进行 B 和 C 两项活动，这不符合必须在 B 活动完工以后才能进行 C 活动的工艺要求。

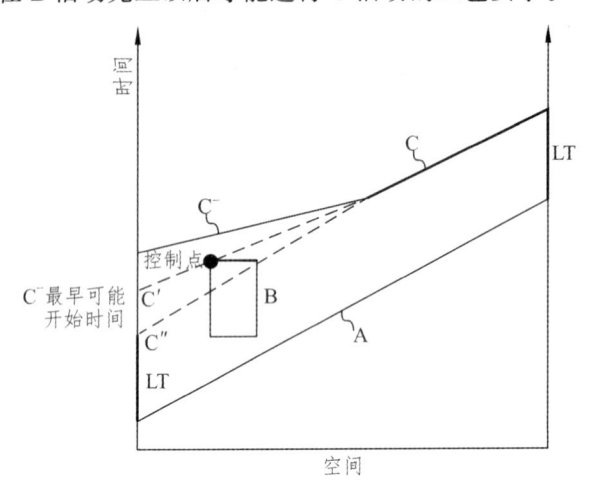

图 4-10 控制点位于约束处

2）最小施工速度

由控制点的位置就能够确定前端非关键活动（段）的最早可能开始时间或后端非关键活动（段）的最迟必须完成时间。这两个时间都是对应该非关键活动（段）的最小的施工速度，换句话说就是在组织施工时，在该活动（段）上投入最小的资源量。资源投入量的大小会影响施工速度。但是，最小量并不是无限制的，这个最小的资源量不能影响线状工程项目的总工期。非关键活动（段）的最早可能开始时间和最迟必须完成时间是 LSM 计划技术中的重要参数，类似于 CPM/PERT 方法中的工序最早开始时间（ES）、最迟开始时间（LS）、最早完工时间（EF）、最迟完成时间（LF）等时间参数。求 CPM/PERT 方法的 ES 可根据正推法的"沿线累加，逢圈取大"的原则计算出来，求 LS 可依据逆推法的"逆线累减，逢圈取小"的原则计算。依据这两个参数可以求出其他几个参数。同理，LSM 计划中的参数也有类似的推理关系。

例如图 4-11 所示为一个简单的例子，用这个例子可简单地说明 LSM 计划中的前端非关键活动（段）的最早可能开始时间（ES）、后端非关键活动（段）的最迟必须完成时间（LF）及最小施工速度的算法 $v_{\min}^A$ [A 代表非关键活动（段）]。先确定相邻两 CLFA 工序之间的 LT 和 LD，然后确定 CAP 路径。找出活动 A 的后端非关键活动段、活动 D 和 F 的前端非关键活动（段）。

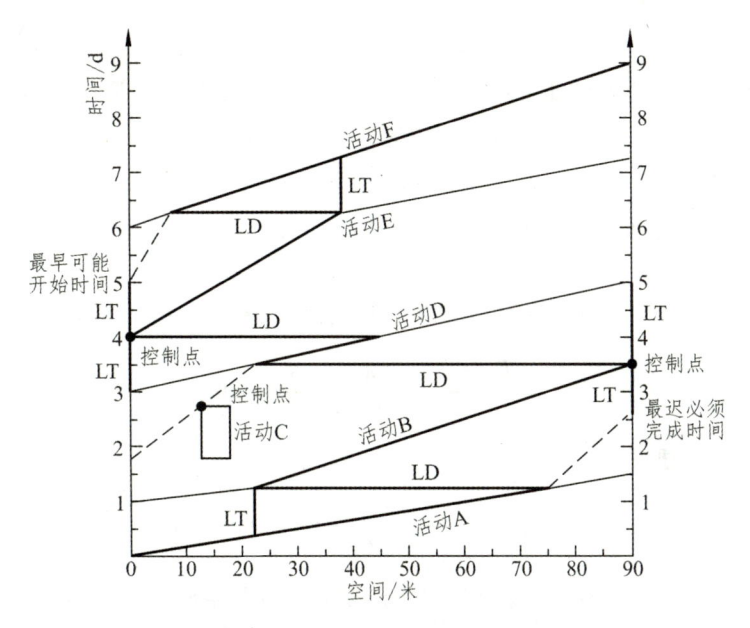

图 4-11 最小施工速度

具体步骤为：

（1）找出相邻 CLFA 的 LT 和 LD。

（2）确定 CAP 路径。

（3）根据控制点确定方法，找出非关键活动的控制点。

（4）依据步骤③确定的控制点，确定非关键活动（段）的最早可能开始时间或最迟必须完工时间。

（5）计算该非关键活动（段）的最小施工速度。

活动 A^+ 的最迟必须完成时刻为关键活动 B 的完成时间减去活动 A 与活动 B 之间的 LT，即：

$$LF_{A^+}^1 = LF_B - LT = 3.5 - 0.9 = 2.6$$

活动 D^- 受活动 C 的空间约束关系，所以 D^- 活动的最早可能开始时间需要计算。已知 $F_{D^-}^0$（3.5，22.5），控制点 P（2.75，12.5），设 D^- 的最早可能开始的坐标为 $S_{D^-}^1$（ES_{D^-}，0），则依据线性关系：

$$ES_{D^-} = 3.5 - 22.5 \times \frac{3.5 - 2.75}{22.5 - 12.5} = 3.5 - 1.7 = 1.8$$

活动 F^- 的最早可能开始时间为关键活动 E 的开始时间加上活动 E 与活动 F 之间的 LT：

$$ES_{F^-} = ES_E + LT = 4+1 = 5$$

以上是常见位置的非关键活动（段）的最早开始时间或最迟必须完成时间的算法。由这两个参数可以算出相应活动的最小施工速度。

LSM 计划中用（T_A，L_A）来表示活动 A 的所处的时刻和空间位置。该例中活动 A 的后端非关键活动（段）A^+ 的开始时空坐标为 $S_{A^+}^0$（1.25，70.5），结束时空坐标为 $F_{A^+}^0$（1.5，90），最迟必须完成的时空坐标为 $F_{A^+}^1$（2.6，90）。正常情况（正常施工指依据原始计划所绘制的初始 LSM 计划）下的施工速度：

$$v^{A^+} = \frac{L_{A^+}^0 - L_{A^+}}{T_{A^+}^0 - T_{A^+}} = \frac{90 - 70.5}{1.5 - 1.25} = 78 \text{ m/d}$$

最小施工速度为

$$v_{\min}^{A^+} = \frac{L_{A^+}^1 - L_{A^+}}{T_{A^+}^1 - T_{A^+}} = \frac{90 - 70.5}{2.6 - 1.25} = 14.4 \text{ m/d}$$

其中：（T_{A^+}，L_{A^+}）表示 A^+ 正常情况下的初始时刻和空间位置，即 $S_{A^+}^0$；

（$T_{A^+}^0$，$L_{A^+}^0$）表示 A^+ 正常情况下的完成时刻和空间位置，即 $F_{A^+}^0$；

（$T_{A^+}^1$，$L_{A^+}^1$）表示 A^+ 最迟必须完工的时刻和空间位置，即 $F_{A^+}^1$；

对活动 D^-，由于受到块状活动 C 的空间限制，最早可能开始时间的时空坐标为 $S_{D^-}^1$（1.8，0），正常情况下的开始与结束坐标分别为 $S_{D^-}^0$（3，0），$F_{D^-}^0$（3.5，22.5）。则 D^- 正常情况下的施工速度为：

$$v^{D^-} = \frac{L_{D^-}^0 - L_{D^-}}{T_{D^-}^0 - T_{D^-}} = \frac{22.5 - 0}{3.5 - 3} = 45 \text{ m/d}$$

最小施工速度为：

$$v_{\min}^{D^-} = \frac{L_{D^-}^0 - L_{D^-}^1}{T_{D^-}^0 - T_{D^-}^1} = \frac{22.5 - 0}{3.5 - 1.8} = 13.2 \text{ m/d}$$

同理可求出 F^- 的正常施工速度及最小施工速度。在关键路径不变的情况下，线状活动 i 的施工范围通常是不变的，则施工速度由该活动段的起始时刻确定，即：

$$v_i = \frac{L_i}{T_i}$$

其中：v_i——活动 i 的施工速度；

L_i——活动 i 的空间距离；

T_i——完成活动 i 所需的时间；

而活动 i 的资源需要量为：

$$R_i = \frac{Q_i}{S_i \times T_i} = \frac{Q_i \times v_i}{S_i \times L_i}$$

其中：R_i——活动 i 所需的资源量；

Q_i——活动 i 的工程量；

S_i——活动 i 的产量定额；

由以上可知，线性活动的线形越陡，所需时间越长，施工速度越小，相应所耗费量的资源越少；线形越平，所需时间越短，施工速度越大，相应所耗费的资源量就越多。施工速度不仅影响施工时间，还影响资源需要量，因此，施工速度是 LSM 计划中的一个重要参数。

3）施工速度差（Rate Float）

LSM 计划中的施工速度差（Rate Float）的概念类似于 CPM/PERT 方法中的总时差（Total Float）的概念。双代号网络计划中的总时差是指一项工作在不影响总工期的前提下所具有的机动时间，是由于工序最迟完成时间与最早开始时间之差大于工序作业时间而产生的机动时间。

LSM 计划中的施工速度差是指相邻两个活动施工速度的差值。由概念可知，某活动的施工速度与其相邻活动的施工速度有关。产生施工速度差的原因有两个方面：一方面是在一定的时空范围以内，某活动的施工速度不受其相邻活动（紧前活动或紧后活动）施工速度的影响；另一方面是在一定时空的范围以内，某活动的施工速度受到其相邻活动（紧前活动或紧后活动）施工速度的影响。前一方面的原因，我们称为自由施工速度差（Free Rate Float，FRF），后一方面的原因我们称为相关施工速度差（Related Rate Float，RRF）。这两种施工速度差之和我们称之为施工速度差。

（1）自由施工速度差（FRF）。LSM 计划中自由施工速度（FRF）差对比网络计划中的自由时差，前者是指在不影响紧后活动正常施工的前提下本活动所具有的施工速度差；后者指在不影响紧后工序最早开始的情况下该工序所拥有的机动时间。根据其定义可得出网络计划方法中自由时差等于紧后工作的最早开始时间与该工作的最早完成时间之差。同理我们可以得出 LSM 计划方法中自由施工速度差的计算方法，即正常施工时的速度与不影响紧后工序正常施工时的速度之差。LSM 计划中自由施工速度差如图 4-12 所示。根据定义，自由施工速度差为：

$$FRF_{A^+} = \frac{L_{2A^+} - L_{1A^+}}{T_{2A^+} - T_{1A^+}} - \frac{L'_{2A^+} - L_{1A^+}}{T'_{2A^+} - T_{1A^+}}$$

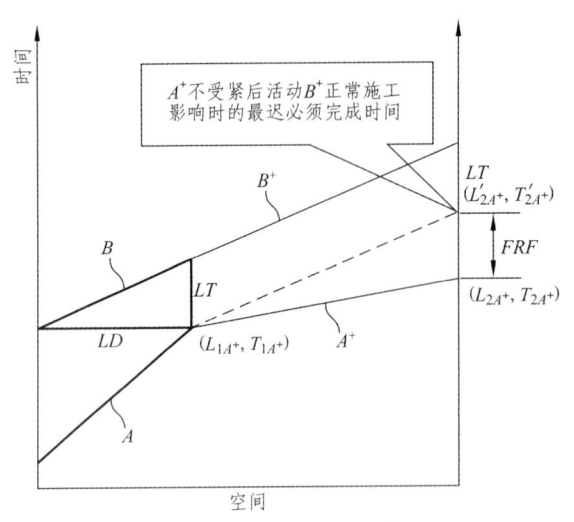

图 4-12　施工速度差示意图

（2）相关施工速度差（RRF）。相关施工速度差（RRF）指在紧前或紧后活动可以提前或推迟的情况下，该活动还可以以更小的施工速度施工。如图 4-13 所示，B^+ 在不影响关键活动 C 的情况下本身还具有自由时差，这个自由时差对 A^+ 的最迟完工产生影响，使得 A^+ 在不影响 B^+ 施工的前提下还可以再推迟，这时的与 B^+ 相关的施工速度差就是 A^+ 的相关速度差，由定义知 A^+ 的相关速度差为：

$$RRF_{A^+} = \frac{L'_{2A^+} - L_{1A^+}}{T'_{2A^+} - T_{1A^+}} - \frac{L''_{2A^+} - L_{1A^+}}{T''_{2A^+} - T_{1A^+}}$$

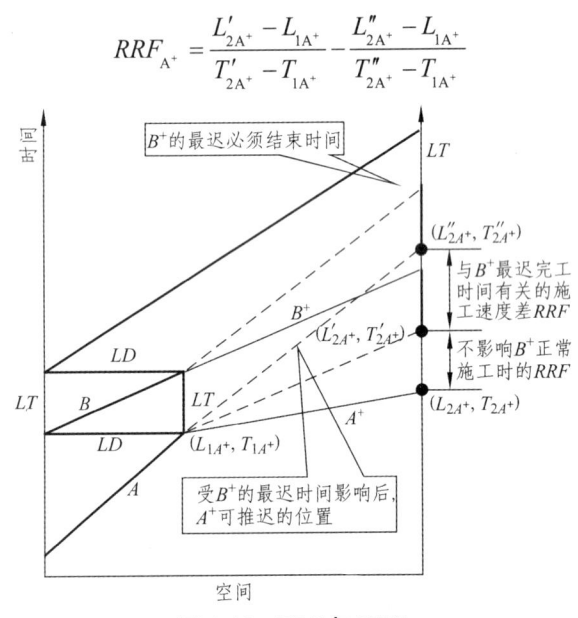

图 4-13　FRF 与 RRF

（3）施工速度差（RF）与自由施工速度差（FRF）及相关速度差（RRF）的关系。施工速度差的定义：在不影响整个工期的前提下，该工序所拥有的速度差。显然，它包括自由施工速度差和相关施工速度差。依据施工速度差的定义可知：

$$RF_{A^+} = \frac{L_{2A^+} - L_{1A^+}}{T_{2A^+} - T_{1A^+}} - \frac{L''_{2A^+} - L_{1A^+}}{T''_{2A^+} - T_{1A^+}}$$

施工速度差是自由施工速度差和相关施工速度差之和。施工速度差类似于网络计划中的总时差（TF）。所以，关键活动（段）的施工速度差为零，同时，自由速度差和相关速度差也必须为零。只有非关键活动（段）的速度差不为零。

4.2.3 LOB/CPM 方法

自 1970 年以来，相关领域已经发展了多种适用于重复性项目的项目调度方法，这些方法被通称为"线性调度技术"。其中 LOB 是一种常见的方法，该方法允许操作的平衡以保证每一项活动的持续运行。作为一种资源型技术，LOB 用一种容易理解的图形格式表示生产率与持续时间，其主要优点是在保持工作资源持续性的同时，可以一目了然地显示活动的施工速率和调整速度。由于连续活动是平衡线方法的基本假定，因此学者们一直试图结合 CPM 法与 LOB 法二者的优点。Hegazy & Wassef（2001）通过整合 LOB 和 CPM 方法，提出了一个最小化总造价的模型，该模型能够在项目特定期限及多种建造方法条件下，进行工期-造价的权衡分析，但该模型只能考虑三个紧前紧后工作。Arditi et.al.（2002）提出了一个基于 CPM 方法的重复调度模型。该模型用一种简单的非图形方式来调度重复性资源，然而该模型不适用于单个活动需要多种资源的情况。Ammar（2003）提出了一个模型用于决定非序列重复活动的不同类型的浮动价值。该模型假定一个活动只使用一种资源。Lucko（2008）使用一个奇异函数来计算线状建设项目的浮动值。

1. LOB 方法简介

LOB 方法的基本表示方式如图 4-14 所示。图中每一个栏代表一项活动，同时每一项重复性工作用一条水平线表示，每一栏的宽度代表一个单位的活动时间，任意一个工作单元与活动栏在活动的起点时间和结束时间处水平相交。该方法假定所有的活动都相等，虽然这种假设并不正确，但对那些具有大量重复性单元的项目而言这种假设也有它的现实价值。这种假设就意味着可以在同一项工作中使用多个工作组，如图 4-14 所示。LOB 方法通过保持工作的连续性在最小化工作的中断时间的同时可以最大化学习曲线的效益。

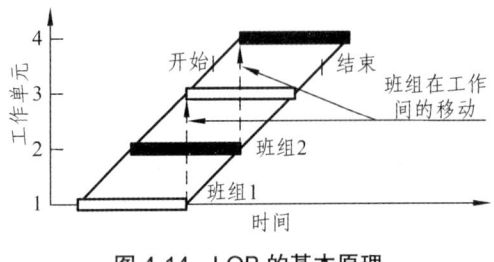

图 4-14 LOB 的基本原理

2. 整合 LOB-CPM 的重复性项目调度模型

在建立整合模型的过程中，必须吸收 CPM 方法的分析能力以及 LOB 方法能够考虑多个工作组以及工作持续性的优点。模型建立在两个基本假设的基础上：首先假定所有工作单元每一个重复性活动的数量是相同的；这就意味着所有重复性工作单元的持续时间是一个常数。其次，采用了如图 4-14 所示的班组移动假设。

调度模型的建立共包括四个基本步骤：第一步，平衡线计算；第二步，计算活动持续时间；第三步，确定工序之间的逻辑关系；第四步，进度的安排。

1）平衡线计算

进行平衡线计算的目的是通过确定重复性活动工作组的数量来获得资源平衡的项目进度计划，计算每一道工序的施工速率以满足预定的项目工期并维持班组的连续作业。假定每一道工序上只有一个班组在施工，该班组在完成上一个工作单元之后再进入到下一个重复的工作单元开展施工。

如图 4-15 所示，一个重复性项目可以划分为 N 个重复工作单元，假定每一个单元的施工速率 R_d 保持不变，项目总工期 T_p 等于第一个工作单元的关键线路持续时间 T_1 与其他 $N-1$ 个单元持续时间之和。对于关键线路上的重复性工作而言，施工速率 R_d 可按照式（4-1）计算得出。

$$R_d = \frac{N-1}{T_p - T_1} \tag{4-1}$$

而处于非关键线路上的工作，其总时差可以用来减少施工队伍的投入数量，非关键线路上活动 i 的理论施工速率 R_{di} 可按式（4-2）计算得出。式（4-2）中，TF_i 表示按照第一个工作单元 CPM 网络计算出来的工序 i 的总时差。

$$R_{di} = \frac{N-1}{T_p - T_1 + TF_i} \quad (4\text{-}2)$$

如图 4-16 所示,工序 i 每一个施工单元的施工持续时间可按公式(4-3)进行计算,而为了保证工序 i 的施工速率所需的施工班组数量 C_{di} 可以根据公式(4-4)计算得出。在大多数情况下,根据公式(4-4)计算出来的施工班组数量不大可能是一个整数,因此施工班组的数量必须按照公式(4-5)来进行四舍五入变成整数,同时取整以后的班组数量 C_{ai} 还必须满足不得大于该项活动队伍的最大限额的限制。而修正以后的工序 i 的实际施工速率 R_{ai} 还应根据公式(4-6)进行进一步的修正。

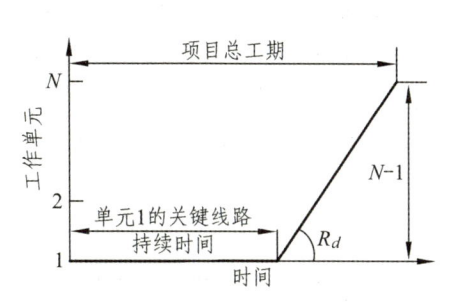

图 4-15 项目施工速率

图 4-16 多班组同步及持续施工

$$d_i(\text{天}) = \frac{\text{活动}i\text{在一个单元中所需的工时}}{\text{每天的工时定额}} \quad (4\text{-}3)$$

$$C_{di} = d_i \times R_{di} \quad (4\text{-}4)$$

$$C_{ai} = round - up(C_{di}) \quad (4\text{-}5)$$

$$R_{ai} = C_{ai}/d_i \quad (4\text{-}6)$$

2)工作持续时间计算

整合模型主要通过搭接活动的设置来表示重复性工作。为了实现这个目标,假定所有重复性工作的每一个单元都持续时间是一个常数。通过基础的平衡线计算,每一个单元工作的持续时间可以根据图 4-17 计算如下:

$$D_i = d_i + ST_{iN} - ST_{i1} = d_i + (N-1)/R_{ai} \quad (4\text{-}7)$$

式中 ST_{iN} 代表最后一个单元的开始时间,ST_{i1} 表示第一个单元的开始时间,D_i 表示工作 i 的单元活动持续时间。

图 4-17 单元工作持续时间

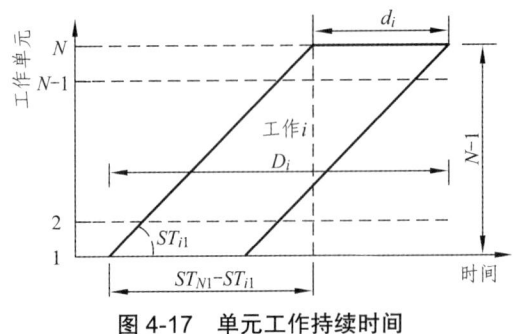

3）工序间逻辑关系的确定

本模型以维持工作连续性为前提来指定工序间逻辑关系的类型，而不同工序间的逻辑关系通常是按照每项活动的施工速率来决定的。为了建立工序间的逻辑关系，首先必须将指定的活动 i 的实际施工速率与后续活动 s 的施工速率进行比较。分别用 R_{ai} 和 R_{as} 表示活动 i 与活动 s 的实际施工速率，相应地需要考虑两种情况：

第 1 种情况：$R_{ai} \geqslant R_{as}$

如图 4-18（a）所示，工序 i 的施工速率要比其后续活动 s 的施工速率更快，此时工序 i 的第一个单元工作的结束时间决定了后续工作 s 第一个单元工作的开始时间。因此可以将这种情况称之为开始—开始关系（Start-Start Relationship，SS 关系）。与 SS 关系先联系的工序延迟时间 Lag_{SS} 可以通过公式（4-8）来进行计算。

$$Lag_{SS} = d_i + B_{is} \tag{4-8}$$

式中：B_{is} 表示活动 i 与 s 之间的最小缓冲时间，缓冲时间在平衡线方法中常用于应付不可预见事件导致的项目延迟。SS 关系中与延迟相关的符号含义如图 4-18 所示。

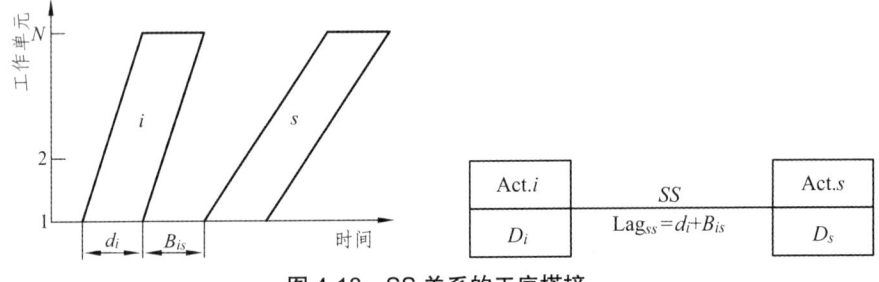

图 4-18 SS 关系的工序搭接

第 2 种情况：$R_{ai} < R_{as}$

如图 4-19 所示，在这种情况下后续工序 s 的施工速率要比前一个工序 i 的施工速率更快。在这种情况下工序 i 最后一个工作单元的结束时间决定了后续工作 s 最后一个工作单元的开始时间。因此可以将这种情况称之为结束—结束关系（Finish- Finish Relationship，FF 关系）。与 FF 关系先联系的延迟 Lag_{FF} 可以按公式（4-9）进行计算。

$$Lag_{FF} = d_s + B_{is} \qquad (4-9)$$

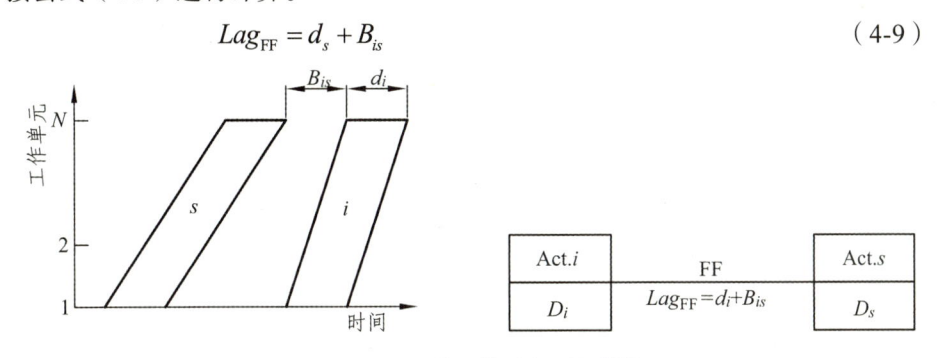

图 4-19　FF 关系的重复项目搭接

3. 项目进度的总体安排

在完成了平衡线计算、工序持续时间计算并决定了工序间的关系类型之后，就可以按照 CPM 的方法计算相关的时间参数了。通过正向传递计算可以得到各工序的最早时间参数，而通过逆向传递计算可以得到各工序的最迟时间参数。

1）正向计算

在正向传递计算过程中，工序的最早时间参数由每一个活动 i 所决定。其计算方法如下：

SS 关系：

$$\begin{aligned} ES_{i1} &= \max(ES_{p1} + Lag_{SS(ip)}), p = 1, 2, \cdots, NP_i \\ EF_{iN} &= ES_{i1} + D_i \end{aligned} \qquad (4-10)$$

ES_{i1} 表示活动 i 的第一个单元的最早开始时间，ES_{p1} 表示紧前活动 p 的第一个单元的最早开始时间，NP_i 表示紧前活动的数目，EF_{iN} 表示活动 i 最后一个单元的最早结束时间。

FF 关系：

$$\begin{aligned} EF_{iN} &= \max(ES_{pN} + Lag_{FF(ip)}), p = 1, 2, \cdots, NP_i \\ ES_{i1} &= EF_{iN} - D_i \end{aligned} \qquad (4-11)$$

当一项活动的第一个及最后一个单元的最早开始与最早结束时间确定以后，这个活动所有工作单元的最早开始及最早结束时间可以通过公式（4-12）计算得出。

$$ES_{in} = ES_{i1} + (n-1)/R_{ai}$$
$$EF_{in} = ES_{in} + d_i$$
（4-12）

ES_{in} 和 EF_{in} 分别表示活动 i 中任意一个单元的最早开始时间及最早结束时间。

2）逆向计算

在逆向计算过程中，需要确定每一项活动 i 的最迟时间，最迟时间的计算方法如下：

SS 关系：

$$LS_{i1} = \min(LS_{s1} - Lag_{SS(is)}), S = 1,2,\cdots,NS_i$$
$$LF_{iN} = LS_{i1} + D_i$$
（4-13）

LS_{i1} 代表活动 i 第一个单元的最迟开始时间，LS_{s1} 表示他的后续工作 s 第一个单元的最迟开始时间，NS_i 表示后续工作的数量，LF_{iN} 表示活动 i 最后一个单元的最迟结束时间。

FF 关系：

$$LF_{iN} = \min(LS_{sN} - Lag_{SS(is)}), s = 1,2,\cdots,NS_i$$
$$LS_{i1} = LF_{iN} - D_i$$
（4-14）

当第一项活动第一个单元及最后一个单元的最迟开始及最迟结束时间确定以后，其他单元的最迟开始及最迟结束时间也可以采用公式（4-15）求得：

$$LF_{in} = LF_{i1} + (n-1)/R_{ai}$$
$$LS_{in} = LF_{in} - d_i$$
（4-15）

LS_{in} 和 LF_{in} 分别表示活动 i 第 n 个单元的最迟开始及最迟结束时间。

4.3　LSM 方法在哨关路工程中的应用

4.3.1　工程总体进度计划与控制

1. 传统的进度计划表示方法

传统的市政道路总体进度计划编制主要采用甘特图作为工具。甘特图的编制最简单，它只需要活动的开始和结束时间及施工的先后顺序，但是它提供的信息也比较有限。

以哨关路为例，如果采用甘特图作为总体进度计划编制工具，可以得到总体进度计划，如图 4-20 所示。

◆ 第4章 市政道路工程进度管理 ◆

滇中产业聚集区（新区）哨关路工程施工进度计划横道图

编号	工程名称	持续时间	开始时间	结束时间
1	征地拆迁	145	2015-02-06	2015-06-30
2	清表	132	2015-03-01	2015-07-10
3	施工便道	133	2015-03-10	2015-07-20
4	土方开挖	305	2015-05-01	2016-02-29
5	涵洞工程	104	2015-05-20	2015-08-31
6	支挡防护工程	357	2015-05-10	2016-04-30
7	路基填筑	336	2015-05-01	2016-03-31
8	排水工程	244	2015-07-01	2016-02-29
9	综合管廊	264	2015-07-01	2016-03-20
10	桥梁下部	286	2015-05-20	2016-02-29
11	桥梁上部	317	2015-07-20	2016-05-31
12	路面工程	194	2016-04-10	2016-10-20
13	景观工程	123	2016-07-01	2016-10-31
14	照明工程	93	2016-08-20	2016-11-20
15	交通工程	91	2016-09-01	2016-11-30
16	交工验收	31	2016-12-01	2016-12-31

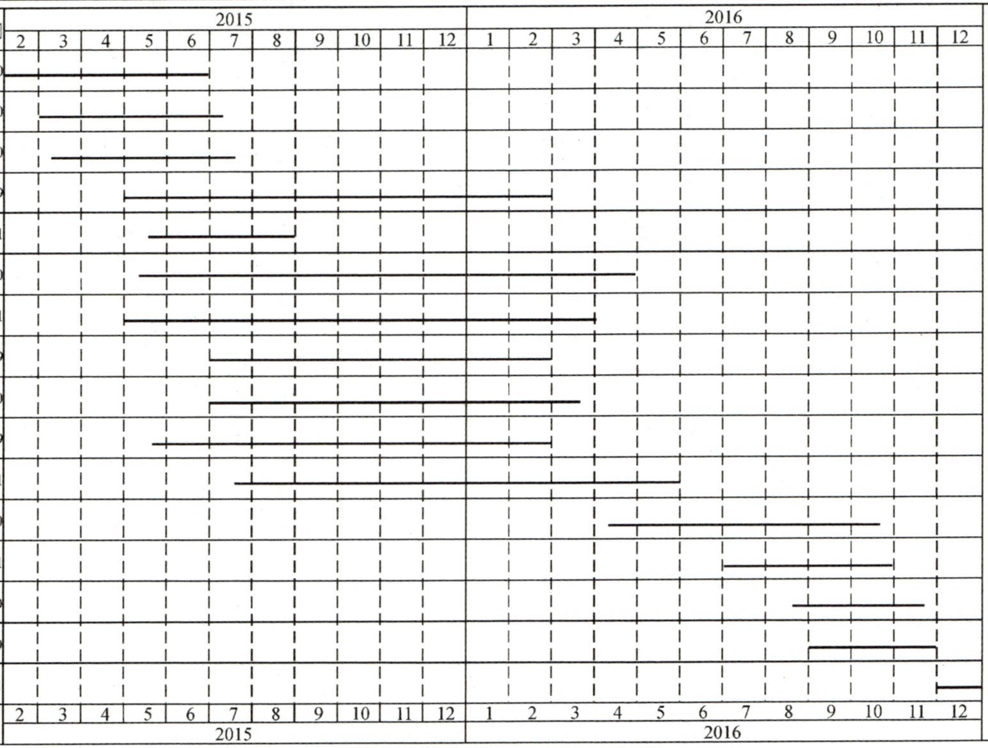

图 4-20 哨关路总体进度计划

从该图中可以看出各项工序的起止时间十分清晰明确，但是各单位工程之间的空间关系、搭接关系很难体现。以路基填筑、路面工程、景观工程、照明工程、交通工程等单位工程之间的关系为例，在甘特图中就无法了解这些单位工程之间是如何搭接的。景观工程与路面工程之间顺利搭接的关键工作在何处也无法了解。

2. 运用LSM方法表示进度计划

运用LSM技术转化该总进度计划，各项工作的描述如下：

征地拆迁：由于征地拆迁是分段进行的，且每段地块的征地拆迁工作均需耗费一定的时间，各段征地拆迁任务很难连续完成，因此可表示为间歇性全过程块状活动。

清表：单位距离路段的清表工作相对耗费的时间较少，且清表工作可连续进行，因此可表示为连续全过程线性活动。

施工便道：单位距离路段的施工便道相对耗费的时间较少，且施工便道施工可连续进行，因此可表示为连续全过程线性活动。

涵洞施工：单个涵洞施工相对集中在一个很短的距离内，且需耗费较长的施工时间，多个涵洞之间的分布是非连续的，因此涵洞施工可表示为离散型条状活动。

挖方工程：挖方工程与道路沿线的高程有关，在市政道路中通车挖方地段非连续分布，且每段均具有一定的长度，每段挖方均需耗费相对较长的时间，因此挖方工程可表示为间歇性部分块状活动。

路基填方工程：路基填方通车会被桥梁、隧道工程所打断，每段路基填筑均具有一定的长度，每段填方均需耗费相对较长的时间，因此路基填方工程可表示为间歇性部分块状活动。

支挡防护工程：支挡防护工程与路基边坡相关联，因此支挡防护工程可表示为间歇性部分块状活动。

综合管廊工程：综合管廊在空间上是连续的，当综合管廊采用流水施工时，单位距离的施工时间相对较短，因此可表示为连续全过程线性活动。

桥梁工程：单座桥梁均独立分布在道路的不同里程，属于间断分布状态，每座桥梁均具有一定的长度，每座桥梁的施工均需耗费相对较长的时间，因此桥梁工程可表示为间歇性部分块状活动。

路面工程、景观工程、照明工程、交通工程：这四类工程在空间上是连续的，一般情况下均采用流水施工时，单位距离的施工时间相对较短，因此可表示为连续全过程线性活动。

按照上述转换方法，图 4-20 的甘特图可以比较轻松地转化为图 4-21 所示的 LSM 进度计划图。两种图相比较可以清晰地看出：LSM 方法可以得到比甘特图丰富得多的计划信息，LSM 方法从时间和空间两个维度对计划进行描述，是一

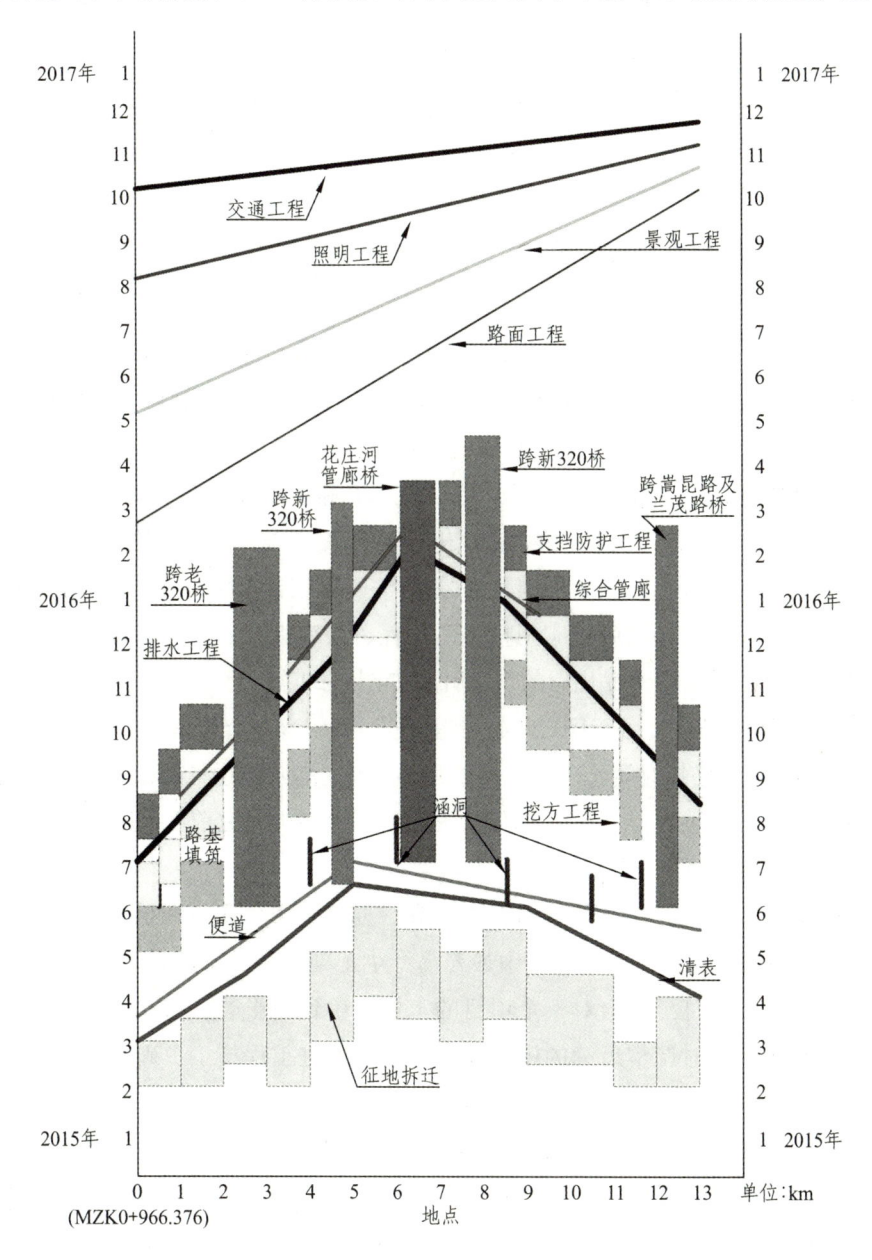

图 4-21 LSM 表示的总体进度计划

种图形描述技术，这是 LSM 方法超过 CPM/PERT 技术的最大优势。LSM 计划的时间信息可以从纵轴时间轴得到，纵轴类似甘特图，空间信息可以从横轴地点轴得到，这也是 CPM/PERT 技术不能提供的信息。LSM 方法适合各个层次的管理者，便于交流沟通，有利于现场管理。

在编制 LSM 计划时，需要了解活动的类型、开始和完成时间、开始和结束位置及活动之间的关系。通过以上几点就可以确定 LSM 进度计划图，活动之间的平行施工可以很容易表示出来，且不破坏施工的连续性。

3. 使用 LSM 方法进行进度计划优化与进度计划更新

1）进度计划优化

从图 4-20、图 4-21 可以看出路基挖方、路基填筑、路面工程施工这三项单位工程的施工组织存在较大的工期优化空间，路基挖方工程与前续工序之间连接不紧密，路基填筑与路基挖方之间可以进一步优化搭接空间。而路面施工是本项目的主要控制性工程，原进度计划中，路面施工在路基填筑全部完成后才开始全面展开，实际上路面施工有较大的提前空间，可与路基施工连接得更加紧密。

按照上述分析，可以分别调整路基挖方工程、路基填筑工程、路基支挡防护工程的进度计划，之后相应调整路面工程、景观工程、照明工程、交通工程的进度计划，可以得到优化后的进度计划如图 4-22 所示。

从图中可以看出，各工序之间的最短搭接时间均有一个月左右，而路基与路面施工之间的最短搭接时间长达 4 个月，最小空间间隔则长达 5 km，由此可见整个工期安排是合理的；从结果来看，调整后的进度计划较调整之前可提前 2 个月左右。

2）进度计划更新

LSM 方法不仅可用于进度计划的优化，同样也可以很方便地用于进度计划的更新和调整。在市政道路施工中最容易产生工期延后的工作是征地拆迁工作。征地拆迁工作一旦延后会对整个项目的工期产生致命影响。因此，如何针对前面工序的拖延及时调整后续的施工计划是顺利推进工程施工、确保工程如期完工的关键所在。

以本工程为例，假设工程在 MZK5+100~MZK6+000、MZK9+150~MZK10+100 两处发生征地拆迁严重滞后的情况，原计划2015年6月完成征地拆迁工作，实际拖延至2016年2月才完成征地拆迁工作。如果采用甘特图显然无法有效调整工期，而用 LSM 方法可对进度计划调整如图 4-23 所示。

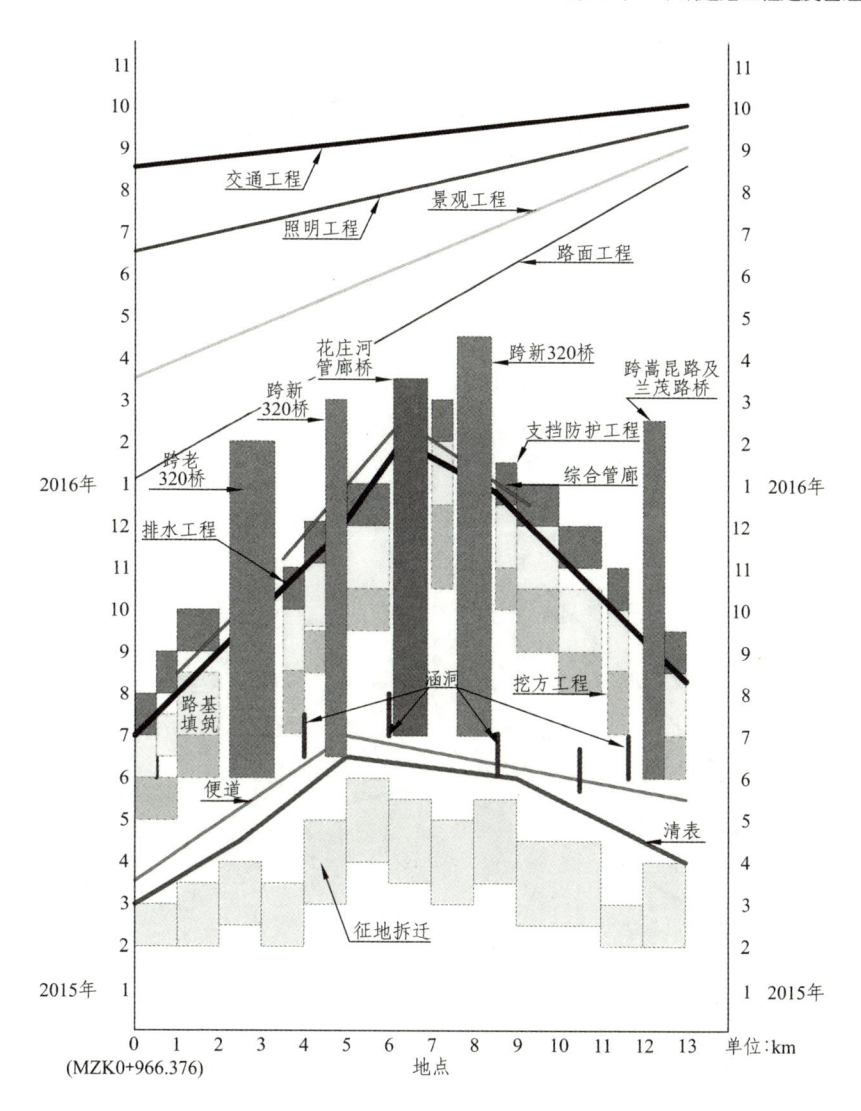

图 4-22 进度计划调整优化

图 4-23 显示在两处征地拆迁工期滞后 8 个月后，通过及时调整进度计划，可以顺延征地拆迁延后段的挖方、填方、排水、支挡防护、综合管廊工程，将原来的连续线性施工修改为非连续线性施工。同时将路面工程、景观工程、照明工程、交通工程原来的单项施工方案修改成两个标段相对施工，在适当增加成本的情况下可尽量减少征地拆迁导致的工期整体延后。在保证路基与路面施工之间的最短搭接时间 1 个月、最小空间间隔 2 km 的前提下，可将工期延后控制在 1 个月左右。

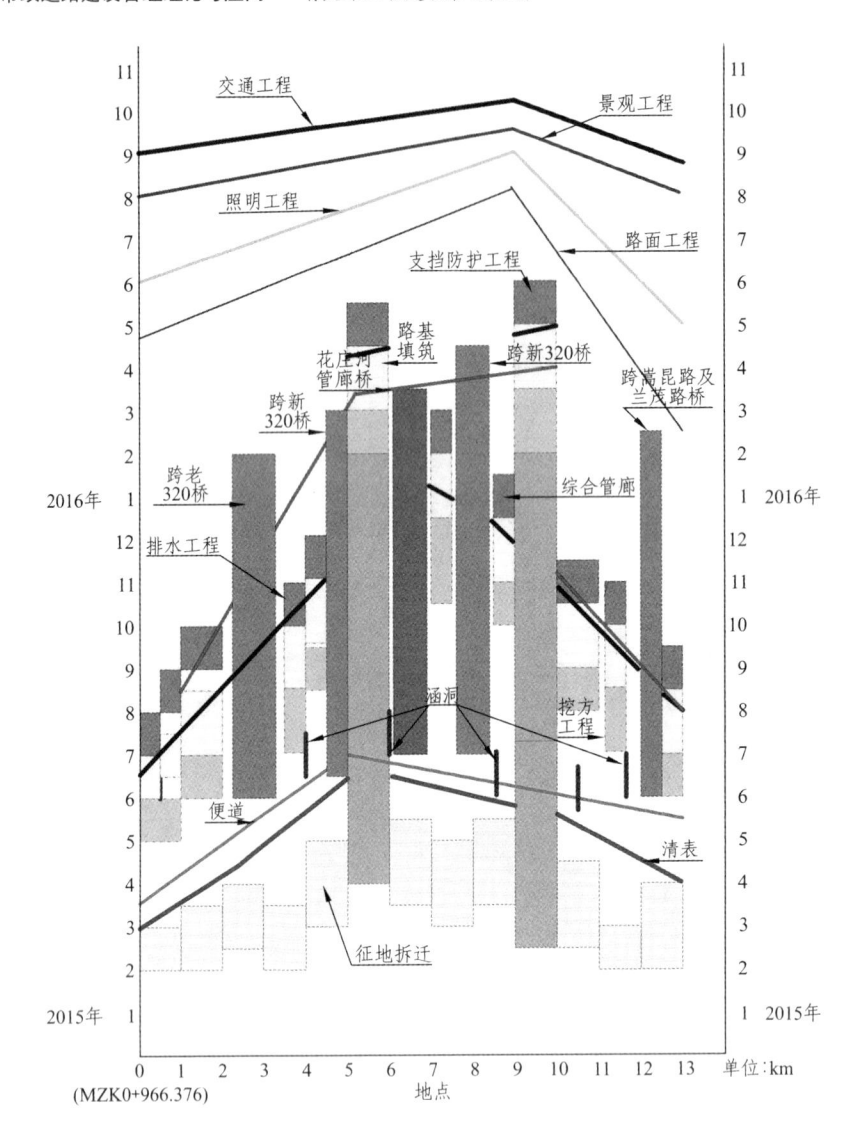

图 4-23　调整后的进度计划

4.3.2　工程局部进度计划优化

1. 路基填挖施工组织

LSM 不仅方便用于工程总体进度计划的编制、调整和管理，同样也便于用作局部工期优化的工具。以图 4-24 所示的路基挖方填方交界段施工为例，本段总长 300 m，其中路基挖方段 140 m，路基填方段 160 m。

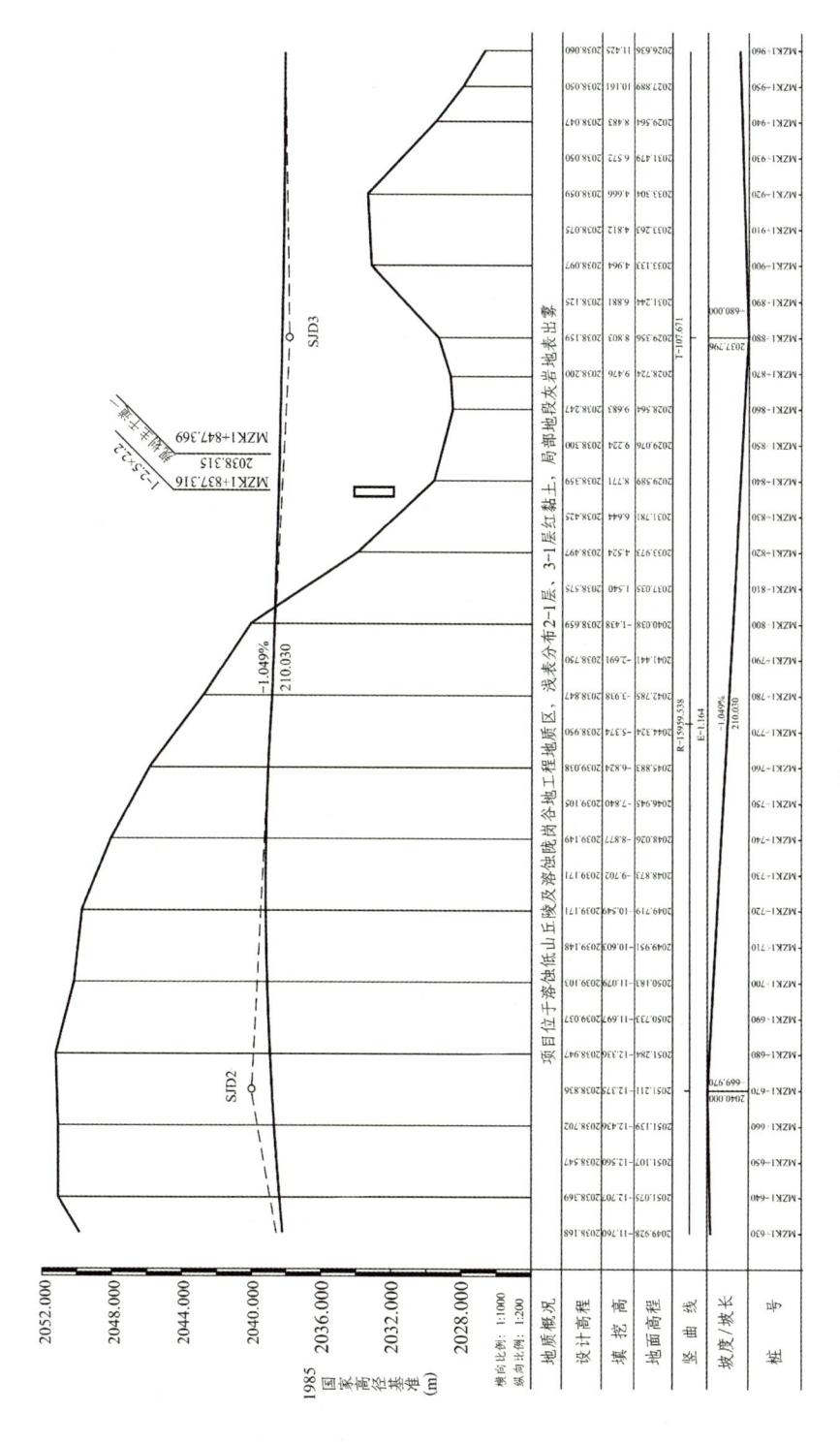

图 4-24 填挖交界处纵断面图

对于这种局部路基工程的施工进度计划编制，无论是采用甘特图还是 CPM/PERT 方法均难以进行有效的描述，而 LSM 方法则可以很方便地表达其进度计划安排。

路基挖方的主要工序：清表→测量放样→开挖→边坡休整→挖至设计高程以下 80cm→整平压实→分层回填至设计高程→防护排水施工。

路基填方的主要工序：地基处理→填料分层填筑→防护排水施工。

纵向填挖交界处施工方法：路基填挖交界（含半填半挖交界）处由于填方会产生沉降，往往导致填挖交界处路基产生断裂。为了防止或减缓填挖交界处路基开裂，施工单位采取了开挖台阶和加筋补强措施：清除地表草、腐殖土后开挖台阶，台阶宽度不小于 2m，台阶内向倾斜坡度 3%；在路床附近铺设 2~3 层钢塑格栅，钢塑格栅要求设计抗拉力不小于 80 kN。详见图 4-25、图 4-26 所示。

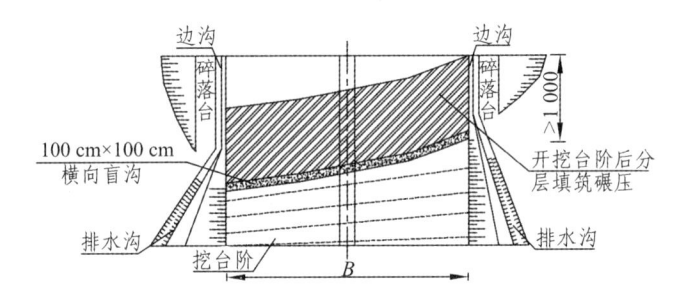

图 4-25 纵向填挖方过渡段（平面）

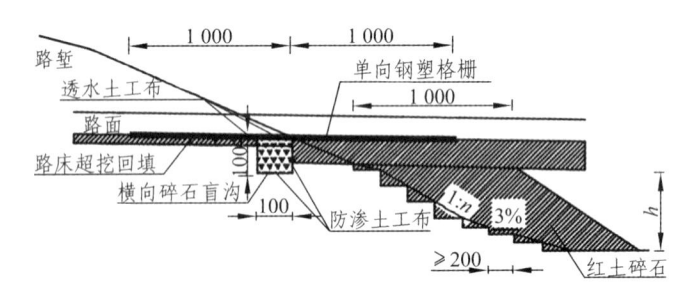

图 4-26 纵向填挖交界处拼接示意图

运用 LSM 技术编制该工程进度计划，各项工作的描述如下：

清表、边坡休整、挖至设计高程以下 80 cm、整平压实、分层回填至设计高程、防护排水施工、地基处理、填料分层填筑：这些工序在空间上是连续的，一般情况下均流水施工时，单位距离的施工时间相对较短，因此可表示为连续全过程线性活动。

测量放样：测量放样一般与土方开挖过程相伴随，土方分层开挖，测量放样需要反复进行多次，因此尽管单次测量放样工作所需时间较短，但工程施工中需进行重复多次测量，因此测量放样工作可表示为连续性全过程块状活动。

土方开挖施工：挖方工程与道路沿线的高程有关，在本段中挖方长度不长，仅 140 m，且最大挖高在 10 m 左右，因此可连续开挖施工，挖方均需耗费相对较长的时间，因此挖方工程可表示为连续性全过程块状活动。

挖台阶、碎石盲沟施工：挖台阶和碎石盲沟施工相对集中在一个很短的距离内，且需耗费一定的施工时间，因此挖台阶和碎石盲沟施工均可表示为离散型条状活动。

按照上述原则可以得到该段填挖施工地段的进度计划安排如图 4-27 所示。该计划清晰地描述了填方和挖方工程的先后顺序关系，以及二者之间的搭接施工关系。

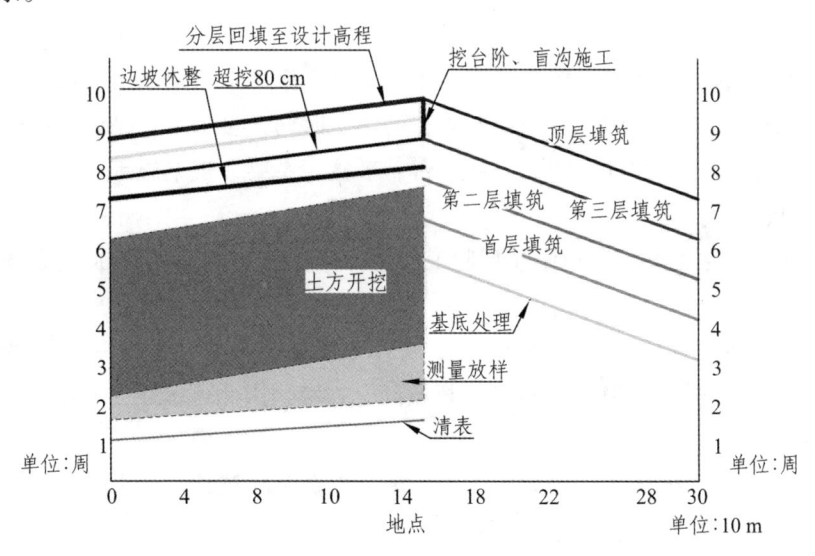

图 4-27　局部进度计划安排

2. 跨沪昆铁路桥施工组织

跨沪昆铁路桥计划开工日期为 2016 年 6 月 20 日，计划完工日期为 2017 年 6 月 19 日，工期 12 个月。传统的进度计划编制方法为甘特图法，如图 4-28 所示。

从图 4-28 中很难获得该桥施工组织的具体信息，因此可用 LSM 方法对该进度计划进行优化。

运用 LSM 技术编制该工程进度计划，各项工作的描述如下：

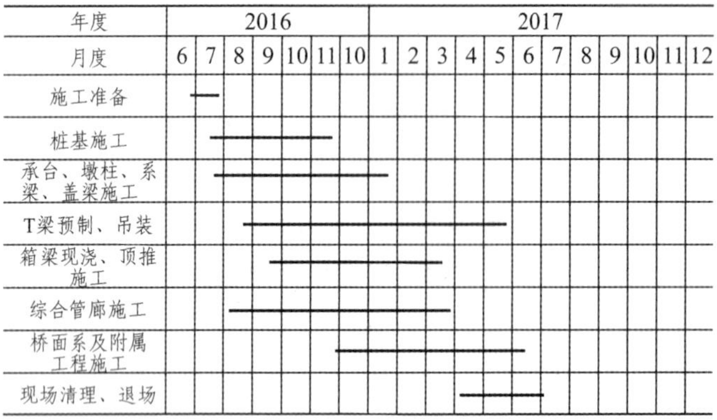

年度	2016						2017											
月度	6	7	8	9	10	11	12	1	2	3	4	5	6	7	8	9	10	11	12
施工准备																			
桩基施工																			
承台、墩柱、系梁、盖梁施工																			
T梁预制、吊装																			
箱梁现浇、顶推施工																			
综合管廊施工																			
桥面系及附属工程施工																			
现场清理、退场																			

图 4-28 施工进度计划

桩基施工：单个桩基施工相对集中在一个很短的距离内，且需耗费较长的施工时间，多个桩基之间的分布是非连续的，因此桩基施工可表示为离散型条状活动。

承台、墩柱、系梁、盖梁施工：单个承台、墩柱、系梁、盖梁施工相对集中在一个很短的距离内，且需耗费较长的施工时间，多个承台、墩柱、系梁、盖梁之间的分布是非连续的，因此承台、墩柱、系梁、盖梁施工也可表示为离散型条状活动。

T梁预制：T梁预制集中在预制工厂进行，且可连续进行，因此可描述为连续部分块状活动。

T梁吊装：T梁吊装以片为单位，每片T梁吊装均需要耗费一定的时间，T梁与T梁之间作业不连续，但在全桥空间上连续，因此可描述为非连续全过程块状活动。

箱梁现浇顶推施工：箱梁现浇顶推施工耗费时间较长，且在时间和空间上均相对连续，因此可表示为连续块状活动。

综合管廊施工：综合管廊采用框架涵施工技术，施工时间较长，空间距离相对集中，工序在时间和空间上均相对连续，可表示为连续全过程块状活动。

桥面系及附属设施施工：这些工序在空间上是连续的，一般情况下均采用流水施工时，单位距离的施工时间相对较短，因此可表示为连续全过程线性活动。

现场清理、退场：该项工作持续时间较短，且在空间上连续，可描述为连续全过程线性活动。

按照上述原则可以得到哨关路上跨沪昆铁路桥施工进度计划安排如图 4-29 所示。该计划清晰地描述了不同位置桩基础施工先后顺序关系，承台、墩柱、系梁、盖梁施工与桩基础施工的搭接关系，T梁预制吊装与下部结构施工的空间关系及工序关系，现浇箱梁及钢箱梁顶推施工之间的空间关系及工序搭接施工关系等。

从图中还可以清晰地算出不同工序之间的最小时间间隔关系、最小空间间隔关系等，十分便于理解施工组织关系以及进行施工过程的进度控制。

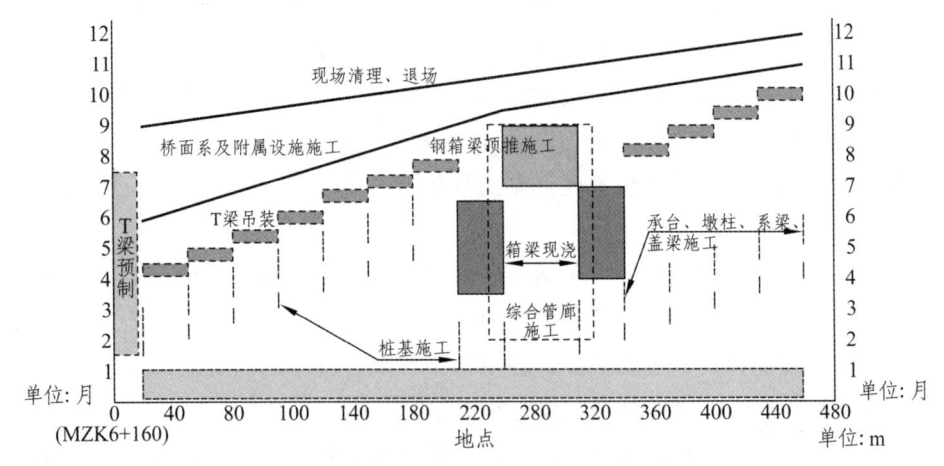

图 4-29 跨铁路桥施工进度计划

4.4 哨关路的进度管理办法与保障措施

4.4.1 哨关路的进度管理办法

1. 进度管理总体要求

工程进度控制是一项综合性的管理工作，要求各参建单位共同协作、各负其责，认真完成。为确保哨关路工程建设进度得到有效的控制，促进工程建设全面、均衡、有序地进行，保证按期完成建设合同范围内的工作任务，发挥投资效益，根据本工程建设总工期要求，各工区编制总进度计划、阶段施工进度计划（季、月、周）并将计划上报指挥部工程管理部审核。审核通过后，各工区根据施工进度计划精心组织、科学管理现场施工，各工区应定期（年、季、月、周）将工程进度完成情况上报指挥部工程管理部。各工区在收到施工图纸两个月内，须建立图纸台账，并根据现场进展情况，定期进行完成情况的填写上报。若在施工过程中，图纸发生变化，须及时进行台账更新，并在收到新图纸后一个月内，上报新的图纸台账到指挥部工程部。各工区必须接受指挥部的定期或不定期的检查和考核，指挥部将根据考核结果对工区给予奖惩。

2. 进度计划的分类及内容

本工程的进度计划包括施工总进度计划、阶段性目标计划、关键性控制工程进度计划、月进度计划。指挥部根据合同总工期要求，划分确定各阶段、各工区的进度目标，各工区应根据阶段目标的要求，编制阶段性施工组织计划、关键性控制工程进度计划、月进度计划。指挥部在汇总标段进度计划的基础上编制总体计划，各类进度计划均应做到组织、措施、技术和资源四落实，高一级的进度计划建立在低一级进度计划的基础上，低一级的进度目标应以高一级的进度计划为指导。

施工总进度计划的内容应包括：项目的合同工期；完成各单位工程及各施工阶段所需要的工期，最早开始和最迟结束时间；各单位工程及各施工阶段需要完成的工程量和资金流动估算；各单位工程及各施工阶段所需配备的人力和机械数量；各单位工程或分部工程的施工方案和施工方法等。

阶段性目标计划和关键性控制工程进度计划由各工区负责编制，在每阶段开始施工前 7 d 或者在指挥部要求的时间内，将进度计划上报指挥部，指挥部对报送的计划进行审核，对于不满足要求的进度计划，工区应及时修改后再次上报。阶段性进度计划的内容包括：本阶段计划完成的单位工程、工程数量及投资指标；完成工程内容的关键路线；施工队伍和主要施工设备的数量及调配顺序；冬、雨季施工的工期安排；在总体进度计划指导下对各分项工程进行局部调整或修改的详细说明等。关键性控制工程进度计划内容包括：具体施工方案和施工方法；总体施工进度计划及各道工序的控制日期；资金流动估算；各施工阶段人力设备配置及运转安排；施工准备及结束清场的时间安排；对总体进度计划及其他相关工程的控制、依赖关系说明等。

月进度计划由各工区负责编制，工区在每月 20 号将下月的进度计划上报指挥部工程管理部审批。月进度计划内容包括：本月计划完成的分项工程内容及顺序安排；完成工程内容的关键路线；完成本月分项工程的工程数量及投资额；完成各分项工程的施工队伍及人力和主要设备的调配；质量安全保证措施；在阶段性目标计划下对各单位工程或分项工程进行局部调整或修改的详细说明等。

3. 进度报表的报送与管理

进度报表包括月报、周报、日报三大类。各工区应做好施工进度记录，编制能准确、全面、清晰、有效反映计划进度与实际进度偏差的工程形象进度图表并及时保持更新，安排专门人员负责进度数据的整理、填写、上报工作，并保证日报、周报、月报、进度计划的数据关系对应。所有月报、周报电子版和纸质版都须报送至指挥部工程部，书面文件和电子文档的数据要一致，否则视为文件无效，重新编报。

各工区应按要求及时填报工程进度报表，职能部门认真审核，确保数据的真实性，各工区所报送的施工进度报表数据是需经项目部检验的质量合格的已完工程量。施工进度报表应附必要的说明，主要内容包括本月（季）计划执行情况、投入的主要专业施工队伍的人数、施工机械数量，进度超前或滞后的原因分析，以及在下一阶段将要采取的有效措施。

月（周）报：月（周）报包括但不限于截至本月（周）的前期准备工作，如：驻地建设，人员、机械设备、材料的进场情况，技术准备情况；征地拆迁、三线改迁的工作面移交情况；本月（周）的完成细化工程量的情况及下月（周）计划工程量，本月（周）完成产值及下月（周）计划完成产值，截至本月（周）累计完成情况；计划未完成原因（须说明每一项未按计划完成的工程），下一步保障措施，措施要求详细具体、切实可行，针对本月（周）未完成工程量，提出相应的赶工措施，力争在下月（周）内将本月（周）未完成工程量和下月（周）计划数量同时完成；本月（周）的质量安全情况；需指挥部协调解决的问题。月报的上报时间：要求各工区每月 28 号上报，月报须附本月产值计算书，月报要求与周报对应。周报的上报时间：要求各工区在每周周五前上报，将本周完成情况及下周计划如实填报。每四周周报完成工程量须与月报完成工程量对应。

日报：每日一报内容包括但不限于日作业工作人员、机械情况；日作业完成工程量情况；日作业工作内容。日报须编制两份，一份文字信息，另一份电子版以相应附件的格式编制。日报的上报时间：日报每天晚上上报，日报须上传文字信息至项目QQ群和微信群，同时上报电子版至工程部相关人员。

4. 进度计划的审批与调整

进度计划的审批包括内部审批和外部审批两个环节。内部审批：施工进度计划编制完成后，各工区提交到指挥部工程部进度管理人员处进行审批，审批通过后报指挥部总工复核、备案。外部审批：施工进度计划通过内部审批后，报给监理工程师、总监审查，上报给项目业主审核。进度计划审批流程见图 4-30。

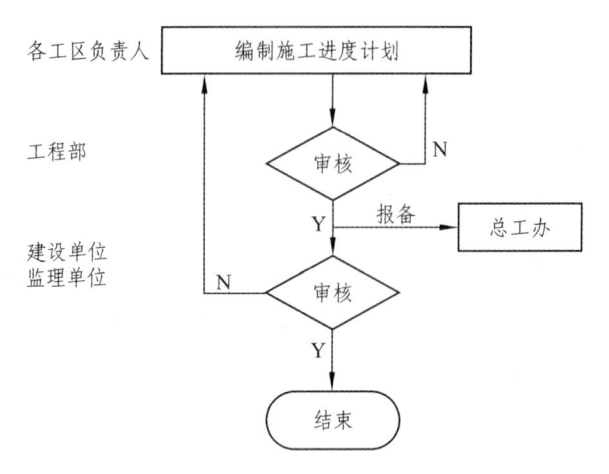

图 4-30 进度计划审批流程

各工区要对各阶段目标、月进度目标及关键性控制工程目标按照全面、均衡有序、突出重点、超前安排、分解落实、现场督促的原则具体组织实施，做到组织落实、措施落实、设备及人员落实，并对实施过程进行全面详细的记录，把以上进度控制措施落到实处。施工过程中，当工程范围、施工条件发生重大改变时，各工区要及时向指挥部提交更新后的实施性施工组织设计（含工程施工进度计划），指挥部审核完成后报监理公司审核批准后，方能继续组织施工。基于批准的工程施工进度计划，当控制性工程施工进度较计划落后时，各工区要及时向指挥部提交更新后的工程施工进度计划及其保证措施，指挥部审核后报监理公司审核批准执行。

5. 进度目标的绩效考核

1）绩效考核的依据

工程进度管理实行阶段目标检查考评奖励，指挥部将与各工区签订阶段目标责任书作为检查考评奖励的依据。根据目标责任书，对工区给予相应的奖励或处罚，并发出奖励或处罚通知单。因征地拆迁、设计图表、不可抗力的自然因素等导致工程进度滞后，由考核小组根据实际情况予以考虑，考核前由各工区写出说明资料上报指挥部。

2）对进度计划及报表的考核

各工区必须认真编制各阶段施工组织计划，并按规定时限上报，上报的工程进度计划应包含所有必需的表格资料，对不按时上报进度计划的,将处以 1000 元/天的经济处罚。各工区必须按照指挥部要求的时间上报总体进度计划、阶段性进度计划、月进度计划、月报、周报和日报，对于第一次上报不合格，要求工区修改的，须在指定修改的时间内上报，对其中任意一项没有按期上报的，每项将给予工区1000元/天的经济处罚。

各工区必须认真编制进度计划和月（周）报，对于不按照指挥部要求内容、格式（敷衍了事）上报的工区，第一次不予处罚，给予警告，但经过指挥部审核，指挥部说明修改要求。一次修改之后，仍然不满足要求、不合格的工区，将处以1000元的经济处罚；两次修改仍然不满足要求的工区，将处以3000元的经济处罚；若修改次数超过两次的，将处以5000元经济处罚。对于未如实上报月报、周报、日报的工区，出现错报、误报、多报完成实物工程量的工区，将处以1000元/次的经济处罚。

所有报送指挥部工程部的资料时间，均以纸质版报送的时间为准。

3）对进度目标的考核

由于各工区原因，造成连续两个阶段的目标进度计划不能完成，影响后续工作或总工期目标时，指挥部对工区负责人、总工进行约谈，按约谈情况调整进度计划和施工组织，必要时将给予相应处罚。各工区因施工力量不足、组织不力、管理混乱等自身因素造成施工进度滞后，指挥部应及时发出书面警告，仍无法挽回滞后工期的，将对其予以1万~5万元的经济处罚。经书面警告，工区仍未采取有效措施，未加大施工力度，无法挽回滞后工期的，将对其予以10万元的经济处罚。各工区应针对存在的问题，制定切实可行的整改措施和方案，加大人力、物力、设备投入，加强现场管理，若整改仍然无效果，指挥部将根据合同文件约定采取更换工区负责人、分割工程、没收履约担保、终止合同等措施，以保证工程进度目标的实现。无论指挥部采取何种措施，并不免除合同约定的各工区须承担的任何责任。

4.4.2 哨关路的进度保障措施

1. 组织保证措施

公司委派公司级领导分管本项目，负责协调工作；选派年富力强、经验丰富、责任心强的施工、技术管理人员组成项目部领导班子。在全公司范围内根据以往的业绩，择优选派技术熟练、技艺水平高、能吃苦耐劳、善打硬仗、具有高度敬业精神的生产工人参与本工程的施工。项目部根据工程进度、质量等情况与公司保持热线联系，公司将尽全力予以组织保证。

2. 资源保证

（1）劳动力保障：确保农忙季节和节日期间的劳动力。

（2）材料、机械保障：提前做好市场调查，提前做好地材适量储备，做好机具、材料的供应、后勤保障工作，确保顺利施工。

（3）资金保障：确保工程施工必需的资金，做到工程款专款专用，绝不挪作它用。

3. 管理保证

层层落实各级岗位责任制，明确其进度责任，各负其责；制定有效的经济责任制，奖罚分明，责、权、利挂钩；定期召开生产调度会，检查进度情况，分析存在的问题、原因，提出解决办法措施，责任落实到人，布置下一阶段的任务，做到有令则行，有禁则止，政令畅通；对施工进度计划网络图进行动态管理，采用前锋线法对进度进行检查，根据设计图纸、进度要求，对资源进行合理调配，优化施工方案，大力推广新技术、新工艺，对施工网络图进行多次优化调整，确保目标工期的实现；加强与业主、监理、设计单位的联系，求得相互配合、支持和理解，保证施工顺利进行。

4. 其他保证措施

（1）组织精干有力、有丰富施工管理经验和技术管理能力的高素质专业人员组成精干、高效、整体功能强的项目经理部，全面负责现场作业设备、人员、材料、资金、运输等各方面的协调和调度工作。

（2）组织队伍、设备进场，并做好开工前的准备工作：一是做好技术准备，熟悉设计文件，领会设计意图，办理交接桩，搞好复测和材料取样鉴定，编制好实施性施工组织设计，搞好技术交底。二是搞好物资准备，做好材料计划，完善对供应商的评价和选择，疏通供应渠道。三是保证施工力量及时到位。四是做好施工便道及临时性房屋的修建工作。保证做到"三快"，即"进场快、安家快、开工快"。

（3）各分项工程一律实行目标工期管理，严格控制各分项工程工期，在建设方的指导下，强化计划管理、网络管理、成本管理，施工中做到统筹规划，周密安排，全方位有序协调，保持生产的均衡性和连续性，施工进度分阶段控制，计划部门根据项目工程量和工期要求，结合施工组织设计，编制季度计划和月进度计划，施工队依据以上计划制订相应的周计划，并定期检查计划执行情况，确保计划的落实。

（4）提高原材料的计划、供应及管理工作，在正确选择合格的供应商后，加强对供应商的有效控制，以确保供应商能长期、稳定供应优质、价格合理的材料。另外，加强物资计划管理，一要坚持实事求是的原则，不粗估冒算，提高计划的准确性，防止因计划不周造成施工混乱；二是坚持计划的严肃性和方法的灵活性相结合的原则，计划一经订立批准，无特殊变化则严格执行，以确保工程进度的达到要求。

（5）配备性能优良、数量满足施工要求的各种机械设备，做到施工机械设备齐全、配置合理、性能优良，充分保证施工的需要。在施工中，科学组织机械一条龙作业，加强施工机械设备的管理，组织好机械设备配件的采购、供应，充实设备的维修力量，提高设备完好率和利用率，保证机械化施工的顺利进行，确保工程进度的落实。

（6）加强相互配合，创造良好的施工环境。要主动与建设、设计、监理等相关单位建立良好的关系，取得他们的理解、支持和帮助，主动、即时解决施工中遇到的相关问题，确保施工的顺利进行。

（7）在工期紧任务重的情况下，适当安排加班，保证施工进度按期完工。

（8）加强质量管理，确保各单项工程一次性检查验收100%合格，避免返工。

5. 工期发生延误时的补救措施

（1）科学合理地改变工序的逻辑关系，即将前后工序关系改变为平行工序关系或搭接关系。

（2）缩短工序流水节拍，即改大节拍为小节拍，以便下道工序能提前穿插进行。

（3）对那些工序逻辑关系不能改变、作业面又允许的工作，可及时增加资源投入，以缩短其持续时间。利用某些非关键线路的自由时差和总时差的可利用资源（人、材、机），及时调整到被延误的工作上去集中突击，抢回被延误的时间，以确保总工期不延长。

第 5 章 市政道路工程质量管理

5.1 市政道路工程质量管理理论

5.1.1 市政道路质量管理基本概念

1. 质量的概念与内涵

在相当长的一段时期内，人们一直认为符合性就是质量，也就是说人们一直认为质量就是产品是否和设计的要求相符。质量符合性观点主要是基于企业自身的立场对问题进行考虑，而缺乏对消费者利益的关注，因此，具有非常明显的局限性。随着社会的发展，市场竞争的不断加剧，质量发展到用户型质量观。基于用户为本的用户型质量观和仅仅基于符合设计标准为核心的符合性质量观的要求有着本质的区别。用户型质量观将用户作为第一位，用户型质量观在产品设计开发过程中，在产品的生产制造过程中，在产品销售的过程中，全程落实用户第一的理念，同时，还必须以用户为本在对产品的质量检验与评判中进行落实，用户型质量观的最高准则是用户满意。因为用户需求是多元化的，这就使得企业必须全方位为用户服务，对用户的需求以及用户的需求发展趋势进行及时的、动态的、全方位的把握，同时要做出快速的反应，有时候还要求企业能够对用户对于产品的质量和需求做到超前满足。美国著名的质量管理学者朱兰在 20 世纪 60 年代指出，质量实际上就是适用性。朱兰指出，为用户提供满足用户需求的产品是任何组织和企业的最根本的任务。用户型质量观和符合型质量观相比，朱兰的观点更是体现了用户的观点，基于用户的角度对质量的期望和感觉进行了表述，同时这也正是质量最终价值体现的过程。朱兰对于质量的思想得到了人们接受，同时朱兰的质量思想成为质量理念，是用户型质量观重要的典型理论。在 20 世纪 60 年代末期 70 年代初期，日本著名的质量管理学者田口玄一提出了和适用性质量观不同的质量概念，他指出，质量的本质是当产品在上市之后带给社会的损失，然而因为功能自身造成的损失除外。这样，田口玄一将产品的质量和经济损失紧密联系在一起。根据该理论，高质量产品指的是当产品上市之后，为社会带来损失较少的产品；对于差质量的产品，在产品上市之后，给社会带来的损失较大。田口玄一的质量理论由于不但保留了对用户需求满足的质量概念的核心内容，同时又对经济效果进行了强调，因此，方便了人们对于质量的定量化研究。也正是如此，人们对田口玄一的质量观以及质量工程学给予了充分的重视。

朱兰的质量观、田口玄一的质量观以及符合用户型质量观等虽然都具有一定的实用价值与科学性，但是就概念的广泛性、科学性以及在实际中的可操作性而言，它们都具有一定的局限性。国际质量标准 ISO9000：2000 中对质量进行了定义——"质量指的是一组固有特性满足要求的程度"，同时对定义进行了标注：① 质量能够通过形容词优秀、好、差等进行修饰；② 固有的和赋予的是相反的，指的是某事物中与生俱有的，特别指的是永久的特性。国际质量标准 ISO9000：2000 定义了要求——"要求就是明示的，一般隐含的或者必须对需求或者期望进行履行的"，同时进行了标注：① "一般隐含的"指的是顾客、组织或者企业的普遍的做法或者惯例，对于需求的考虑与期望是相通的；② 特定要求能够通过修饰词进行修饰，比如顾客的要求、产品的要求、质量管理的要求等；③ 要求能够基于不同相关方进行提出；④ 规定要求是在诸如文件中阐明的已经经过明示的要求。

国家质量标准 ISO9000：2000 定义了如下的质量特性："质量特性指的是产品，过程或者体系和要求有关的固有的特性"。同时，对质量特性进行了标注：① "固有的"指的是某种事物与生俱来的，特别是具有永久性的特性。② 赋予产品过程，或者体系包括产品的价格，产品的所有者等的特性，这实际上并不是质量特性。性能，可信性，维修性，合用性，安全性，美学，可用性，经济性等都属于事物质量特性的范畴。

由以上国际标准 ISO9000：2000 对于质量概念的阐述可以看出，质量具有以下的特征：① 质量一方面涵盖了活动以及过程的结果，同时，另一方面，质量还涵盖了造成质量形成和实现的活动以及其本身内容；② 质量一方面包括了产品的质量，同时还包括了质量形成以及质量实现过程中的工作质量以及为了确保工作质量而实施的质量体系；③ 质量一方面要能够使得用户的需求得到满足，同时质量另一方面还需要满足社会需求，这就是说顾客、业主、社会、就业人员以及供方都能够获得效益；④ 质量不仅仅存在于工业领域，同时，质量还存在于服务行业以及其他的行业。

2. 施工质量的概念

工程质量管理，是指根据国家相关法律、法规、标准，为实现工程的质量目标，采用一定的措施和方法所进行的计划、组织及控制等活动。工程质量管理的目标是保证工程项目的质量符合业主的要求。为实现这一目标，相关单位必须对工程项目从项目策划、施工到投入运营的所有环节进行管理，对可能出现的问题进行预防，及时发现存在的工程质量问题并及时进行处理，控制和管理影响工程项目质量的各个因素，从而保证整个工程的质量。施工质量管理是指工程项目施工阶段的质量管理，是工程项目质量管理的重要组成部分。城市道路工程施工质量管理，就是道路工程施工过程中为保证城市道路工程项目施工质量，依据工程施工承包合同、设计图纸和文件、承包合同中制定的技术规范和标准采取的管理活动。进行城市道路施工质量管理的目的是使道路工程能满足设计要求和规定的质量目标，因此需要对工程施工活动的全过程进行管理和控制。城市道路工程施工质量管理一般包括施工准备阶段的质量管理、施工过程中的质量管理、完工后的质量管理。

3. 市政道路工程质量的含义

市政道路工程除了具备上述质量及工程质量的一般特性以及能满足一定的使用价值和属性外，还具有其特定的内涵。根据《市政道路工程施工技术标准》的规定：路基路面应根据市政道路功能、市政道路等级、交通量，结合沿线地形、地质及路用材料等自然条件进行设计，保证其具有足够的强度、稳定性和耐久性。同时，路面面层应满足平整和抗滑的要求。路基设计应重视排水设施与防护设施的设计，防止水土流失、堵塞河道和诱发路基病害。路基断面形式应与沿线自然环境相协调，避免因深挖、高填对其造成的不良影响。具体来讲，市政道路工程具有安全性、适用性、耐久性、经济性、美观与环境的协调性等特性。

市政道路工程的安全性即质量的可靠性，即工程竣工后达到规定的内在质量要求和标准，也是市政道路工程在规定时间内保证结构安全、保证行车安全和人身安全的能力。由于市政道路工程安全事关群众切身利益，因此其工程质量的基本要求即为可靠性。市政道路交付使用后必须保证使用安全，如路基路面结构的稳定性、安全度和基本承载能力都应达到规定的要求等。

市政道路工程的适用性是指在保证安全性的前提下，市政道路工程满足使用一定功能要求和目的的能力，包括道路行驶畅通、舒适、外观良好等。市政道路工程竣工后应能达到符合要求的服务水平，如既能满足在一定的设计速度下规定的线形、视距、坡度等要求，又能适应交通量的不断变化。

市政道路工程的耐久性是指工程应具有足够长的使用寿命，以及工程竣工后在其正常使用年限内能够抵抗一定荷载作用、灾害及自然影响等的能力。

市政道路工程的经济性指工程从规划、勘察设计、施工到运营的整个使用期内的成本消耗合理的程度。市政道路建设项目，应综合考虑设计、施工、养护、管理等成本效益，分析其安全、环保、运营等社会效益，选用综合效益最佳的方案。

市政道路建设应根据自然条件进行绿化、美化路容、保护环境，以适应可持续发展的要求。

5.1.2　市政道路工程质量的影响因素

市政道路工程质量的影响因素多种多样，覆盖了工程项目的全过程，从项目立项一直到项目竣工完成，因此有决策方面、设计方面、施工方面等因素。同时，市政道路工程质量又受到各种生产要素或内部因素及外部或环境因素影响，具体地有劳动力、材料、机械设备、施工工序和环境方面的因素。从市政道路工程管理三大主要目标看，质量与工期、成本（投资）息息相关。总之，市政道路工程最终的质量是各种因素的综合反映，因此市政道路工程质量控制和管理必须把握这些影响因素。

从项目全生命周期来看，影响市政道路工程质量的因素主要体现在以下几个方面：

首先，项目的可行性研究与决策是前提，是投资、质量和工期控制的基本依据，决定了工程的设计、施工是否符合规定的标准（如不同市政道路等级）以及能否达到规定的质量目标。可行性研究必须在周密调查的基础上，严格地从技术、经济、环境和社会效益等方面进行科学分析，并有严密的论证依据和审批确认手续。在可行性研究的基础上进行项目决策时充分考虑投资、质量和工期等目标间的对立统一关系，确定项目应达到的质量目标和水平。

其次，勘测设计是基础。勘测如地质勘查、水文勘察、测量等是市政道路选线和路基设计的依据，应准确反映市政道路所经地域的自然条件。初步设计和施工图设计确定了市政道路的平面位置和纵横布置、结构尺寸和类型、材料类型和组成等工程实体元素，也就决定了市政道路的基本性能，决定了施工的难易程度和质量标准。如果设计本身就不符合标准规范的规定、结构方案不合理、深度不够、计算不准，那么据此施工，必然使工程质量"先天不足"从而留下无法弥补的质量隐患。例如在对一个城市的市政道路进行选线时，需要相关勘察人员准确反映市政道路的自然条件，然后设定市政道路的平面位置和纵横布置、结构大小类型、材料类型和组成等工程实体要素，由此决定了市政道路的实用性，并进一步决定了施工的难度和质量成本。

第三，施工是关键。施工是工程质量的实现环节，对工程质量的好坏起着决定性的作用。施工过程中只有使用质量合格的材料、采用先进高效的设备、按照设计文件和规定的工艺进行施工，才能形成质量有保证的市政道路工程。

最后，工程验收是保证。市政道路工程竣工后由参与工程建设活动的建设单位、监理单位、施工单位共同对建设项目的质量进行验收及评定，并由政府交通主管部门和质量监督机构依法进行监督检查，这是对市政道路工程质量进行的最后确认，以验证其是否符合规定的技术标准以及能否交付使用。由以上可以看出，市政道路工程质量控制与管理应贯穿工程项目的全过程，控制过程中的各种影响因素，才能保证工程达到预期标准和要求。

从市政道路工程作业要素的角度来看，市政道路工程质量的影响因素体现在五个大方面：

首先是直接参与工程项目的组织者、指挥者和操作者等人员方面的因素。人员素质是影响工程质量的决定性因素。人员素质包括参与工程建设活动的人群的决策能力、管理能力、组织能力、控制能力、技术水平、作业能力、操作能力及道德品质等各方面。要保证工程质量，就应该提高人员素质，提高人的质量意识，形成人人重视质量的良好氛围，并加强专业培训与考核，对人员资格、技术水平认证进行必要的把关，此外保证人员有良好的职业道德和心理状态。

其次，市政道路工程材料种类繁多、性能各异，包括构成工程实体的各类原材料、半成品（混合料）和成品（构配件、产品、设备等），是工程建设的物质基础，因此，材料质量是工程质量的基础，对工程质量至关重要。材料选择、组成是否合理，质量是否检验合格，运输、保管、使用是否恰当等，都直接影响工程实体的内在质量和外观，影响工程结构的强度和承载力，影响路面使用性能，影响工程的使用寿命。市政道路工程材料质量，主要是指其力学性能、物理性质和化学性质，必须符合标准规定。市政道路工程材料的使用，应遵循严格的审批程序。在生产和使用过程中，应按规定的频率进行严格的质量检验，发现质量问题，及时采取纠正措施。

第三，市政道路工程施工机械设备，包括各类施工设施、生产设备、运输设备、操作工具以及测量仪器、试验检测仪器设备等，是现代化工程建设和质量管理不可缺少的设施，需满足工程项目的不同特点、设计要求和工艺要求，并合理选择，正确使用、管理和保养，才能有效地促进工程达到较高的质量水平。

第四，工程施工现场采用的施工方案、技术措施、工艺手段、施工方法和控制流程等也是工程质量形成的关键因素。施工工艺和方案是科学施工的措施和手段。市政道路路基路面及其他交通工程设施等都有非常严格的施工工艺控制要求。各工艺之间的衔接往往对工程质量有很大的影响。因此，推进一些新技术、新工艺、新工法，不断提高施工水平，是保证工程质量稳步提高不可缺少的重要条件。最后是市政道路工程质量的外部条件或环境条件。由于市政道路工程项目具有战线长、施工面广、施工工期长、施工人员野外作业等特点，其环境影响因素较多，如技术环境（地质、水文、气象状况等）、管理环境（质量管理制度、质量保证体系等）、劳动环境（劳动组合、作业场所等），须对这些因素采取相应的有效措施加以控制。此外，近年来征地拆迁管理、投资金融管理等法律法规、政策环境对工程建设影响也很大，对工程质量的影响不容忽视。

从市政道路工程管理三大目标看，工期、成本（投资）对工程质量的影响不可忽视。质量与工期（进度、时间）、成本（投资、费用、造价）是互相制约、互相依存、互为因果的对立统一关系，工程项目管理的目标就是谋求质量好、进度快、成本低的有机统一。良好的质量必须有合理的工期、成本作基础。合理工期反映了工程项目建设过程必要的程序及其规律性，是保证工程质量、降低建设成本的必要条件。价格是价值的体现，成本（投资）是工程项目建设的基本需求。在一定的工期和施工方案下，盲目地降低工程项目人员、材料、机械设备和管理所需费用将会影响工程质量。因而，工程项目建设必须尊重客观规律，需要正确处理质量与工期、投资的对立统一的关系，把握工期、成本对质量的影响规律，从而保证质量目标的实现。

5.1.3 市政道路工程质量的通病

市政道路工程质量复杂的影响因素加大了工程的实施难度。由于目前市政道路工程质量管理水平的限制，工程中经常出现一些特殊的质量通病，主要表现在路基与路面以及一些辅助性设施等的质量问题上。结合相关工程经验，我们可对市政道路中较常出现的质量通病作以下分析：

1. 路　基

路基的强度和稳定性是保证路面强度和稳定性的基本条件。在市政道路工程施工中，相关单位对路基的横坡处理及碾压一直比较马虎，路基施工没有按设计或规范要求去整平和碾压。由于路基的平整度差、标高不准，标高较高的地方影响承重层的结构厚度，引起因承重层厚度不足而出现的路面龟裂等现象，且在标高较低的地方又造成了一定程度上的材料浪费。此外，市政道路工程路基施工中，路堤填筑和管线沟槽回填是路基施工的关键部位。沟槽覆土若不按有关要求进行，会给市政道路工程质量留下严重的后遗症。城市道路的地下部分铺设了各种不同的管线，对沟槽回填的密实度影响很大，造成了回填土压实的质量通病即超厚回填、倾斜碾压、填土不符合要求等，导致回填土达不到标准要求的密实度，从而造成路基和路面结构沉陷，管体上部破裂，无筋管还可能被压扁。倾斜碾压会使碾轮不能发挥最大的压实功能，碾轮压实重力产生分力损失在纵坡上，坡度越大损失的压实功就越大。填土中如夹带块状物，妨碍土颗粒间相互挤紧，从而达不到整体密实效果，另外，块状物支垫碾轮，产生叠砌现象，使块状物周围留下空隙，日后发生沉陷。如将含水量过高的土壤填入沟槽内，可能导致淤泥、大块的石块、混凝土块等旧料也填入沟槽内，造成石块周围的空隙较大，沟槽填土未按要求进行分层夯实；同时，带泥水回填的土层其含水量处于饱和状态，因此很难压实，当地下水位下降、饱和水下渗后，将造成填土下陷，从而危及路基的安全。

2. 路　面

由于各层结构未严格按设计高程控制，累积到面层造成道路面层高程与设计高程不符。路面辅助设施多，很多雨水井、排水干管及检查井都设在行车道上，当其井背宽度较小时，回填夯实就十分困难，难以进行压实度检查。施工中经常发生的疏忽或监控不严，使道路发生变形，工程出现质量问题，造成年年返修。沥青路面最常见的破坏现象之一是塌陷裂缝，随着使用年限的增加，不论路面基层是柔性的还是半刚性的，都会出现塌陷裂缝现象。此外，在行车荷载重复作用下，路面产生累计永久性的带状凹槽，称为车辙。混凝土路面经常出现的质量问题是开裂、起砂、蜂窝麻面。混凝土面层产生的裂缝主要有：干缩裂缝和施膜剂涂刷不均匀或局部漏刷。

3. 辅助性设施

盲道口在通往人行横道处是下坡，造成了此处的道板需切割且突出人行道路面。一旦安装质量稍微出现一些问题，极易产生道板脱落现象。在人行道施工中，由于检查井盖板大，安装较难，极易出现检查井盖板与路面高差超标现象，交付使用后，可能发生拌脚现象。市政道路工程中，有许多管道需要通过行车路，如排雨管道、过路的电力电缆、通信电缆、自来水管道等，极易造成压实度不足的问题。

5.1.4 市政道路工程质量管理的特点与原则

1. 市政道路质量管理的特点

市政道路工程本身的复杂性和特殊性，增大了质量管理的难度，主要体现在以下几个方面：

（1）影响质量的因素多，包括设计、施工、竣工等全过程中的影响因素，也包括劳动力、材料、机械设备、施工工序及环境各种作业要素的影响，此外还有工程工期、成本对质量的影响等。

（2）容易产生质量变异。市政道路工程施工不像工业产品生产，有固定的生产流水线和规范的生产工艺及完善的检测技术、稳定的生产环境。相反，市政道路工程项目实施的战线长，并与各种城市基础设施施工同时进行，遇到的偶然性因素多，很容易影响施工质量，产生质量变异。

（3）市政道路工程质量检查不能解体、拆卸，并且道路工程施工工序多，隐蔽工程若不及时检查，事后看表面，会将质量不合格的工程产品视为合格产品，为工程质量留下隐患。

2. 市政道路工程质量管理的原则

（1）质量第一。市政道路工程质量不仅反映了建设项目的投资效果及工程的适用性，而且关系着广大人民的生命财产安全和切身利益，代表着一个城市的形象、生活质量和管理水平。所以，市政道路工程质量管理应始终坚持着"百年大计，质量第一"的基本原则，提高全体人员的质量意识，从思想上保证质量目标的实现。

（2）以人为核心。上述介绍的市政道路工程质量的影响因素中明确阐明了人为因素是决定工程质量的关键因素。工程建设中各单位、各部门及各岗位人员的工作质量水平和完善程度，都直接或间接地影响工程质量。因此在质量管理中，应坚持以人为核心，重点控制人的因素和行为，充分发挥人的积极创造性，以人的工作质量保证工程质量。

5.2 市政工程质量管理基本方法

5.2.1 施工质量管理的重点

为了使市政道路工程施工质量的管理得到强化，应明确工程施工过程中各个阶段的施工控制重点，从而将整个工程施工质量管理控制分为施工的事前控制、事中控制以及事后控制，如图 5-1 所示。

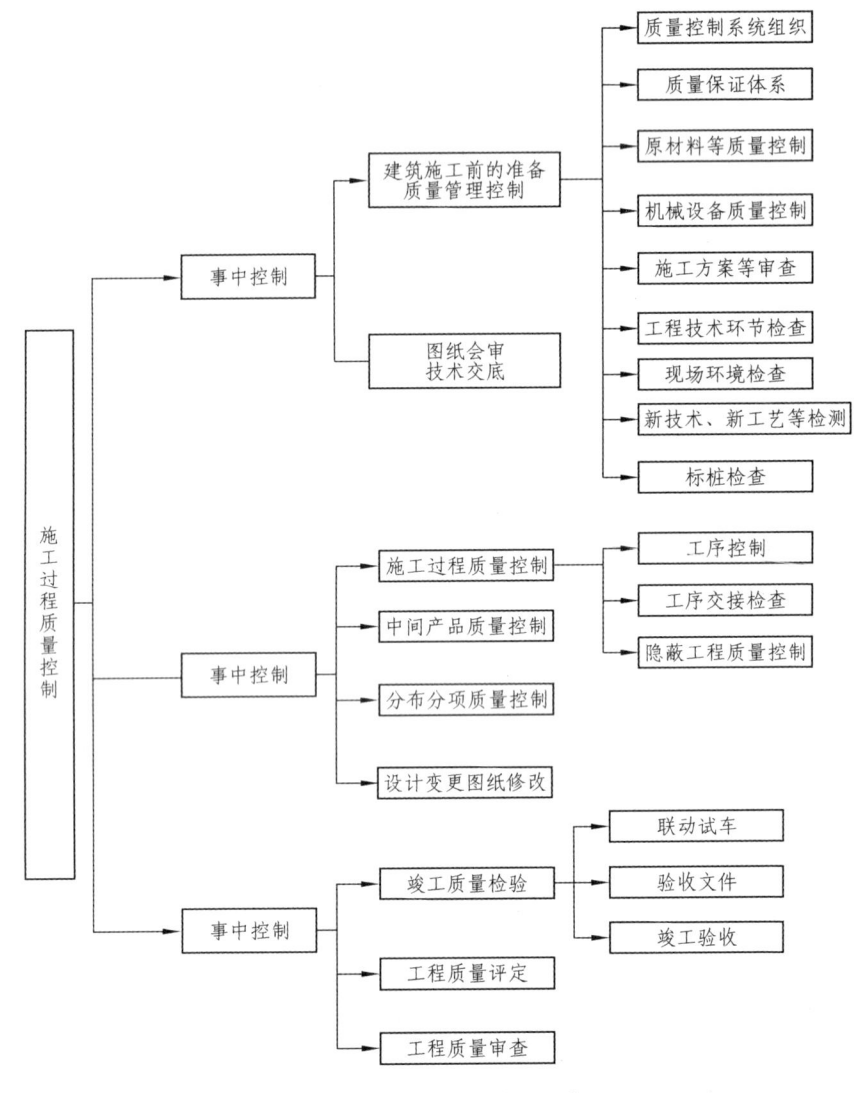

图 5-1 施工过程质量控制示意图

1. 施工过程事前质量控制

施工过程质量的事前控制指的是建筑工程在进行正式的施工以前实施的质量控制，对建筑工程施工的准备工作控制是建筑工程施工过程质量的事前控制的重点，事实上，在建筑工程整个的施工过程中，建筑工程施工的准备工作始终贯穿其中。

事前控制属于主动质量控制，主要包括以下几个方面：

（1）严格施工参与方，即勘查单位、设计单位、施工单位、监理单位的资质审查。

（2）做好施工前的现场勘查工作，勘查人员进行现场勘查，掌握城市道路工程施工区域的地质条件等详细资料，特别是施工区域地下管网、相关安全、照明、通信、人防等现有工程的详细情况。

（3）根据勘查资料和调查研究，提供合理的道路工程设计方案。

（4）保证施工队伍的质量，对施工资质进行严格审查，严禁把工程承包给不符合承包资格的承包商。

（5）施工人员的专业素质是影响工程质量的重要因素，正式施工前须对参与施工操作的施工人员进行相关施工技术及施工方法的培训，施工人员操作合格后才能进行施工，以保证施工人员的专业素质，提高施工人员的质量意识，从而保证整个工程的施工质量。

（6）建立高水平的项目管理团队，管理岗位个人职责分明、权利明确，要发挥技术人员的主观能动性。

（7）把好原材料关，对采购的施工原材料和施工设备进行检查，对不符合相关标准要求的原材料及设备，及时进行处理，保证原材料和施工机械设备的质量。

（8）编制合理的施工组织设计，根据城市道路工程的经济技术特点、国家相关法律法规，对耗用的劳动力、原材料、施工机械设备、资金和施工方法等进行合理的施工组织设计，找出施工过程中的难点并提出相应的处理办法。

（9）不断引进新技术、新工艺、新设备，提高施工的技术水平，用高科技来保证工程质量。引进的新技术、新设备及新材料必须进行试验，符合要求后，才能应用到实际工程中。

2. 施工过程事中质量控制

工程施工过程质量的事中控制指的是对于建筑工程施工过程中的质量控制。对建筑工程施工过程进行全面施工控制、对工序的质量进行重点控制是建筑工程施工过程质量事中控制的策略。施工过程中的质量管理即在施工过程中对影响施工质量的各种因素进行动态控制，坚持质量标准，对施工工序的质量、工作质量进行质量控制。

（1）严格遵守国家和地方相关法规、法规和标准，工程项目的质量管理人员要根据工程项目的质量目标和施工方案，对施工人员进行技术交底，并及时监督检查施工人员的操作是否符合要求，做好各工序的质量检验，并实施自检、互检的检验工作。

（2）根据施工组织设计，对容易出现质量问题的工序或施工难度大的工序设置质量控制点，加强对这些地方施工情况的监督和检查工序，应用新材料、新技术、新设备的施工工序也应加强管理，及时检查验收，当发现问题立即采取措施进行处理。

（3）实施监理道路施工的质量监督，完工后的工序必须经监理工程师检查验收，监理工程师签字认可后方可进行下一道工序的施工；对于隐蔽工程，也是监理工程师检查验收合格后才能将其隐蔽。

（4）施工单位必须严格按照施工方案求进行施工，特殊情况需进行施工方案变更时，必须经监理工程师或技术负责人的同意。

（5）质量问题的处理，质量管理人员对施工质量进行检查，发现质量问题时，及时与施工人员沟通，找出问题的原因并采取相应的解决措施。

3. 施工过程事后质量控制

施工过程质量的事后控制主要指的是当建筑工程施工完成之后进行的对于已经形成的产品的质量控制。其内容主要是：对建筑工程竣工验收资料的准备，对建筑工程进行初步的验收和进行自检；基于国家的相关规范标准对建筑质量进行评定，对建筑工程中已经完成的分项工程、分部工程进行质量的检验，对竣工的建筑工程进行验收。完工后的质量管理是指施工完成后对成品的保护和工程质量的验收。

（1）建立有效的工程审查制度，加强工程质量的测量和检查，认真做好工程质量的检查和验收工作，做好检查验收记录。

（2）施工完成后，及时采取保护措施，对成型的产品进行保护。道路工程中常见的成品保护措施主要有。

① 防护，即针对需要保护的产品的特点，采取相对应的措施，防止成品被污染及损坏。例如，道路工程施工中，为保护刚碾压的路面，禁止可能对路面造成污染、油污的工程原材料及设备靠近路面。

② 覆盖，即在被保护对象的表面覆盖一层保护材料，防止成品损坏。例如，

混凝土路面浇筑完毕后,为防止路面开裂,在路面覆盖一层粗麻布并浇水养护。

③ 封闭,即采取局部封闭,是道路工程施工中常见的成品保护措施。路面施工完成后,对该路段进行封闭,禁止行人及车辆在上面行驶。

道路工程施工质量管理中的三个环节,相互联系,结合成一个有机整体,其实质是工程项目质量管理 PDCA 循环原理、三阶段质量管理原理和全面质量管理原理的相互结合及具体化。

5.2.2 材料和人的质量控制

1. 对材料质量的要求

为了保证建筑结构具有规定的可靠度,除了进行必要的设计计算外,还应对材料性能、施工质量等方面进行相应的控制。这种要求是为了设计、施工、材料等各个方面,在满足结构功能上,能够相互衔接配套,从而确保工程结构达到预期的可靠度水准。

对结构构件质量水平的要求,可将材料性能质量水平划分为合格、准合格和不合格三个质量区域,如图 5-2 所示。

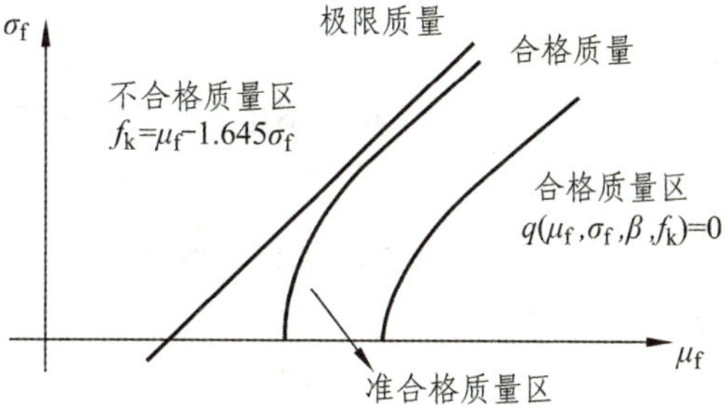

图 5-2 材料性能质量区域

2. 材料质量控制原则

工程材料进入施工现场,必须经监理工程师检验认可后,方可在工程项目上使用。而质量标准原则和及时检验原则则是进行质量检验时必须遵循的原则。

1)质量标准原则

质量标准的直接依据是工程合同。一般来说,业主与承包商签订的工程合同已对工程材料的质量标准作了具体规定。材料员也是根据工程合同要求采购所需材料。如果合同中未作出具体的规定,则应根据工程项目的整体质量目标,援引相应的技术规范或规定进行处理。材料质量标准是用以衡量材料质量的尺度,也是作为验收、检验材料质量的依据。

监理工程师通过一系列检验手段,将所取得的数据与厂商所提供的技术证明文件相对照,对工程中拟采用的材料的质量可靠性作出有根据的判断,从而决定该材料是否可以用于工程项目建设。同时,监理工程师将检验结果反馈给厂商，使之掌握有关的质量情报。

2）及时检验原则

及时检验是为了防止停工待料，避免由此引起工期延误，造成损失。当材料员将工程所需的材料按照合同要求采购回来后，质量工程师通过检验手段，及时发现材料（半成品、构配件）质量是否可靠，是否满足工程项目的质量要求，立即重新购买、更换，以保证所购买的材料（半成品、构配件）的质量可靠性。

3. 工程材料的质量检验方法及深度

（1）常见的检验方法有：

① 资料检查，即有关的技术文件和质量保证资料。

② 外观检查，即对样品做品种、规格、标记、外形几何尺寸等方面的直观检查。

③ 理化检验，即借助科学仪器或委托有关单位对样品的化学成分、机械性能等进行客观的检查。

④ 无损检验，即在不破坏样品的前提下，依靠科学仪器（如超声波、X射线、表面探伤）进行检验。

检验方法的选择应根据工程项目的具体情况及材料（半成品、构配件）的来源灵活掌握，在实践中常将几种方法结合起来使用。

（2）根据工程材料（半成品、构配件）的用途、来源及质量保证资料的具体情况，质量工程师可决定质量检验工作的深度。通常可按下列情况掌握：

① 免检（免去检验的过程）。免检适用于：已有足够质量保证资料的一般材料；以及实践证明质量长期稳定，且质量保证资料齐全的材料。一般建筑企业很少对材料和半成品免检。

② 抽检（按照随机抽样的方法进行检验）。抽检适用于：对资料有怀疑或与合同规定不符的一般材料；材料标记不清或怀疑材料质量有问题的材料；以及由工程材料重要程度决定应进行一定比例的试验，或需要进行追踪检验以控制其质量保证的可靠性的材料。

③ 全部检验（逐次逐数的检验）。全部检验适用于：重要工程或虽非重要工程但属关键性施工部位所用的材料；以及为了确保工程适用性和安全可靠性要求而对质量有严格要求的材料。

材料质量抽检的取样必须有代表性，即所采取样品的质量应能代表该批材料的质量。在采取试样时，必须按规定的部位、数量及采选的操作要求进行。

4. 工程材料质量检验制度

1）检验制度建立的依据

招标图纸及技术说明书。按照国际惯例，材料设备是由承包商订货。订什么样的货，选什么样的设备，主要依据工程招标的技术说明书。但是，承包商从降低成本、节省工程造价的角度出发，希望选用较便宜的机械设备。如果不依据有关说明书来确定相应的检验制度，就可能造成工程质量的低劣。因而必须本着一切材料符合合同规定的相应品级来确定检验制度。

2）质量检验制度

质量检验制度应包括以下要点：

（1）对工程使用的主要材料，如钢材、水泥、砖、焊条等结构材料，应出具出厂证明或检验单，并提供厂家的情况，严禁使用非正规生产厂家的产品。经质量工程师认可后方可使用。

（2）对混凝土、砂浆、防水材料等，要监督检验人员做好配合比并按规定制作试块进行检验。

（3）对钢筋混凝土构件及预应力混凝土构件，应按有关规定作抽样检查。

（4）对预加工厂生产的成品或半成品，应由生产厂家提供出厂合格证明，必要时可作抽样检查。

（5）对新材料、新构件，要经过技术鉴定合格后方可在工程上使用。

在以上检验过程中一旦发现有质量问题，质量工程师应立即吩咐停用或采取补救措施。

5.2.3 施工方案的质量控制

施工方案质量控制包含工程项目整个建设周期内所采取的技术方案、工艺流程、组织措施、检测手段、施工组织设计等的控制。

尤其是施工方案正确与否，是直接影响工程项目的进度控制、质量控制、投资控制三大目标能否顺利实现的关键。施工方案考虑不周往往会拖延进度，影响质量，增加投资。为此，监理工程师在参与制订和审核施工方案时，必须结合工程实际，从技术、组织、管理、工艺、操作、经济等方面进行全面分析、综合考虑，力求方案技术可行、经济合理、工艺先进、措施得力、操作方便，有利于提高质量、加快进度、降低成本。

对施工方案进行选择的前提，一定要满足技术的可行性，例如：液压滑模施工，要求模板内混凝土的自重，必须大于混凝土与模板间的摩阻力；否则，当混凝土自重不能克服摩阻力时，混凝土必然随着模板的上升而被拉断、拉裂。所以，当剪力墙结构、筒体结构的墙壁过薄，框架结构柱的断面过小时，均不宜采用液压滑模施工。

5.2.4 施工工序的质量控制

按照全面质量管理的思想，过程质量管理是质量形成的重要阶段，是对生产过程或服务过程进行的质量管理。而工序质量则是构成过程质量活动的基本单位，也是证实产品符合规定要求以及质量体系有效运行的重要证据。因此，要想经济合理地建构出正确体现顾客使用功能要求的优质工程和优质服务，关键在于工序的管理，使工程质量形成的各有关过程始终处于受控状态。同时，为了把工程质量从事后检查把关，转向事前控制，达到"以预防为主"的目的，也必须加强施工工序的质量控制。

1. 基本概念

1）工序

工序是指施工工序，是产品（工程）构配件或零部件生产（施工）制造过程的基本环节，是构成生产的基本单位，也是质量检验和管理的基本环节。通常所说的一道工序，是指一个或一组作业工人在一个工作地使一个或者若干个劳动对象（工程、产品、构配件或零件等）产生物理和化学变化的过程。如果劳动对象不变，而操作地变换，就成为另外的工序。从现场管理角度看，从工序的组合和影响工序质量的多个因素看，工序就是人、机、料、法和环境对产品（工程）质量起综合作用的过程。

2）工序质量控制

工序质量控制是管理者对工序质量检验反馈来的关于工程产品性能特征的各方面质量数据进行分析，而后针对存在的差异问题采取必要的措施，以尽量消除这些差异，使质量达到要求，并保持稳定的调节管理过程。

2. 工序质量控制的目的和作用

1）目的

影响建筑工程产品质量的原因有两大方面，即偶然性因素和异常性因素。当工序仅在偶然性因素的作用下进行时，其工程产品的性能特征数据（计量值数据）分布基本是算术平均值及标准差固定不变的正态分布。工序处于这样的状态称为稳定状态。当工序既有偶然性因素又有异常性因素作用影响时，算术平均值及标准差将发生不规律的变化，这时的工序状态称为异常状态，应采取必要的措施不断消除，使工序处于管理状态，确保工程产品质量。

2）作用

（1）工序质量控制能有效地控制施工生产过程，及时发现异常原因，便于采取有效措施，防止不合格项目发生，保证工程质量。

（2）工序质量控制有助于企业的各项管理工作的改进和提高。通过质量控制活动中的工序条件质量的分析和解决，促进企业与施工生产活动有关的业务部门和管理人员的协同工作，促使其改进本部门或本岗位的工作，提高工作质量，以保证工序条件质量的改善。

3. 工序质量控制内容

工序质量控制是施工技术质量职能的重要内容，也是现场质量控制的重点。工序质量控制的对象从直观来看是按工序控制的目的来控制工序形成的质量特征值（几何尺寸、粗糙度、公差等）的波动范围，即控制其分散程度同时还要控制特征值波动的中心位置。由于工序形成的质量特征值的波动范围和中心值，受众多因素的影响，因此，工序质量控制的对象是对工序因素的控制，特别是对主导因素的控制。实践证明控制住了主导因素，工序就能稳定，继而保证工程（产品）质量，所以工序质量控制的核心也就是管因素、管过程，并不单纯是管结果，为此，应严格遵守工艺规程。施工工艺和操作规程是进行施工操作的依据和法规，是确保工序质量的前提，任何人都必须严格执行，不得违犯。

① 主动控制工序活动条件的质量。将活动条件的主要因素切实有效地控制进来，使它们处于被控制状态，确保工序投入品的质量，避免系统性因素变异发生，就能保证每道工序质量正常稳定。② 及时检验工序活动效果的质量。工序活动效果是评价工序质量是否符合标准的尺度。必须加强质量检验工作，对质量状况进行综合统计与分析，及时掌握质量动态。自始至终使工序活动效果的质量满足规范和标准的要求。③ 设置工序质量控制点。控制点是指为了保证工序质量而需要进行控制的重点，或关键部位或薄弱环节，以便在一定时期内、一定条件下进行化管理，使工序处于良好的控制状态。

4. 工序质量控制原则程序步骤

工序质量控制实际上是通过对工程产品的一部分（子样）的统计性质来判

断总体（母体）的性质，进而对工序实行控制。其控制的原则步骤为：

描绘工作：对通过有关途径和手段搜集来的质量数据资料进行整理归纳，并利用有关图表及借助必要的统计特征数，把数据的主要特征表现出来。

分析工作：对经过整理、归纳得到的有关数据进行分析，发现这些数据所遵循的规律，即分析其波动的倾向、趋势及其影响这种波动的原因。

推断工作：根据子样对母体所遵循的规律进行推测性的判断，并据此预测母体将来可能出现的情况。这是最有意义的一项工作。但在做推断工作时，必须注意子样与其所代表的母体基本条件不应有所改变。

处理工作：根据对工序是否处于稳定状态的判断及原因分析，决定采取响应的对策办法，来限制异常性原因的影响。

5. 工序质量预控

施工项目质量的预控，是事先对要进行施工的项目分析在施工中可能或最容易出现的质量问题，从而提出相应的对策，采取质量预控的措施予以预防。通过对工程实施质量预控的方法，可以达到提高操作人员技术水平，有目的有预见地采取有效措施，把施工中常见的质量通病和质量事故消灭在萌芽状态，做到心中有标准、施工有准则，施工后才能达到预定目标。下面以因果图进行分析钢筋混凝土灌注桩质量预控，见图5-3、图5-4。

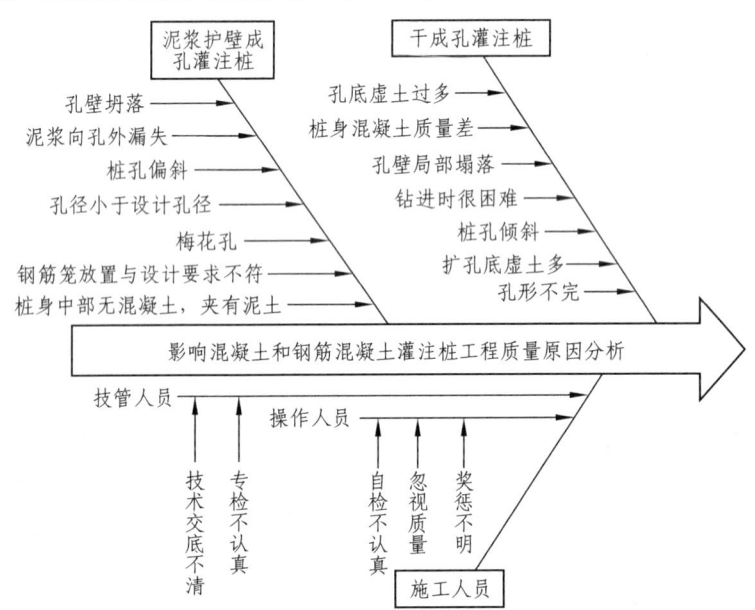

图5-3 钢筋混凝土灌注桩质量因果分析图

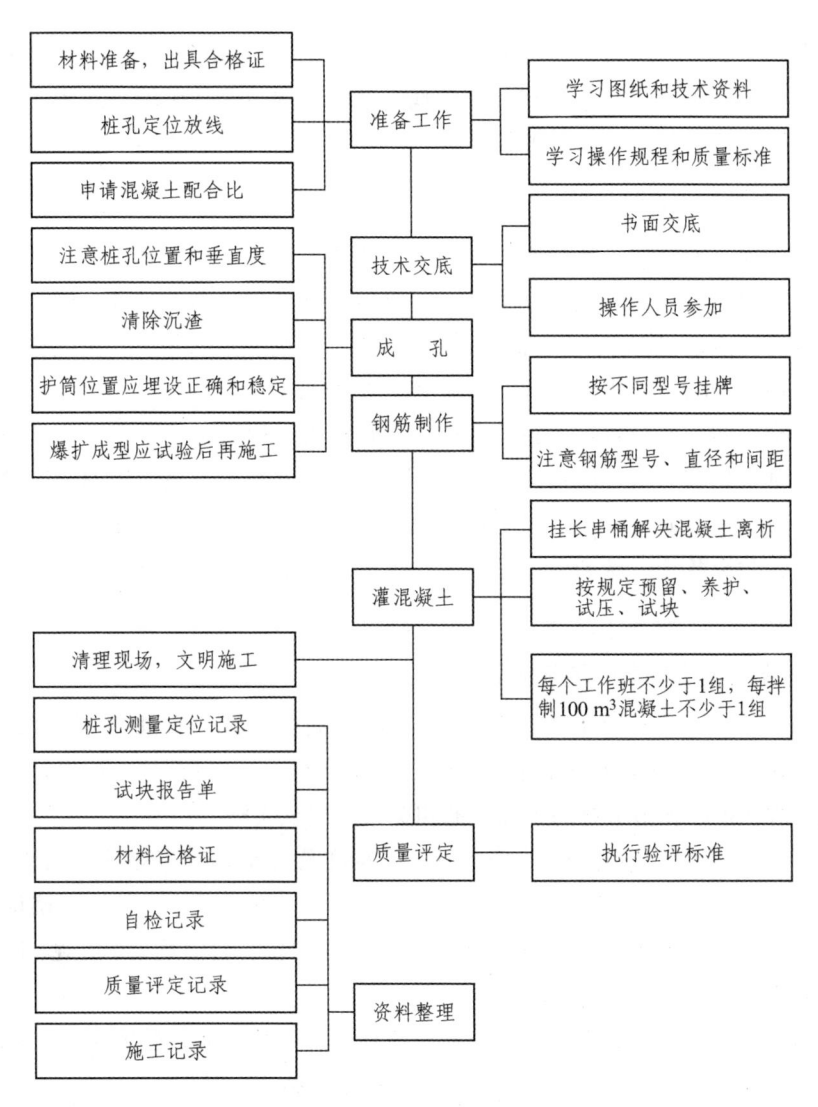

图 5-4 钢筋混凝土灌注桩质量控制程序图

5.3 哨关路的质量管理办法与质量保证措施

5.3.1 质量目标与质量保证体系

1. 质量目标

根据合同要求，本工程的质量目标为：按照《城镇道路工程施工与质量验收规范》（CJJ1—2008）、《建筑工程施工质量统一验收标准》（GB 50300—2013）等国家关于市政工程现行相关规定及验收规范，竣工验收达到一次性验收合格，并争创省优及以上工程。

2. 质量管理组织机构

哨关项目经理部将根据本工程的施工任务和特点，以我公司质量方针为宗旨，以 ISO9001：2000 标准为指南，遵循我公司质量体系文件和合同文件，建立质量保证体系，制定本工程的质量管理办法，明确项目部各级人员质量职责，正确合理地分配质量体系要素，实施全面质量管理。

质检机构人员设置：项目部由总工程师负责工程质量的全面工作。项目部设置质量管理部，负责项目部工程质量的检查、监督、考核、培训及终检验收工作。质量检查人员要努力提高自身业务能力和工作水平，加强巡视检查，严格把关，敢说敢管，做到敬业爱岗，对施工的各个环节全方位、全过程进行质量控制。

3. 质量管理领导小组质量责任

（1）正确处理质量和效益的关系，坚持"百年大计、质量第一"和以质取胜的原则。凡从事本项目工程施工的一切活动和行为，必须严格按照设计文件、规范、监理程序和施工合同中约定的相关条款组织实施。

（2）认真学习有关法律、法规、规范、标准及上级文件，不断提高业务水平。

（3）贯彻公司质量方针、目标、《质量手册》和《程序文件》，确保《质量管理办法》的有效运行；贯彻执行有关工程质量的方针、政策、法规、制度，确定本项目部的创优规划目标和措施。

（4）组织经常性的质量检查，抓好典型。严格执行质量奖惩规定，对质量问题（质量事故）分析原因，制定、落实纠正措施。

（5）组织召开各种质量培训和会议。

4. 质量保证体系（图 5-5）

5. 质量体系主要要素控制

（1）施工过程中的质量管理严格按公司的质量体系程序文件进行，并根据本工程的施工技术要求，补充完善内部质量保证体系，确保工程达到质量优良。

（2）实行各单项工程由施工负责人和技术负责人负责的质量负责制，使创优落实到个人和施工具体工作中。

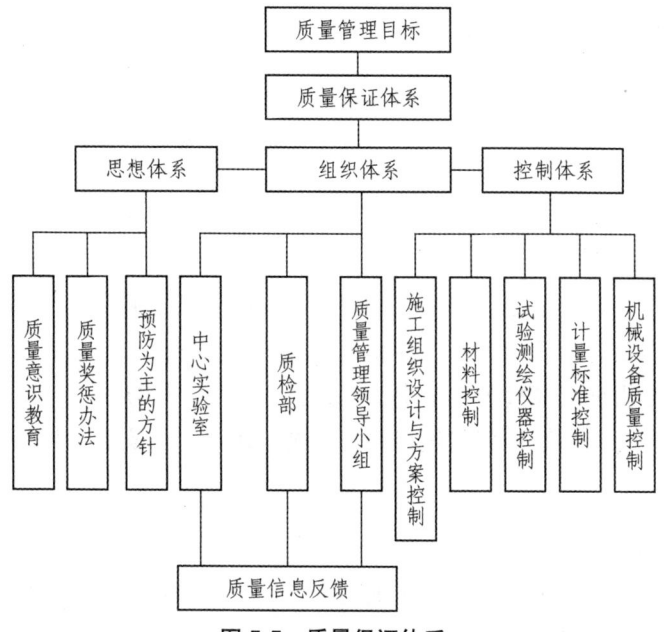

图 5-5 质量保证体系

（3）推行全面质量管理，提高职工的质量意识，用全体员工工作质量来保证工程质量。

（4）认真执行质量管理制度，把施工图纸审签制、技术交底制、质量"三检制"、隐蔽工程检查签证制、安全质量检查评比奖惩制、验工计价质量签证制、分项工程质量评比制、质量事故（隐患）报告处理制等行之有效的管理制度，贯穿于施工全过程，使工程质量始终处于受控状态。

（5）严格按施工技术规范和设计文件要求精心组织施工。

（6）工程施工中的每道工序、每个部位、分项工程、分部工程及单位工程的标识用质量检查证和质量记录来证明。

（7）开展技术攻关，解决质量管理中的难点，确保施工一次成优。

（8）原材料采购之前要对供方进行评价，从中选择生产管理好、质量可靠的厂家作为采购对象，建立供货关系，并做好记录，以确保所采购的材料具有稳定可靠的质量。对于业主指定的材料品牌，必须无条件予以接受执行，并把好质量关。其他主要材料也应得到业主及监理公司认可后方可按认定的样板进行订购。所有材料须有建材质检部门的产品合格证。

（9）加强原材料、中间产品的质量检验，杜绝不合格产品在工程中的使用，达到结构工程内实外美。

5.3.2 质量管理制度

质量控制的对象是全过程，包括采购过程、生产过程等。控制的结果应使被控制的对象达到规定的要求。为了使被控制的对象达到规定的要求，就要积极采用科学的质量管理方法，健全全面有效的质量管理制度。

1. 质量责任制

建立健全质量责任制，明确领导班子成员的责任，确定每个部门的职责，最后落实到项目每个管理人员，并签订相应的质量岗位责任状，与个人收入挂钩，形成一个由项目经理为主负责，项目技术负责人和项目副经理领导监控，项目部及项目分部各职能部门执行监督，施工班组严格实施的网络化项目组织体系。

2. 技术责任制

建立健全各级技术责任制，正确划分各级技术管理工作的权限，使每位工程技术人员各有专职、各司其事，有职、有权、有责。贯彻执行现行国家、省、市的各项技术政策，科学地组织开展各项技术工作，把技术管理工作的重点集中在实现工程质量和工期目标上。

3. 图纸会审、图纸交底制度

实行图纸会审、图纸交底制度，在正式施工前，项目经理部组织人员核对图纸，与设计单位联系，进一步了解业主要求和设计意图，参加施工图会审，接受各部门提出的建议，完善设计内容。在施工前，对全体施工管理人员进行图纸交底。

4. 施工组织设计、施工方案的编制及审批制度

实行施工组织设计、施工方案的编制及审批制度。开工前，根据工程特点，制订需编制施工组织设计、施工方案的清单，明确时间和责任人。每个施工组织设计或施工方案的实施均要通过提出→讨论→编制→审核→修改→定稿→交底→实施几个步骤进行。

5. 技术复核和技术交底制度

建立健全技术复核和技术交底制度，施工前应认真组织进行图纸初审和会审，编制施工方案，在做好三级技术交底工作的基础上，强化对关键部位和影响工程全局的技术复核工作，以减少和避免施工误差。

6. 工程质量检验验收制度

建立严格的工程质量检验验收制度。每一项分项工程或检验批施工完后,首先由施工班组自检,再由项目分部或分包单位技术负责人组织有关施工员、质检员、班组长进行互检和交接检,最后由项目部和监理工程师组织验收。同时,公司、项目经理部、项目分部对工程项目实施三级检查,对质量进行层层把关。特别是建立工程质量验收制度,可加强工程施工质量,保证每道工序均达到合格及以上,以最终达到工程优质目标;可合理安排协调分包单位、监理、项目经理部三方的工程报验工作,提高报验的效率及质量,以保证工程施工进度的顺利进行。

分项工程验收管理规定:

(1)凡项目分部或分包单位需报验收的工程,必须先由项目分部或分包单位技术负责人组织工长、技术交底人员对该工序进行内部联合检查,合格后按照有关规定填写报验资料上报项目质量部门。

(2)实行工程项目的计划报验制,质量部门根据各项目分部或分包单位的报验计划进行统筹安排,有计划的约请监理组织三方现场验收。一些特殊情况下急需验收的质量部门具体安排。

(3)各项目分部或分包单位验收人员根据验收计划安排按时到指定地点等待验收,并携带报验项目的自检记录单,无自检记录单者项目部质检人员拒绝验收,并认定验收该项目一次不合格。

(4)为了加强现场验收的严肃性,验收项目第一次不合格,质量部门将填写存在问题通知单,并要求整改后进行二次报验。凡第二次报验的不合格项目,其中仍存在第一次报验时质量问题未落实整改的,将给予一定金额的罚款处理,同时对该项目施工负责人罚款,并召开现场质量会。

(5)报验资料和自检记录单必须真实反映实际,经验收,实际情况与自检记录单出入过大,验收认定不合格,将给予罚款处理。

(6)对重要工序或业主要求参加验收的工序,由监理约请其参加验收;对需要设计部门、勘探部门、政府监督部门参加验收的项目,由项目经理部提前约请参加,并办理签认手续。

(7)工序验收合格并在各方手续齐全后,由质量部门从监理手中索取,并返还质检员和资料员存档。

7. 工程质量奖罚制度

建立严格的工程质量奖罚制度,项目经理以各施工班组现场施工质量及质量管理状况为依据,根据项目部规定负责签发"工程质量问题奖罚通知单",并相应建立质量专用台账,建立质量基金,专款专用。

(1)工程质量奖罚制是认真贯彻国家和省市关于质量工作的方针、政策、法令和标准以及业主的相关规定,坚决执行本企业有关质量管理的奖罚规定,以现行国家施工验收规范、质量评定为依据,对在施工工程进行奖罚。

(2)工程质量奖罚途径是由质量部门以各项目分部或分包单位现场施工质量及质量管理状况为依据,根据规定负责签发"工程质量问题奖罚通知单";质量部门及财务部分别建立质量专用台账,建立质量基金,专款专用;工程项目经理部的质量奖罚只对各项目分部或分包单位,由项目经理部质量部门签发。

(3)工程质量奖罚制度主要奖励规定。

① 坚持"样板引路"。质量部门对同一分项工程的样板质量进行总结评比,获得第一名的班组发给奖金。

② 每月进行一次资料评比,对分项工程质量报表、工程报验资料准确及时无差错的项目分部或分包单位,给予一次性奖励。

③ 为激发搞好工程质量工作的积极性,每月评选一次质量工作先进个人,并给予奖励。

(4)工程质量奖罚制度主要处罚规定。

① 凡无样板或在样板验收未通过的情况下,擅自进行大面积施工的项目分部或分包单位,除勒令停工整改外,同时对其负责人罚款。

② 在日常工作中,一些质量问题虽经多次书面提出,但未能得到及时整改的,对其负责人罚款,直到整改达到要求为止。

③ 因管理不善,质量问题迟迟得不到解决或受到监理通知或建设单位通报批评的,经项目经理核实,依据问题的性质给予罚款。

④ 加强防水工程的质量控制,认真做好蓄水试验工作,凡在验收中发现有渗漏问题的,每一处(以每一渗水点为一处)第一次蓄水过程中存在的给予罚款,并按实际渗漏处累加罚款。

⑤ 做好成品保护工作。因人为因素造成成品损坏、污染的,视情节轻重及损坏程度给予罚款;性质特别严重的,除给予罚款外并给予通报批评。

⑥ 凡隐蔽工程未经质量部及监理公司检查验收就进行下道工序施工的,一经发现,对其负责人给予罚款。

⑦ 工程报验质量资料严重失真,与实际情况超差10%以上的,给予罚款,并限期纠正解决。

⑧ 分项工程质量报表和质量工作总结，每月 25 日前报质量部门，逾期不报的给予罚款。

⑨ 造成重大隐患，构成质量事故的应在 12 h 内上报项目经理，对隐瞒不报的，一经发现视问题的轻重对其负责人、技术负责人予以罚款。

（5）工程质量奖罚制度具体处罚细则。

为便于实施处罚，项目经理部根据结构、装修、机电安装等不同阶段的施工特点及具体操作，分别编制具体的奖罚细则。在施工过程中，一旦发现有违规情况者，将对其负责人和操作责任人处以罚金，交财务实施。实行罚款，同时对所在区段单位负责人处以罚款总额的 10% 罚金，交财务实施。

8. 工程质量消项例会制度

制定工程质量消项例会制度，有效地推进了质量问题的消除和质量的提高。项目经理部、监理公司、业主及项目分部、分包单位共同参与例会，减少质量问题多次重复的出现，提高质量验收工作的效率。

（1）整个施工过程中项目经理部与监理公司、业主及项目分部、分包单位共同建立每周一次质量消项例会制度，业主主持召开。

（2）业主将现场发现的质量问题以书面形式列出，在会上定出解决期限及责任人；同时对上次提出的问题落实解决情况，经监理证实，解决的问题给予消项。

（3）对消项会确定的问题由质量部门组织监理、业主及项目分部、分包单位有关人员共同检查落实质量问题的处理情况。

（4）质量问题在复查过程中，依然未改正处理的项目分部或分包单位，项目经理部根据情况对其进行罚款，必要时给予通报批评。

9. 质量分析会制度

建立质量分析会制度，将工程质量推向深入，对工程缺陷有目的有预见地采取有效措施，把施工中常见的质量通病和质量事故消灭在萌芽状态。质量分析会由项目经理或总工程师主持召开，各部门有关人员及班组长参加，每月不少于一次。质量分析会针对质量趋势、质量问题，制定出相应的预防、纠正措施。

（1）由项目经理或总工程师主持召开，各部门有关人员及项目分部、分包单位负责人参加，每月不少于一次。

（2）各项目分部或分包单位内部要开展质量分析会，由其技术负责人主持召开，各部门及有关人员参加，对一些关键性工序已经出现的质量问题以文字形式写出质量不合格原因调查报告。

（3）质量分析会主要内容：

① 对工程实施质量预控，做到心中有标准、施工有标准。

② 对工程质量趋势进行分析。

③ 分析已经出现的质量问题（含不合格物资、不合格过程）和可能造成质量问题的潜在因素。

④ 针对质量趋势、质量问题，制定出相应的预防、纠正措施。

（4）对质量有广泛影响的质量问题及其产生原因、预防、纠正措施等，以通报、纪要形式及时发布。

10. 现场材料设备管理制度

建立健全现场材料设备管理制度，现场材料设备严格按施工总平面布置图存放，材料设备存放场地须挂牌标识，应指明材料设备名称、规格、进货日期、检验状态和供货厂家。露天堆码的材料设备要分区分类码放，底垫木高度不小于200mm，码放整齐，钢材、设备必须有防雨措施，上盖下垫。需入库保存的材料布局合理，库容整洁，便于收发。化工油漆等危险品材料，单独设库存放，库房远离火源，不得将库房设在建筑物内。

11. 计量管理制度

建立健全计量管理制度，按 ISO9001 标准要求建立计量管理体系，提高施工质量，降低物耗、能耗。为保证计量器具的精度，在用计量器具必须按技术监督部门规定的制度进行定期检定。特别应加强对钢筋、混凝土施工过程的计量管理。

5.3.3 工程质量检测制度

1. 工程质量检测体系

本工程工程质量检测应用于施工全过程，每个检验批、分项工程及分部工程的质量检测，以及最终竣工验收，均应明确检验的方法、内容和要求。为保证工程的顺利进行，以施工前的预控标准对检验批、分项工程及分部工程进行有效控制，结合本工程的特点和难点，制定本工程的质量检测体系。

计量检测设备的管理、检验程序：

（1）计量检测设备管理，包括计量检测设备配备计划、采购、校准、标识、维护保养、封存、启封及报废。

（2）项目经理部应根据上级的要求和实际需要，编制计量检测设备购置计划，经上级主管部门批准后组织采购。

（3）新购置的计量检测设备，必须经过首次检定校验，检定校验合格后方能入库、使用。检定校验不合格应退货。

（4）所有计量检测设备，均应按上级确定的周期送法定单位进行检定校准，并应在检定校准之前准备好替代的计量检测设备，以保证现场工作的连续进行。

（5）属于强制检定的计量检测设备，必须按规定的周期送往本地区技术监督局进行强制检定。本地区技术监督局不能承担的强检项目，应报省、市技术监督局协调落实。

（6）属于非强制检定的计量检测设备，可根据就近、就地、方便生产、方便管理的原则自主送国家法定计量检定机构和经批准授权的计量检定机构检定。

（7）属于进行外观检查和比对校验的计量检测设备，应按公司主管部门制定的校验规程，由使用单位的专（兼）职计量员进行校验，并保存校验的记录。

（8）公司主管部门和各使用单位必须保存计量检测设备的目录和校准资料。资料应包括计量检测设备的类别、型号、购置日期和厂家、编号、精度以及校准周期台账和计量检测设备抽检记录等。

（9）凡校准合格的计量检测设备应粘贴彩色标识，以证明该计量检测设备的状态现处于允许的精度之中，并在该标识上注明下次检定校准的日期。该标识由公司主管部门按校准的检定证书分别发给 A（强检）、B（非强检）、C（一般管理）类标识，由使用单位计量员粘贴。

（10）使用单位必须按计量检测设备技术文件的要求进行使用、维护和保养，严禁私自拆修。精密、大型、贵重检测设备，必须指定专人保养、维护、使用，严禁无关人员私自动用。

（11）使用单位在操作使用过程中发现不合格的计量检测设备，应立即停止使用，隔离存放，做出明显的标识，并上报项目经理和公司主管部门。不合格的计量检测设备在不合格原因排除，并经再次校准后才能投入使用。

（12）使用单位对不合格的计量检测设备应检查分析原因，并制定防止再发生所需要的纠正和预防措施。

（13）计量检测设备超过三个月不使用时，应由使用单位提出申请，报公司主管部门审批后予以封存，并按规定做好封存记录。封存的计量检测设备未按规定办理启用手续的，不得投入使用。

（14）精密、大型、贵重计量检测设备需要报废时，应经法定检定机构校准出示报废证书后，方可报废。其他计量检测设备需要报废时，应由使用单位提出申请，经公司主管部门批准后方可报废。报废的计量检测设备应由公司主管部门统一提出处理意见，严禁流入生产中使用。报废的计量检测设备应做好记录，公司主管部门和使用单位应及时抽卡、销账。

2. 材料检验程序和方法

（1）对材料质量严格按照公司质量保证程序文件中的相关规定进行，对进场物资材料进行全面检验和试验，不合格品按不合格品的控制程序进行控制。

（2）建立物资验证台账。即定期检查各种材料的各种质量证明，与材料员和计划、合同负责人紧密联系，对进场的物资验证其各种质量证明及复试报告和实体质量，并认真切实做好台账。

（3）对进场原材料按规范的规定进行取样送检。检测单位应具有规定的资质并经当地建设行政主管部门认可。材料进场后由试验员会同材料员进行取样，取样时材料员应提供如下资料：出厂合格证、批量、生产厂家、品种、规格。施工取样由监理见证。在材料使用前，将检验报告送监理认可后方使用该材料。

（4）具体检测项目按规范、省市及业主相关规定进行。

3. 施工过程质量检验方法

（1）在施工过程中，对于主要分项工程和重点部位质量标准的保证项目、基本项目、允许偏差等，针对具体情况和规范要求，制定相应的检验批及检验方法，并对检验人员进行交底，贯彻实施。

（2）工程施工过程，除按质量标准规定的复查、检查内容进行严格的复查、检查外，在重点工序施工前，必须对关键的检查项目进行严格的复核。每一道工序开工前，均需进行技术交底。技术交底各专业均采用三级制，也即技术负责人→专业工长→各班组长。技术交底均有书面文字及图表，级级交底签字。技术负责人向专业工长进行交底要求细致、齐全、完善，并要结合具体操作部位、关键部位的质量要求、操作要点及注意事项等进行详细的讲述交底；工长接受后，应反复详细地向作业班组进行交底；班组长在接受交底后，应组织工人进行认真讨论，全面理解施工意图，确保工程的质量和进度。

（3）对各检验批、分项工程要做好标识，标识数据真实可靠，熟练满足要求，质量检测员复查表示发现与实际不符时即可要求工程全部标识。

（4）检验批、分项工程验收后，应将验收情况统计列明分项工程名称、报验人、质量监控验收等级、验收人和验收情况等。

4. 隐蔽工程验收

隐蔽工程验收是对隐蔽工程在隐蔽前进行检查验收。把好隐蔽工程验收检查关是保证工程质量的重要措施，因此必须认真做好隐蔽工程验收。为此，应以ISO9001质量体系为中心，严格执行公司的质量管理、质量程序、CI工作、技术管理程序，完善隐蔽工程检验检查和验收制度，确保顺利完成本工程质量目标。

（1）建立"三检"制度。即每道工序完后，首先由作业班组提出自检，再由项目分部技术负责人组织有关施工人员、质检员、技术员进行互检和交接检，隐蔽工程在做好"三检制"的基础上，请项目经理部及监理工程师审核并签证认可；同时做好隐蔽工程验收质量记录和签字工作，并归档保存。

（2）建立"三级"检查制度。公司每月对项目工程质量全面检查一次，项目部每周对项目工程质量全面检查一次，检查中严格执行有关规范和标准，对在检查中发现的不合格项，提出不合格报告，限期纠正，并进行跟踪验证。

（3）所有隐蔽工程必须在监理工程师签字认可后，方能进行下一道工序施工，未经签字认可的，禁止进行下道工序施工。经监理工程师检查验收不合格的隐蔽工程项目，返工自检复验合格后，重新填写隐蔽工程验收记录，并向监理工程师发出复检报告，经检查认可后，及时办理签认手续。

（4）重点部位实施作业令签发制度。

（5）严格按照公司的质量管理、质量程序、技术管理文件以及省市有关工程竣工验收备案的规定要求，进行整理各项隐蔽工程验收记录，保证施工日志、隐蔽工程验收记录、分项工程、分部工程质量评定记录等资料齐全、真实可靠。

（6）建立严格的奖罚制度。在施工前和施工过程中项目经理组织有关人员，根据公司有关规定，制定符合本工程施工的详细的规章制度和奖罚措施，尤其是保证工程质量的奖罚措施。对施工质量好的作业人员进行重奖，对违章施工造成质量事故的人员进行重罚，不允许出现不合格品。

5. 竣工验收

在工程最终整体验收前，为保证各项工作的插入，应提前进行单项验收。工程最终整体验收应按合同规定会同所有相关单位及部门进行。

5.3.4 主要分项工程质量保证措施

建立针对本工程项目的施工质量保证体系，做到"横向到边、纵向到底、控制有效"。强化以各级第一管理者为首的质量保证体系，配齐配强有关人员。项目经理部设质量安全科为专职质量管理机构，配备专职质量检查工程师，施工队配质量检查员，工班设兼职质量检查员，形成三级质量管理体系，并实行定岗负责制，负责工程质量的日常管理工。

1. 测量控制质量保证措施

对施工测量及精度要求，应符合施工技术规范及现行有关规范的规定。

（1）施工前必须建立测量控制网。对建设方提交的基线、基点及高程点进行复测，并办理签证手续。

（2）补充施工需要的中线桩及水准点。

（3）对基线、基点及高程点采取特殊措施加以保护，并定期复测；施工的主要控制桩均应稳固可靠，并保留至工程结束。

（4）使用的测量仪器、器具必须在检定的周期内，施工中定期进行自检校验。

（5）施工中各阶段的测量放样，应在道路附近适当位置设立加密控制点，使用前应先进行复测，闭合误差在规范容许的范围之内，控制点须加以保护。

（6）施工过程应做好测量记录，并由技术负责人复核测量数据。

（7）工程完工后，对施工过程的测量数据进行整理。

2. 钢筋施工质量保证措施

1）钢筋采购

钢筋为自行采购，必须提供出厂质量保证书，对使用的钢筋，要严格规定取样试验合格后方能使用。

2）钢筋加工

（1）操作人员必须持证上岗，焊接头要经过试验合格后，才允许正式作业，在一批焊件中，进行随机抽样检查，并以此作为加强对焊接作业质量的监督考核。

（2）钢筋配料卡必须经过技术主管审核后，才准开料，开料成型的钢筋，应按图纸编号顺序挂牌、堆放整齐，钢筋的堆放场地要采取防锈措施。专人负责钢筋垫块（保护层）的制作，要确保规格准确，数量充足，并达到足够的设计强度，垫块的安放要疏密均匀，可靠地起到保护作用。

（3）钢筋绑扎完毕后，要经过监理工程师验收合格后，方可浇注混凝土，在混凝土浇筑过程中，必须派钢筋工值班，以便处理在施工过程中发生的钢筋及预埋件位移等问题。

3. 模板施工质量保证措施

（1）模板要经过结构设计，保证有足够的强度和刚度，并要装拆方便；加工钢模板时要严格按技术规范施工，实行三级验收程序。

（2）模板安装前，应进行试拼，并编好号，以保证模板间接缝的严密，安装时按编号顺序进行。模板要严格除锈，以免锈斑粘在混凝土上面，影响混凝土的外观质量。

（3）钢模板统一调配，安装时要涂脱模剂，模板缝隙要严密填塞，并注意控制高差、平整度、轴线位置、尺寸、垂直度等技术要求，流水作业，逐一检查，防止漏浆、错装等错误。

（4）模板、支架以下工序操作时，应派专人不断检查，发现问题及时解决。拆卸模板、支架时，应按规定顺序拆除，小心轻放，决不允许猛烈敲打和拧扭，并将配件收集堆放。

4. 混凝土施工质量保证措施

（1）根据混凝土的强度要求，与商品混凝土供应商作平行试验，准确计算出混凝土的配合比，并申报监理工程师审批，监理工程师同意后方可使用，使用过程中，要严格按照配合比执行。

（2）派专人（试验人员）到商品混凝土搅拌站监督检查配合比执行情况及原材料、坍落度、试件取样、称量衡器检查校准及拌和时间是否相符。

（3）混凝土运抵现场后，必须经过坍落度试验，符合要求后才能浇注，否则要重新拌和。

（4）浇筑混凝土，全部模板和钢筋要清洗干净，不得有杂物，模板若有缝隙应嵌填密实，并经监理工程师检查批准后方能开始浇注。混凝土的浇注方法，必须经监理工程师的批准。

（5）混凝土浇筑施工时，要严格控制分层厚度，最大不能超过30 cm，同时要严格控制混凝土自由下落高度，最高不能超过2 m，超过2 m要使用串筒或流槽，以免混凝土产生离析。

（6）混凝土浇筑作业应连续进行，如因故发生中断，其中断时间应小于前次混凝土的初凝时间或能重塑时间，超过中断时间，应采取相应措施处理，并立即向监理工程师汇报。

（7）混凝土振捣时，振捣器的插入或拔出时的速度要慢，振捣点均匀，在振捣器不能达到的地方辅以插铲式振捣，以免发生漏振现象。

（8）施工缝的处理，应按规定或监理工程师的要求进行，在旧混凝土表面浇注新混凝土前，必须将其表面凿毛并清洗干净，用水湿润后，先浇一层水泥砂浆以确保新旧混凝土之间能良好结合。

（9）混凝土终凝后要采取洒水养护，并在浇注部位注明养护起止日期，以免养护时间不足。

5. 路基工程质量保证措施

（1）路堤填筑前先清除地表腐殖土，进行基底压实处理，施工中做到挖、运、摊、碾、试验机械设备配套，禁止滚填。严格按照卸土、摊平、碾压、试验四道工序分区控制，逐项工序检查验收，确保填筑质量。

（2）按设计要求和相关技术规范制订路基施工作业指导书和试验计划，并报监理工程师审批。路基施工严格按照先实验后铺开的施工要求进行施工。

（3）对原地面进行处理和填筑前，碾压需达到规范要求的压实度，并经监理工程师认可后进行路基填筑。

（4）路基施工前或施工过程中，做好急需的排水系统，以保证施工质量。对冲沟路段，施工前首先修筑施工便道，填前基底压实度达到90%。

（5）土质路堑施工采用反铲自上而下开挖，人工配合刷坡，严禁采用爆破法开挖。

（6）有路堑挡墙地段，采用间隔开挖、间隔砌筑，确保路堑边坡稳定。

（7）在填筑过程中，使用含水量快速测定仪随时检查填料的含水量。

（8）土石方压实采用重型振动压路机压实，严格控制压实速度及压实遍数，确保压实质量，分层填筑完成后随时检查密实度，上一层路基压实达不到规范要求不进行下一层填筑。

（9）路堤施工到上路堤顶面采用冲击压实机械进行冲击压实，以提高路基的压实度。

（10）台背采用渗水性好的砂砾土填筑，分层松铺厚度不大于15 cm，压实采用小型压实机压实，压实度不小于96%。

（11）为减小路基不均匀沉降，在桥头两侧30 m范围内及冲沟底部采取重点夯实的处理措施。

（12）不同填料的结合部设一定距离的缓坡分层夯实，杜绝进行垂直衔接。

6. 涵洞及排水工程质量保证措施

（1）做好挖基前地表的截排水工作后再开挖基坑，当开挖至设计标高后，对地基承载力不符合设计要求时，按设计、监理单位批准的变更设计方案进行加固处理。

（2）认真测量放线，确保基础、边墙、盖板、进出口铺砌等结构物空间位置尺寸准确。

（3）涵洞沉降缝严格按设计要求施工，砌体无通缝和大三角缝，并确保沉降缝垂直。

（4）涵洞用混凝土或砂浆采用自动计量搅拌站拌制，盖板采用预制厂集中预制，严格检查钢筋及模型尺寸、支撑情况，以达到准确和牢固的要求，未经隐蔽工程检查不进行混凝土灌注。

（5）钢筋混凝土预制板强度达到设计的80%后脱模、移运和堆放，堆放时不上下面倒置。

（6）涵洞缺口填土前，按设计要求施作防水层。

（7）当涵顶上方填土高度小于0.5 m时，禁止施工机械直接在涵洞上通过。

7. 防护工程质量保证措施

（1）按测量桩点挂线，保证砌体墙面平整，坡度正确，沉降缝垂直。

（2）砌石应采用挤浆法分段砌筑，严禁灌浆法砌筑。砌块丁顺排列，错缝搭接，石块间不得无砂浆而直接接触。

（3）砌体圬工坡面的松动岩石应清除，局部超挖或凹陷处应挖成台阶后用与砌体同标号的圬工砌平。所有砌体进行凿面并统一勾凹缝。

（4）砌体分层砌筑，砌筑上层时不应振动下层，不在已砌好的砌体上抛掷、滚动及敲击石块。

（5）按规范和设计施作挡土墙泄水孔，并在墙后填筑砂卵石透水层。

（6）做好砌体工程的养护工作，按规定频率取样制试件，养生后送指定试验室检验。

（7）质量保持内容：稳定的边坡坡度、植物防护技术应用、光面爆破技术应用、坡面排水骨架技术应用。

8. 桥梁工程质量保证措施

（1）进行定位测量，准确确定桥位，并埋设必要的护桩，设置必要的水准基点，施工期间定期进行中线及水平测量，确保桥位、中线、位置、跨度及各部位标高准确。

（2）开挖基坑时，按基础设计尺寸放出开挖周边线，减少超欠挖。有地下水时，在基础之外设集水井，抽干坑内积水后方可进行基础施工。

（3）后张法预应力混凝土的粗骨料，采用坚硬的碎石。石料应做"坚固性试验及压碎指标值试验"，对不符合规定者不使用。混凝土用水采用清洁可饮用的水，不使用污水、pH值小于4的酸性水、含硫酸盐超过1%的水。混凝土板所用石料经过筛分和水洗等工序。

（4）预应力梁张拉根据规范要求，混凝土强度达到设计要求后进行张拉。张拉时，锚具安装正确，张拉力由小到大，慢速张拉，确保不断丝、滑丝，保证张拉质量。

（5）张拉孔先用高压风吹孔，再用高压水冲洗，保证顺利穿束，确保压浆质量。

（6）预应力梁的制作，采用大块具有一定刚度和强度的钢模。钢撑拉筋布局合理，并具一定阻力，确保梁的几何尺寸。

（7）为提高混凝土拌和物的均匀性，所有桥梁混凝土采用自动计量搅拌站生产，浇注混凝土采用泵送混凝土施工工艺。混凝土灌注分段捣固时加强连接部分振捣，防止漏捣，保证混凝土内实外美，无麻面，无错台。

（8）基础圬工施工前，对基底的水文地质情况做自检核对，确认地基承载力符合设计要求。填写工程检查证，报监理工程师检查签认，同意后方可施工基础混凝土。

（9）桥梁桩基确保灌注连续，保证不断桩。在灌注过程中，防止混凝土从漏斗顶溢出或从漏斗外掉入孔底，影响桩身混凝土质量。施工中如发现断桩，严格按照有关规定进行处理。

（10）为确保桩顶质量，在桩顶设计标高以上应加灌一定高度，一般不小于0.5m。桩身施工完成后，必须对孔桩进行无破损检查，未经监理工程师检查认可，不进行墩台身施工。施工过程中做好基础及墩台的施工接头处理，确保接头质量达到设计标准。

（11）墩台模板采用大块钢模施工。模板支立牢固稳定；模板接缝紧密平顺，保证不跑模，不漏浆。

（12）混凝土施工前对施工工人进行技术培训，施工时严格控制混凝土坍落度，优化混凝土振捣工艺，以保证质量。

（13）墩台身施工严格按设计要求做好预留孔、预埋件。

（14）基础墩台身混凝土在终凝前，避免泡水，桥台圬工未达到设计强度，不在台两侧进行填土。

（15）预应力混凝土结构所用的钢丝、钢绞线和热处理钢筋等的质量，必须符合现行国家标准的规定。

（16）预应力筋锚具、夹具和连接器应具有可靠的锚固性能、足够的承载力和良好的实用性，能保证充分发挥预应力筋的强度，安全地实现预应力张拉作业，并符合现行国家标准《预应力筋锚具、夹具和连接器》（GB/T 14370）的要求。

（17）施加预应力所用的机具及仪表由专人使用管理，并定期维护和校验。千斤顶与压力表应配套校验。校验应在经主管部门授权的法定计量机构定期进行。

（18）桥涵混凝土预制构件严格按设计和相应工艺要求施工，预制构件的储存、运输及吊装应编制详细的施工技术和安全质量措施并进行交底，使所有人员熟悉设计和工艺要求，确保预制、存放和安装就位中的工程质量。

（19）大桥重要结构在施工阶段，对结构物的应力、变形值应有针对性的施工检测控制，保证结构物的强度和稳定性。

（20）基坑弃土要适当远运至指定弃渣场，不污染河道，不妨碍基础施工，不影响基坑边坡稳定。

（21）结构物台背填土在结构物强度达到设计及规范要求后方可进行回填；回填时，排干基坑积水，在两侧基本相同的标高上同时对称填土，挖方界内的坡度修成台阶形，防止造成墩台受偏压。回填材料尽可能采用渗水土，并分层夯实，确保填土密实，确保填土密实度符合规范要求。冬雨季施工严格按照冬雨季施工措施进行。

9. 对原材料供应商的管理

对所有材料必须进行严格的质量管理，包括对原材料、成品、半成品的质量管理。对供应商的严格管理是保证工程质量的重要措施之一。

（1）采购前要调查供应商的生产能力、交货质量、信誉，评价满足产品质量要求的能力，查阅其被证实的能力和业绩的记录。在可能情况下，提供该单位具有代表性的照片作为佐证，调查是否通过质量体系认证或近期获得国家、行业认可。对供应商的调查资料除说明该供应商的情况外，还应对该供应商提供产品的生产厂家进行说明。

经对供应商进行全方位的调查后，采购部门根据调查资料，编制"供应商调查表"，被调查单位作为初选供货商。根据我单位质量体系文件规定，本工程的材料供应由设备物资部负责，设备物资部与工程部联合组成本工程的采购部门。

（2）采购部门与初选供应商联络，请生产厂家、供应商提供需进行再试验产品的样品，送试验室检测。

（3）采购部门收集、整理供应商认定过程中的有关资料，对初选供应商进行评价，根据对供应商的调查和评价情况，负责认定合格供应商，编制"合格供应商名录"，建立合格供应商档案。

（4）采购部门不得在未经认定为合格的或未得到监理工程师批准的供应商处采购产品。

（5）采购部门综合选择最优的合格供应商，项目经理部与合格供应商签订供货合同。

（6）采购部门负责按采购合同要求到合格供应商货源处进行验证，验证内容应包括供货合同中与质量及供货能力有关的要求。

（7）采购部门应索取每批产品的相关技术证件（技术证件要求填写齐全，如钢材炉号、水泥批号等）。

（8）采购部门对已进货的分供方进行质量跟踪，对质量下降的分供方，采购部门提出限期改正措施。分供方仍不能解决问题的，采购部门取消其合格分供方资格，从"合格分供方名录"中除去该分供方。

（9）业主有要求时，采购部门为业主到货源处的验证提供必要的条件，使业主能在分供方处对分供方产品是否符合要求实施验证。

10. 赶工期时的质量保证措施

做好各项计划，合理配置人、机、料，不能因赶工期而疲劳施工，避免导致工程质量事故及人身伤亡事故。

定期组织职工进行质量安全学习，牢牢树立"质量第一"的思想，根据不同工种的作业内容，学习有关的质量措施，使其认识到质量的重要性。在各项工序施工前组织技术人员和工人做好技术交底工作。

5.3.5 成品半成品防护措施

制定成品保护措施是为了最大限度地消除和避免原材料、半成品、成品在施工过程中的污染和损坏，以达到减少和降低成本，提高成品、半成品一次合格率、一次成优率的目的。

1. 保护范围

（1）原材料：水泥、砂、碎石、外加剂、钢筋、钢板、套筒、焊条、锚具、支座、钢绞线、钢管、波纹管、型钢、钢筋网片、土工格栅、土工布、雷管、炸药等。

（2）半成品：贝雷架、模板、混凝土、钢筋笼、钢筋骨架、钢筋网片等。

（3）工程设备：吊车、挖掘机、装载机、工程运输车、压路机、平地机、洒水车、架桥机、混凝土搅拌设备、电动工具、钻机、发电机、电焊机、钢筋切断机、钢筋弯曲机、切割机、对焊机、混凝土振动设备、千斤顶、打夯机、照明设施、各种试验检测仪器及测量仪器等。

（4）施工过程中的工序成品：施工测量控制点、路基、路面、边坡支护、排水系统、承台、墩身、盖梁、支座垫石、预制梁、各种预制件、脚手架、临水、临电、临建工程等。

（5）竣工后交工前的成品：整个工程。

2. 保护措施

1）原材料

（1）入库或进入现场的所有材料要严把质量关，经检验不合格的材料要及时清退出场，严禁不合格材料入库或用于工程中。

（2）所有材料均应按型号、品种分格分挡堆放，并分别编号、标识，不能混合在一起，以免拿错或损坏。

（3）各种材料根据材料性能妥善保管，采取必要的防雨、防潮、防晒、防冻、防火、防损坏等措施；贵重物品、易燃、易爆材料及有毒物品应专门存放、专人负责保管，并有严格的防火、防爆、防盗措施，加设明显标志，并建立严格的领、退料管理手续；有保质期的库存材料应定期检查，防止过期，并做好标识。

（4）水泥仓必须有醒目的指示铭牌，标明水泥生产企业、水泥品种、强度等级等，不同生产企业或不同品种的水泥严禁混仓。水泥堆放必须入库，严禁露天堆放，库房四周应排水通畅。

（5）砂、石必须按不同品种、规格、产地分别堆放，防止混用。堆场应采用硬地坪，有可靠排水措施。

（6）外加剂必须按不同生产企业、品种、牌号分别存放，有醒目的指示铭牌，标明外加剂生产企业、品种等。对在保质期内存放期超过三个月的外加剂，使用前应重新检验，并按检验结果使用。

（7）土工布卷应该堆放于经平整不积水的地方，堆高不超过4卷的高度，并能看到卷的识别片。土工布卷必须用不透明材料覆盖以防紫外线老化。

（8）土工格栅应堆放在不积水的场地，堆放整齐，并做好防雨、防晒措施。

2）测量工程

（1）定位标准桩和水准基点均应明确标识，扎钢管架罩住，并用混凝土浇筑，防止用错和被破坏，并应经常测量和校核其平面位置、水平标高是否符合设计要求。

（2）因现场施工需要，必须破坏控制桩时，应提前向测量组提出书面申请，在测量组将控制点转移以后，签字同意后再动原控制桩。土石方开挖过程中，对定位轴线引出桩、标准水准点等，开挖时注意保护，并经常校核其位置是否正确；基坑的水平标高和坡度是否符合设计要求应经常校核。

3）钢筋工程

（1）钢筋的原材应分规格、分部位按指定地点堆放。

（2）加工好的半成品按规划地点堆放，并标明尺寸、规格、简图、部位标识牌，堆放整齐；直螺纹丝扣戴好保护套，防止撞伤丝扣；成型的钢筋、箍筋按20个一捆捆牢，堆放在钢筋堆放棚内并支垫好，以防锈蚀。

（3）绑扎基础底板钢筋时，需注意基底保护层厚度，上下层钢筋绑扎时，按方案要求绑扎牢固，防止操作时蹬踩变形。

（4）承台、盖梁等侧筋或墩身钢筋绑扎时需设专用爬梯，绑扎好的筋或墩身钢筋禁止施工人员从钢筋中穿过和攀爬，模板安装人员在安装时禁止扳、撬、踩墙筋。

（5）要保证预埋件正确，如预埋件与钢筋冲突，可将直钢筋沿墙面左右弯曲，横向钢筋上下弯曲，以确保保护层尺寸，严禁任意切断钢筋。

（6）钢筋绑扎完成后，严禁施工机械的油污及模板脱模剂等污染钢筋，如果钢筋被油污染可采取适当浓度的洗涤液进行清洗，并用清水清洗干净。

（7）钢筋在吊装时，钢丝绳捆绑两头要均匀，一次吊装不要太多，放下来时要有人扶持好，慢慢放下。

（8）筑混凝土时，应设专人看护钢筋，以防钢筋跑位，将预留筋用PVC管套住以免被水泥浆污染。

（9）预应力筋除了防锈蚀、污染，还需特别注意防止电流、火花、焊渣、机械等对其造成的损伤。

4）模板工程

（1）预组拼的模板要有存放场地，场地要平整夯实。模板平放时，要有木方垫架；立放时，要搭设分类模板架。模板触地处要垫木方，以此保证模板不扭曲不变形。不可乱堆乱放或在组拼的模板上堆放分散模板和配件。

（2）承台、墩柱、盖梁、T梁、箱梁等为钢模板，吊装就位时尽量一次就位成功，不要用钢管及榔头敲、砸模板，以防模板变形。

（3）工作面已安装完毕的侧模、柱模，不准在吊运其他模板时碰撞，不准在预拼装模板就位前作为临时倚靠，以防止模板变形或产生垂直偏差。工作面已安装完毕的平面模板，不可做临时堆料和作业平台，以保证支架的稳定，防止平面模板标高和平整产生偏差。

（4）模板拆除时，不得用大锤、撬棍硬碰猛撬，以免模板及混凝土的外形和内部受到损伤，支模时要周密考虑，先安的后拆，后安的先拆。

（5）拆下的钢模板如发现模板不平或肋边损坏变形，应及时修理。

（6）模板使用后及时清理干净，特别要注意接缝处要清理干净，将脱模剂均匀涂刷在模板面上。

5）混凝土工程

（1）严格按照相应的规范、标准进行混凝土的运输、卸料及浇筑工作。

（2）浇筑混凝土过程中遇到下中大雨时，须采取相应的遮盖措施。

（3）混凝土浇筑后严格控制拆模时间，非承重侧模应在混凝土强度能保证其表面及棱角不致因拆模而受损坏时方可拆除，要求至少在混凝土浇筑完毕后24 h；盖梁底模根据试块的试压强度确定拆模时，要求强度不小于设计要求；预应力梁钢束张拉必须待混凝土试块强度达到设计混凝土强度等级的90%，且混凝土龄期达到7 d后方可进行。

（4）施工过程中必要的剔凿必须待混凝土基本达到设计强度时方可进行。

（5）混凝土浇筑后严格按照施工规范和技术要求进行养护和保温。

（6）现场混凝土面、柱面等不得随意涂画，保持成品的清洁。

3. 保护人员配置

在进行成品保护过程中，各分区成品保护责任人根据自己区域内的工程进展情况对人员进行合理安排，并根据具体的情况对人员进行调整，但每项任务不得少于两人，确保成品保护工作的最终落实，从而确保成品的质量。

成品保护责任人在进行成品保护过程中所承担的责任：首先确保成品保护

方案的顺利实施，确保对不规范的行为及时制止并要求整改，落实整改结果，确保成品最终的质量满足交工要求，并从始至终地对自己所负责区域的成品进行保护，直至顺利完成交工验收。

第6章 市政道路施工阶段投资控制

6.1 市政道路投资控制基本理论

6.1.1 建设项目投资控制的含义

要实现建设项目的投资目标,就必须对其实施有效的控制。控制是项目管理的重要职能之一。其定义是指将系统引入一定的轨道,并且确定在这个轨道上,具体说就是指行为主体为保证在变化的条件下实现其目标,按照事先拟定的计划和标准,通过采用各种方法,对被控对象实施中发生的各种实际值与计划值进行对比、检查、监督、引导和纠正,以保证计划目标得以实现的管理活动。而所谓投资控制,就是对建设项目投入的资金或资源及投入的过程所进行的调节和控制,其目的是充分利用有限的资源,以使项目获得最佳的投资效益。

做好建设项目的投资控制,首先必须明确项目目标。项目目标是指一个项目为了达到预期成果所必须完成的各项指标的标准。项目管理的目标有很多,但最核心的是质量目标、工期目标和投资目标。质量目标是指完成项目所必须达到的质量标准;工期目标是指完成项目所必须达到的时间限制;投资目标是指项目投资必须控制在限定的额度内。对于一个项目而言,三大目标的理想值是高质量、短工期、低投资,三者构成项目建设目标系统,如图6-1所示。

图 6-1 建设项目目标系统

三大目标对一个项目而言不是孤立存在的,它们三者组成的目标系统是一个相互制约相互影响的统一体,其中任何一个目标的变化势必会引起另外两个目标的变化,并受到它们的影响和制约。因此对于市政道路建设项目而言,必须结合市政道路项目的特点,对影响投资的各个因素综合考虑,去分析和找出一套适合市政道路项目投资控制的具体方法。从控制论研究范畴来看,对市政道路工程项目系统而言,最有意义的是研究动态调节的机制。所谓动态调节,就是将数据系统的特征保持在规定限度内的机制。

1. 全过程控制

市政道路建设项目的全过程通常可以分为投资决策阶段、设计阶段、招投标阶段、项目实施阶段、竣工阶段。每个阶段均由一系列的具体活动构成,各项具体活动都需要消耗一定的资源,由此而构成每个阶段的投资,由每个阶段的投资从而构成公路建设项目的总投资。由此可见,投资的形成贯穿于建设项目生命周期的全过程,为做好市政道路建设项目的投资控制工作,必须从项目的各个阶段入手,只有把各阶段的投资控制做好,才能达到最终的控制目标,即要做好项目生命周期的全过程控制。

2. 全方面控制

市政道路建设项目的建设过程是在一个相对存在许多风险和许多不确定性因素的外部环境条件下进行的。市政道路建设项目里程较长,征地拆迁量较大,涉及道路沿线的水土保持、矿产压覆、拆迁居民安置补偿、地方发展规划等多种因素的影响。而且建设工期较长,需要几年的时间才能建成通车,建设项目投资还要受到通货膨胀、材料价格上涨等因素的影响。此外,市政道路建设还要受到沿线施工环境条件等因素的影响。这些因素的影响和存在,往往会造成建设项目投资的增加,有时甚至是非常大的增加。这些因素一般可以分为确定性因素和不确定性因素,为此在市政道路建设项目的投资管理中必须全面考虑确定性因素和不确定性因素可能对投资造成的影响,做好对影响项目投资的各种因素的控制,即要做好建设项目的全方面控制。

3. 动态控制

要做好市政道路建设项目的投资控制,首先必须确立合理的投资目标,然后制订合理可行的实施计划,继而进行组织和人员配备,并实施有效的领导,一旦计划进行,就必须进行控制,以检查计划实施情况,找出偏离计划的误差,确定应采取的纠正措施,并采取纠正行动。这种反复循环的过程就称为动态控制,具体动态控制流程如图6-2所示。市政道路建设项目投资活动,涉及面广,影响因素多，建设周期长，只有用系统的、全面的、动态的观点去分析各种影响因素，对影响因素实施控制，才能达到建设项目投资控制的目标，节约社会劳动和资源消耗，提高生产效率，提高市政道路项目的投资效益。

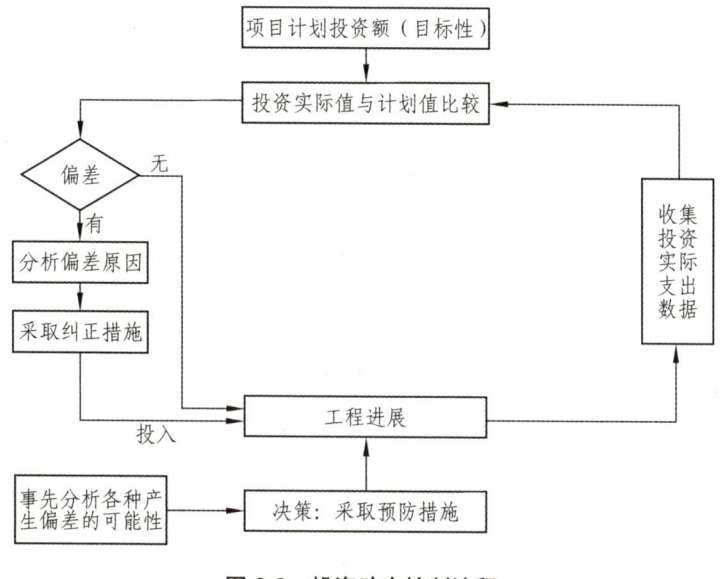

图 6-2 投资动态控制流程

6.1.2 市政道路投资控制的类型和方法

1. 市政道路项目投资控制的类型

由于控制方式和方法的不同，投资控制可以分为多种类型。例如：按控制点位于整个活动中的位置，可分为事前控制、事中控制、事后控制；按照控制的性质，可分为预防性控制和更正性控制；按照控制信息的来源，可分为前馈控制和反馈控制。当然，上述各种分类方法并不是孤立的，有时一个控制可能同时属于几种控制类型。如通过风险分析制定相应的防范措施，既属于事前控制又属于预防性控制。归纳起来，控制可以分为两大类，即主动控制和被动控制。

主动控制就是预先分析目标偏离的可能性，并拟订和采取各项预防措施，以保证投资目标得以实现。主动是一种对未来的控制，它可以尽最大可能改变偏差已成为事实的被动局面，从而使控制更有效。当它根据已掌握的可靠信息分析预测得出系统将要输出偏离计划的目标时，就制定纠正措施并向系统输入，以使系统因此而不发生目标的偏离。它是在事情发生之前就采取了措施的控制。

被动控制就是控制者从计划的实际输出中发现偏差，对偏差采取措施及时纠正的控制方式。被动控制要求管理人员对计划的实施进行跟踪，把它输出的工程信息进行加工、整理，再传递给控制部门，使控制人员从中发现问题，找出偏差，寻求并确定解决问题和纠正偏差的方案，然后再送回给计划实施系统付诸实施，使得计划目标一旦出现偏离就能得以纠正。被动控制实际上是在公路项目实施过程中，事后检查过程中发现问题及时处理的一种控制，因此仍为一种积极的控制，并且是十分重要的控制方式，见图 6-3 所示。

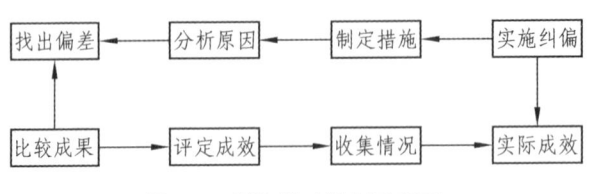

图 6-3 投资被动控制示意图

主动控制与被动控制，对市政道路项目投资控制而言缺一不可，它们都是实现项目投资目标所必须采用的控制方式。有效地控制是将主动控制与被动控制紧密地结合起来，力求加大主动控制在控制过程中的比例，同时进行定期、连续的被动控制。也就是说，市政道路建设项目的投资控制，不仅要反映投资决策，反映设计、发包和施工，被动地控制项目投资，更要能动地影响投资决策，影响设计、发包和施工，主动地控制项目投资。只有将两种控制有效地结合起来，才能完成项目投资控制的根本任务。图 6-4 表示了主动控制与被动控制的关系。

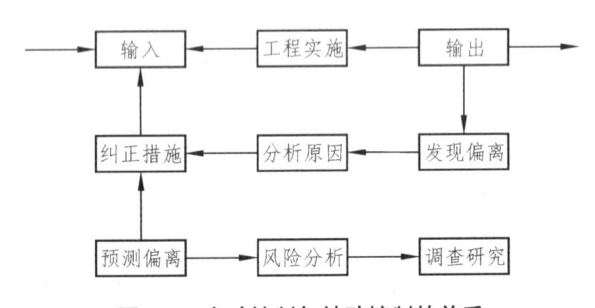

图 6-4 主动控制与被动控制的关系

2. 市政道路投资控制的方法

要有效地控制市政道路项目投资，应当从组织、技术、经济、合同与信息管理等多个方面采取措施实施控制。

1）投资控制的组织方法

投资控制的组织方法包括采用有效的建设管理模式，建立投资控制组织保证体系，明确项目组织机构，明确投资控制者及其任务，以使投资控制有专门机构和人员管理，任务职责明确，工作流程规范化。

2）投资控制的技术手段

投资控制的技术手段包括应用价值工程原理于设计、施工阶段，进行多方案比选，严格审查初步设计、施工图设计、施工组织设计和施工方案，严格控制设计变更，深入技术领域研究节约投资的可能性。

3）投资控制的经济措施

投资控制的经济措施包括实行投资目标责任制，将投资目标进行分解，逐层落实，动态地对工程投资的计划值与实际支出值进行比较分析，严格各项费用的审批和支付，采取对节约投资的有力奖励措施等。

4）投资控制的合同措施

投资控制的合同措施包括通过选择有利的承发包模式和合同结构，拟定合同条款，明确和约束在设计、施工阶段控制工程投资，做好防止和处理索赔的工作等。

5）投资控制的信息管理措施

采用计算机辅助工程投资管理，通过网络实现异地办公、资源共享，节省成本和信息的传递时间，提高运作效率。

6.2 市政道路施工阶段的投资控制

道路项目施工阶段，是指施工道路项目完成招标发包、签订施工合同、设备材料供需合同或总承包合同以后，到承包商或供应商按合同约定的时间、质量、价格等规定，完成全部合同任务，经考核验收合格后进行合同结算为止的合同执行全过程。

在项目施工阶段，由于设计变更、工程量增减、索赔、违约责任等因素而导致合同价款的调整，突破投资控制目标的可能性仍然存在。在项目施工阶段进行投资控制就是要在保证工期和满足质量要求的情况下，利用组织措施、经济措施、技术措施、合同措施把工程投资控制在计划范围内，保证项目投资控制目标的最终实现。

6.2.1 施工阶段投资控制的内容

1. 施工阶段投资控制的主要内容

施工阶段投资控制主要是通过工程付款控制、工程变更费用控制、预防并处理好费用索赔、挖掘节约工程造价潜力来实现实际发生的费用不超过计划投资的目的。该阶段的主要内容如图 6-5 所示。

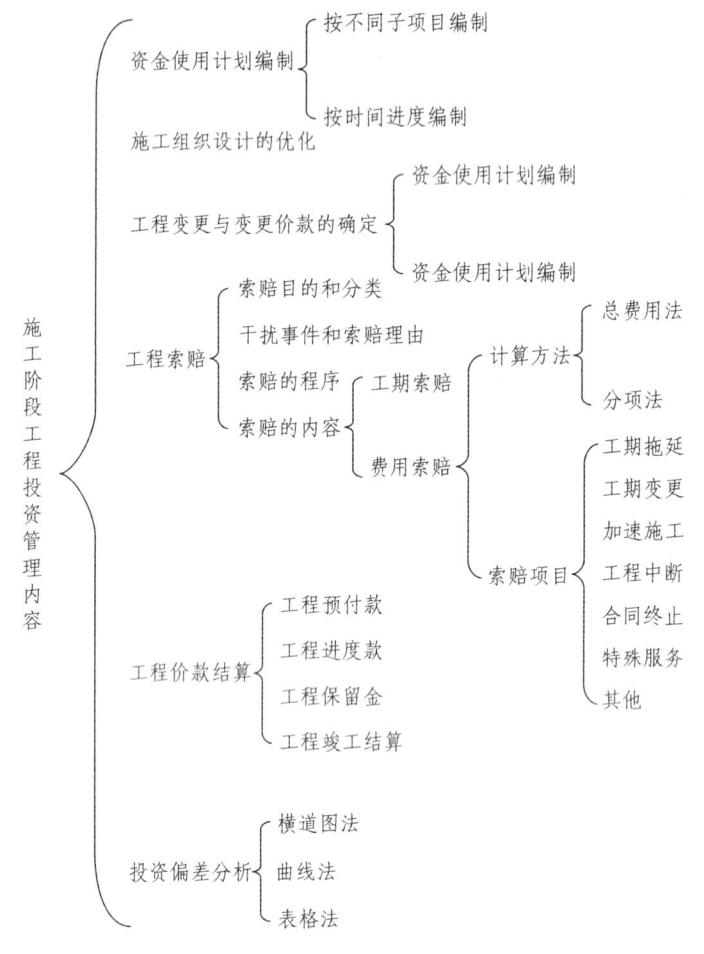

图 6-5 施工阶段的投资控制内容

2. 建设项目中施工阶段投资失控的原因

通过大量的投资控制文献分析可知，我国许多建设项目施工阶段投资失控的主要原因包括以下五个主要方面：

（1）施工单位之间的竞争还未呈现良性竞争的态势。施工单位往往采取先低价中标（一般中标价比概算低），再在施工阶段通过变更等手段来提高造价，实际决算却经常大大高于招投标时的合同价，通过招投标降下来的那部分金额在工程施工时又被"加"回去了。设计深度不够也为他们提供了方便，部分工程变更数量及金额较大，个别工程变更金额甚至超过工程总合同价，而通过各种非正常手段在计量方面多估冒算的事情也时有发生，对投资控制产生了不利影响。

（2）施工单位人员与设备的到位与投标承诺也大相径庭，出现"一级企业投标，二级企业进场，三级企业施工"的状况，工程层层转分包，每分包一层，就要收取一定比例的管理费，层层盘剥，实际都转嫁到工程造价中。

（3）监理市场的发展仍远远不能适应工程的需要，监理人员的数量、部分监理人员的技术业务水平和职业道德修养不足，在工程投资控制方面未能进行有效的把关，极个别甚至与施工单位一起损害业主利益。

（4）业主的管理水平也不高。在质量、进度、投资三大指标的控制方面，业主往往在质量管理方面较倚重监理，而对于进度、投资控制往往不放心，对监理放权不够，但实质上，业主无论在精力方面还是在经济技术水平方面，都难以直接对工程的进度、投资进行有效的控制。

（5）现阶段仍然采用得较多投资控制方法或措施是一种被动的控制，是一种经验性的控制，更是一种静态的控制。另外，由于我国现行的市政道路建设投资体系仍以国家投资为主，业主在不同程度上存在重质量与工期，轻造价的现象。而由于行政因素干预进度、造价的情况又进一步使投资失去控制。

6.2.2 施工阶段投资控制面临的主要问题

1. 地方干扰

在市政道路建设项目正式开工前，首先应做好征地拆迁工作。征地拆迁费占市政道路建设总投资的很大一部分，是市政道路建设投资控制的重点之一。由于市政道路建设占用土地较多，征地拆迁涉及地方各方面的利益，有的地方为了获得更多的补偿，对征地、拆迁费漫天要价，不断提出各类要求，不配合市政道路建设，甚至无理骚扰，阻碍工程建设，一方面增加了征地拆迁费用，另一方面由于阻碍工程建设而引起承包商索赔，增加了工程投资。

2. 工期变更

一些市政道路建设项目为了政绩需要，要求承包商提前竣工。由于业主原因或特殊恶劣气候等不可抗力因素的影响，致使工期延误，但又不同意承包商延长工期，使承包商实际作业工期缩短，迫使承包商通过加班赶工来完成工程，从而导致成本增加，承包商向业主提出补偿赶工措施费用，使得投资增加。

3. 工程变更

工程变更的实质是对施工合同的修正，只有当业主确认后，承包商方可执行工程变更。工程实施过程中，难免会发现一些设计与实际情况不符，需要进行变更，这些变更承包商都会要求业主增加投资。

4. 工程索赔

施工中遇到的实际自然条件可能会比招标文件中所描述的更为困难和恶劣，这些不利的自然条件或人为障碍增加了施工的难度，导致施工单位必须花费更多的时间和费用；由于业主或监理工程师的原因引起施工中断和工效降低，从而导致工程费用增加；由于业主不按合同中规定的时间期限支付工程款等等：这些原因都会引起承包商索赔而增加工程投资。

5. 监理投资控制不严

监理是独立于业主与承包商之间的第三方，承担着工程投资控制的责任。但现行的监理费是按照投资额计算的，投资额越高，监理费也就相应增加，从机制上缺乏严格控制投资的动力。此外，某些监理人员缺乏基本的职业道德，使工程项目的投资控制流于形式，"浪费"业主投资的行为常有发生。

6. 进度、投资控制未真正做到一体化

赢得值原理是国际通行的项目控制理论，利用赢得值原理对项目进行进度、投资综合评价能够准确地反映出项目的完成情况，并提高项目的经济效益。但我国在项目实施过程中对此理论的应用还未全面展开或是不够深入，只停留在表面上。多数公司仅将之应用在设计阶段，而在项目施工阶段应用较少或不完整，很难对项目进行整体评价，不能满足项目控制的要求。

6.2.3 施工阶段投资控制的主要方法

1. 加强与政府的协调

市政道路建设将极大地推动道路两侧经济的长远发展，应加强与当地政府的沟通与协作，统一认识，调动地方政府的积极性。加强与地方政府部门的沟通，与地方政府达成征地拆迁协调协议，提供协调经费，由地方政府组织各相关主管部门组建协调工作组支持和配合征地拆迁工作。对漫天要价等情况由地方协调工作组出面进行协调，对无理骚扰的行为进行制止。通过加强与地方的协调工作，得到地方政府的配合，合理控制工程征地拆迁费用，保证工程顺利实施。还可以采取与地方合资等办法，调动地方的积极性。

2. 强化合同管理

加强合同管理，按合同约定履行义务、承担责任，依法维护自己的合法权益。严格以合同及招投标文件规定的相关条款为依据，办理合同计价方式、合同价格调整、价款支付及结算办法、索赔及违约责任处理等相关事项。

1）项目合同分析

合同是承包人进行工程建设、发包人支付价款的主要依据。合同双方在合同中明确各自的权利义务，是施工中投资控制的重要依据之一。合同条文繁杂，法律语言不容易理解，但合同又同时是工程活动的具体要求如工期、质量、费用等的纲领性文件，如何全面理解合同对合同的实施将会产生重大影响。因此，合同分析将是我们合同管理的第一步。在建设工程合同分析中，可以从下列内容着手：

（1）合同的法律基础。分析订立合同所依据的法律、法规，用以指导整个合同实施和索赔工作。对合同中明示的法律应重点分析。

（2）合同价格分析。

合同价格分析的对象是合同采用的计价方法及合同价格所包括的范围。工程结算包括：进度付款、竣工结算、最终结算方法和程序；合同价格的调整，即费用索赔的条件、价格调整方法、计价依据、索赔有效期规定；拖欠工程款的合同责任；施工工期，在实际工作中，工期拖延极为常见和频繁，而且对合同实施和索赔的影响很大，所以要特别重视；违约责任，如一方未遵守合同规定，造成对方损失，应受到相应的合同处罚；验收、移交和保修，验收包括许多内容，如材料和机械设备的现场验收、隐蔽工程验收、单项工程验收、全部工程竣工验收等，在合同分析中，应对重要的验收要求、时间、程序以及验收所带来的法律后果作说明；索赔和争执的解决程序和注意事项。竣工验收合格后方可办理移交，移交也是保修期的开始。这一过程应对保修期质量要求、各分部工程保修时间、保留金的返还以及承包人的具体保修义务等详细了解。

2) 公路建设项目合同控制管理

合同分析后,应由合同管理人员向各层次管理者做"合同交底",把合同责任具体地落实到各责任人和合同实施的具体工作上。在合同实施中,进行情况分析,找出偏离,采取措施,调整合同实施过程,达到合同总目标,如图6-6所示。

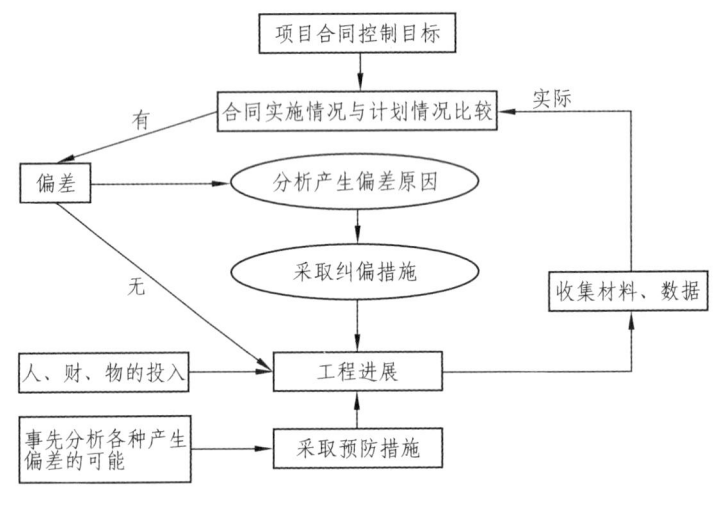

图 6-6 合同控制流程

3) 项目合同档案管理

(1) 合同资料的收集。

合同包括许多资料、文件;合同分析又产生许多分析文件;在合同实施中,每天又产生许多资料,如记工单、领料单、图纸、报告、指令、信件等。

(2) 资料整理。

原始资料必须经过信息加工才能成为可供决策的信息,成为工程报表或报告文件。

(3) 资料的归档。

所有合同管理中涉及的资料不仅目前使用,而且必须保存,直到合同结束。为了查找和使用方便必须建立资料的文档系统。

(4) 资料的使用。

合同管理人员有责任向项目经理、向发包人做工程实施情况报告,向各职能人员和各工程小组、分包商提供资料,为工程的各种验收、为索赔和反索赔提供资料和证据。

3. 加强工程变更管理

1）工程变更产生的原因

所谓工程变更包括设计变更、进度计划变更、施工条件变更以及原招标文件和工程量清单中未包括的"新增工程"。

工程变更主要由以下原因造成：

（1）因设计单位调查的基础资料不足，造成设计不完善或设计错误，必须对设计图纸作修改。

（2）沿线地方政府因区域性规划的变更，工程变更要求公路改线或移位。

（3）因上级政府对建设项目工期的强制性要求，造成设计周期缩短，影响设计深度。

（4）项目业主对工程有了新的要求。

（5）工程委托的增加，如业主为完善项目各项功能或项目的顺利实施，对某些招标遗漏的零星工程或工作另行委托。

2）工程变更控制

（1）严格执行工程变更程序，明确各项变更的请求及审批程序、审批权限、跟踪监督、变更文档管理等组成的控制程序、方法和责任。在项目变更控制中，包括设计单位的设计变更及项目业主、监理、承包商提出的设计变更，都应按照设计变更控制程序从严控制。工程变更的一般程序如图6-7所示。

（2）充分重视设计变更。工程变更的大部分费用往往是由设计变更引起的，因此，应严格控制设计变更，尽量避免不必要的设计变更。施工图设计审查时，要委托信誉好、经验丰富的咨询公司进行审查。将必须的设计变更提前到项目实施以前，以减少因设计变更而造成的损失，让设计方承担设计失误的风险，有利于督促提高设计质量，减少设计变更。

（3）规范确定工程变更价款。工程变更价款的确定应在双方协商的时间内，由承包商提出变更价格，报工程师批准后方可调整合同价或顺延工期。造价工程师对承包人所提出的变更价款，应按照有关规定进行审核、处理。变更合同价款按下列方法进行：合同中已有适用于变更工程的价格，按合同已有的价格计算变更合同价款；合同中只有类似变更工程的价格，可以参照类似变更合同价款；合同中没有适用或类似于变更工程的价格，由承包方提出适当价格，经工程师确认后执行。

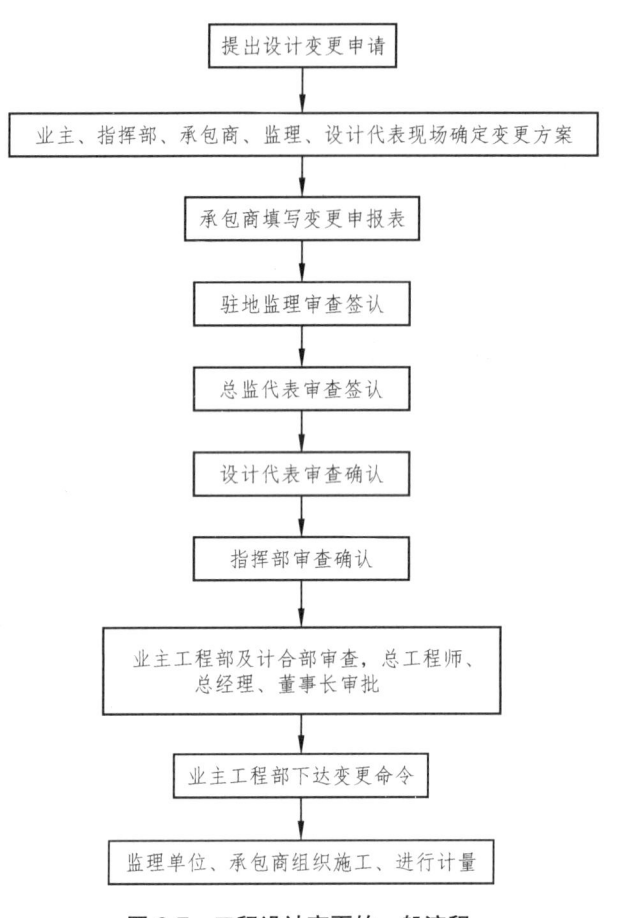

```
┌─────────────────────────┐
│    提出设计变更申请      │
└─────────────────────────┘
            ↓
┌─────────────────────────────────────────┐
│ 业主、指挥部、承包商、监理、设计代表现场确定变更方案 │
└─────────────────────────────────────────┘
            ↓
┌─────────────────────────┐
│   承包商填写变更申报表   │
└─────────────────────────┘
            ↓
┌─────────────────────────┐
│    驻地监理审查签认      │
└─────────────────────────┘
            ↓
┌─────────────────────────┐
│    总监代表审查签认      │
└─────────────────────────┘
            ↓
┌─────────────────────────┐
│    设计代表审查确认      │
└─────────────────────────┘
            ↓
┌─────────────────────────┐
│    指挥部审查确认        │
└─────────────────────────┘
            ↓
┌─────────────────────────────────┐
│ 业主工程部及计合部审查，总工程师、│
│    总经理、董事长审批            │
└─────────────────────────────────┘
            ↓
┌─────────────────────────┐
│  业主工程部下达变更命令  │
└─────────────────────────┘
            ↓
┌─────────────────────────────────┐
│ 监理单位、承包商组织施工、进行计量 │
└─────────────────────────────────┘
```

图 6-7 工程设计变更的一般流程

4. 加强索赔管理

项目管理人员及监理工程师应建立工程日志、会议纪要、来往函件、现场签证确认资料的整理归档工作制度，为正确处理索赔确定依据，严格按合同规定、索赔程序、索赔时限、索赔证据处理索赔事项。

1）重视预防控制

索赔事件虽然发生在施工阶段，其实有很大一部分索赔在其他阶段就已经埋下了种子。在可行性研究与设计阶段的不完善，容易导致工程变更失误、工程量清单不细致导致承包商的"不平衡报价"、合同文件有漏洞导致合同索赔等等。可见，做好预防工作才是我们极大地减少索赔事件发生的关键。

2）尽量减少工程师口头变更指令

在实际工程中，监理工程师往往乐于用口头指令变更，导致工程变更取证困难，这样也会引起一些纠纷，破坏双方友好合作气氛，甚至会因而延误工期等。应严格工程变更程序，尽量使用书面变更指令。

3）索赔事件的证据和时限

证据是索赔的关键，是索赔成立与否、索赔量的决定性因素之一。在操作中应注重证据的收集和整理，注意引用证据的效力和可信程度，充分了解索赔时限，使事件向自己有利的方向转移。

4）索赔计价方法和款额要适当

计量方法尽量采用"附加成本法"，因为这种方法只计算索赔事件引起的计划外的附加开支，计价项目具体，便于控制，对业主有利。另外严格控制索赔计价，对计价过高的索赔不予承认，同时准备周密的反索赔计价，保护业主利益。

5）正确进行反索赔

在工程建设中，索赔往往是对承包商而言，而通常的反索赔主要是指发包人向承包人的反索赔。业主应制定周密的反索赔措施，当相应事件发生后，通过反索赔保护自己的权益。

6）支持合理的索赔

公路项目中的工程索赔是一种正常的现象，我们只能尽量减少而不能杜绝。无道理的拒绝只会引起承包商的不满和工程纠纷，最后造成工期延误和其他额外损失，在付诸法律后，业主不仅要赔偿承包商合理的索赔，还要额外赔偿因不合理拒绝过错造成的损失。提倡友好解决索赔事件，防止双方对立情绪。

5. 实行监理奖惩制度

在监理合同中明确监理进行投资控制的责任，约定投资控制奖惩办法，对节约投资的给予奖励，对浪费投资的进行处罚，激励监理单位认真履行投资控制职责。要认真选择监理单位，建立行之有效的监理制度。特别是负责投资控制的监理人员一定要提高责任心，对工程监理中的失职行为要严肃查处。

6. 建立已完工程确认签证制度

建立已完工程"计量付款"确认签证制度和按吨价结算的非标准设备结算重量审核确认制度。未经监理工程师按施工图核实已完工程量即计量并签证确认的施工合同工程进度款，不得付款；未经设备审查人员按设备制造图审核确认结算重量的按吨价结算的非标准设备合同到货款不得支付。

7. 严格质量保证金手续

采取扣留合同保留金或按合同保证提交银行保函等方式，待保修期满后结清保留金。这就要求有关人员在平时的工作中，及时将设计变更、工程签证、隐蔽工程验收等情况记入台账，以有效地防止虚报、多报材料量、工程量，高套定额，重复计算等方式套取工程款。

6.3 哨关路施工阶段的投资控制

哨关路属于 PPP 项目，该项目的业主、总承包管理方、施工分包单位均为云南建设投资控股集团有限公司的下属单位，因此该项目的投资控制有别于一般的市政道路建设项目，投资控制以计量支付和资金管理作为重点。

6.3.1 哨关路的计量支付管理

为加强和规范本项目计量与支付的管理及流程，明确项目部、各工区计量支付的职责与权限，保证计量支付的准确性，真实反映工程完成情况，严格控制投资，哨关路总承包指挥部制定了专门的计量支付管理办法，该办法作为合同文件的一个附件与合同文件、规范中有关计量支付条款同时执行。工程计量与支付必须严格按合同文件及本办法所规定的方法、范围、内容、计量单价和本项目相关管理办法的程序办理，要求务必做到计量有依据、结算按程序、结果正确可靠、签署齐全，不符合合同文件要求的工程不得计量。

为保证该项目计量支付的统一性和准确性，各工区都必须使用项目部统一制定下发的计量支付报表格式。未经项目部批准，各工区不得修改计量支付报表格式。若有修改建议方案，可书面将修改方案提交项目部，由项目部确定是否采用。为提高工作效率和进行计算机信息化管理，各工区都必须按项目部要求申请设置一个电子邮件信箱，以便文件和数据之间的传递。

1. 清晰界定计量人员的工作职责

计量与支付是项目施工管理的关键环节，直接关系到工程造价的高低和各工区的经济效益，是项目部和各工区关心的焦点和核心问题，是严格履行合同的一个重要内容，必须引起高度重视。因此要求项目部、各工区都必须配备计量支付专职人员，专门负责计量与支付工作。

1）项目部专职计量支付人员的主要工作及职责

对计量单元的划分进行审核和确认，按确定的计量单元统计、复核设计图，完善设计图和变更设计图工程数量，定期或不定期地下达截至本期末的工程量控制清单。接收经批准的变更设计数据，统一登记并将有关数据输入数据台账。建立和管理工程台账及变更台账，向领导提供准确、及时的工程进度和投资完成情况。审核计量支付月报，审批补充单价，对计量细目、单价的准确性、计量数量的控制及完成金额的正确性负责。完成出具支付凭证、中期支付证书和支付汇总表的具体工作，并对其准确性负责。完成领导交办的其他事项。

2）各工区专职计量人员的主要工作及职责

正式版图纸出来后及时认真负责地进行施工图数量的复核工作，并将复核结果及每个计量单元的计算书在 1 个月内报项目部审批。准备计量基础数据，建立数据台账，并将每期的数据台账提交项目部审核。按项目部审核批准的施工图数量及计量单元划分的要求，对计量单元的划分和数据进行修正，保证数据的真实性、准确性和统一性。对原设计数量、完善设计增减数量、上报的变更设计、批准的变更设计增减数量及有关数据进行及时的统计并正确无误地输入到计算机。对工程质量验收合格的计量单元提出计量申请，准备本期每个计量单元的现场计量记录表并将其设计数量及计量数量填入"中间计量细目表"中。编制计量支付月报及准备计量支付的有关资料，保证其真实性和准确性，按规定的要求将计量支付月报提交项目部签认。无论项目部是否签认计量支付月报，各工区都必须对计量支付月报的真实性和准确性负完全责任并承担相应后果。建立工程台账和变更台账，至少每个季度和项目部的台账相互核对一次，项目部、各工区的台账必须一致，若不一致，要找出原因进行修正，保持台账的一致性。进行补充单价分析，将补充单价的基本资料提交项目部、监理和业主、造价咨询单位审批。

2. 对施工图数量清理及确认的规定

（1）施工图数量（包括完善和变更数量）是工程计量的依据，其正确与否，直接关系到计量的准确、投资的控制和各工区的经济利益，必须引起高度重视。工程量清单中所列的工程量是本工程招标时设计提供的预计工程量，不能作为工区在履行合同义务中应予完成工程的实际和准确的工程量，向工区支付时，应通过工程计量来核实和确定工程的工作量。清理施工图数量，是工程计量控制的关键环节，是计量人员的首要任务。

（2）清理施工图数量按以下步骤和原则进行：

① 划分计量单元。

工程质量检验、中间计量应按照项目部和监理工程师指示的单元划分进行。各施工标段的分部分项的划分必须经总监批复。计量单元是工程细目的最小计量起讫段，计量单元的合计数量，就是工程细目清单数量。施工图数量的清理必须按计量单元进行统计，现场计量必须以计量单元进行认定。因此，计量单元的划分是否科学、合理，是关系到计量是否准确、真实的大事，必须高度重视、认真对待。划分计量单元，宜按以下原则进行：计量单元应与分项工程开工报告的起讫段相一致，需考虑施工、质量验收及整理资料的方便。考虑到统计、复核时的方便，计量单元的划分最好同设计图提供的起讫段相一致。计量单元的划分要考虑各施工队伍实际施工的情况，划段长短需适中，尽量使计量方便。桥梁、涵洞、通道应以一座（道）为计量单元，挡墙、边沟等构造物宜以施工设计图、表中的一个自然连续段为计量单元，挖方和填方的计量单元要分开，同一工程细目计量单元的起讫桩号必须连续，不能重叠。路面以连续的自然段为计量单元进行划分。绿化工程以连续绿化的边坡、中央分隔带、立交区、服务区的自然段为计量单元进行划分。交通安全设施以连续的自然段为计量单元进行划分。通信管道工程以连续的自然段为计量单元进行划分。划分计量单元要尽量同分项工程开工报告统一，每个计量单元的最大长度不应超过该项分部工程的长度，不能跨越分项开工报告的里程长度和跨越自然段，需考虑施工、质量验收及整理资料的方便。各工区计量单元划分完毕，须报项目部审核。各工区、项目部必须按统一的计量单元进行工程数量的清理、复核及计量。

② 清理施工图数量。

计量单元划分完毕，即可按计量单元统计和复核施工设计图数量，这是一项艰苦细致的工作。可分两步进行：第一步，先按设计图提供的数量进行汇总统计，得出图纸提供的统计数量；第二步，对图纸数量进行计算复核，得出施工图的计算复核数量。各工区在提交清理后的数量时，必须提交每个计量单元的数量计算书。

③ 施工图数量的确认。

施工图数量按计量单元统计完毕，需报项目业主、设计、监理、造价咨询和项目部审批，最终以项目业主、设计、监理、造价咨询、项目部和各工区六方代表共同签字认可的数量作为清理后的设计数量。施工图设计数量最终确定后，一般不允许更改，若因计算错误或根据工程实际情况需要更改施工设计图数量,一般按变更设计处理或按项目部、监理的指令处理。

④ 计量数量和竣工数量的统计原则。

为准确计量和进行竣工数量的统计,特作如下规定:在计量支付数据台账和报表中,施工图清理后的最终数量是指根据施工图能进行计量的控制数量,完善设计数量和变更设计数量均为相对于原设计增加或减少的数量,不是图纸所示的工程数量。在一个计量单元中可以同时有施工图设计数量、完善增减数量和变更增减数量,也可以只有其中一个或其中两个数量。竣工数量应按以下公式进行统计:

竣工数量=施工图设计数量+完善增减数量+变更增减数量

3. 计量规则与规定

工程计量必须做到真实、准确、及时。为达到此要求,计量支付除按合同有关条款执行外,还须按以下规则执行:

(1)计量范围:工程量清单及修订工程量清单中的内容;合同文件中规定的各项应支付费用;工程变更单中的内容。

(2)计量依据:合同文件、清单规范、工程量清单;施工设计图、完善设计图和变更设计图;质量检验凭证;有关计量补充办法(协议);经有关审批机构同意的其他内容。

(3)计量原则。

① 按合同文件规定的方法、范围、内容、单位计量。

② 合同中未在工程量清单中填入单价或总额价的工程项目,将被认为其已包含在本合同的其他清单的单价和总额价中,项目部将不另行支付。

③ 按项目部和监理工程师同意的计量方法计量。

④ 对新增工程,工程量清单中已有类似细目单价的,报监理工程师审核后,报项目部批准。未有类似单价的,按补充单价编制的有关规定上报审批。

⑤ 不符合合同文件要求的工程不允许计量。

⑥ 工程的各种试验、检查、检测、验收手续、附件资料必须齐全,工程应实行"工程质量一票否决"制,凡是工程质量不符合要求、抽检不合格的项目,一律不予计量支付。

⑦ 工程的计量应以净值为准,除非合同对部分工程另有规定。

(4)计量的一般规定。

① 计量只对合同工程量清单中所列的工程项目进行计量。合同工程量清单

外项目，必须按工程变更单才能计量。各工区必须在完成该计量项目的各项工序，经过监理工程师检查验收合格，办理签证手续后才能计量。

②计量并不免除各工区应尽的任何责任和义务，如果发现计量的工程有缺陷，仍不免除各工区无偿消除缺陷的责任。

③由于各工区自身原因造成返工的工程或各工区为方便施工所采取的施工措施而增加的工程，不予计量。

④工程计量应采用合同文件中的计量单位。因工程变更出现新增项目时，应采用变更工程相应清单规范规定或补充清单规范规定的计量单位。

⑤合同条款、工程量清单、清单规范、施工图纸作为工程计量的依据，应同时进行阅读和理解。

⑥除监理工程师另有批准（书面指令）外，凡超过图纸所示的任何尺寸，都不予计量与支付。凡是招标文件和技术规范规定、其支付已包含在工程量清单所列细目中的施工工序项目，均不另行计量。

⑦路基土石方按设计图中的数量及土石比例进行计量，不允许调整和变动，除非经批准。

⑧中间计量必须严格按已划分好的计量单元进行。一般情况下，计量单元内的工程完工，经监理工程师验收合格，并办理相关签字手续后，方可进行计量。若计量单元的施工期较长，为如实反映工程实际进度和加快资金周转，可对施工期较长的计量单元经监理工程师检验质量合格，并经监理工程师签发"质量检验凭证"后，进行分次中间计量。

⑨中间计量或分次中间计量的工程，每个计量单元都必须填写"中间计量表"，并提供经监理工程师签认的计量单元的质量证明资料，如检验批、质量检查记录等。

⑩为方便计量，计量单元的划分可以根据实际情况进行调整，但必须经监理工程师批准。计量单元的划分调整后，其设计数量会发生相应变化，但无论计量单元如何划分，其工程细目的合计设计数量必须是一个经确认后的常数，不能发生变化，除非经项目业主、设计、监理、造价咨询、项目部和各工区六方代表重新进行确认。

4. 工程计量方法

工程计量严格按签约合同文件或补充规定中的条款进行。

1）施工图设计工程的计量
（1）路基工程。

① 挖方、填方按经监理和业主批准后的计量单元进行计量。计量单元的路基挖方和填方可根据实际完成并经监理工程师认可的数量分次计量，每次计量按设计开挖填筑断面完成量的 100%进行计量，计量后依然必须保证路基成型并通过转序验收合格，否则全部扣回。弃方、借超运须经监理、项目业主相关部门核实运距、运量，所有相关资料签认齐全后方可进行计量，计量方式同挖方、填方工程。

② 排水工程按经监理和业主批准后的计量单元进行计量。排水沟、截水沟、急流槽、边沟（包括边沟盖板）等各分项排水工程，在计量单元范围内整段完成并经监理工程师检验合格后一次计量。

③ 边坡防护、治理。

当边坡面积小于或等于 300 m² 时，整个边坡完成，经监理工程师检验合格后一次计量。当边坡面积大于 300 m² 时，可分次计量，每次按实际完成数量（不少于 300 m²）计量，待该段边坡防护全部完成，经监理人检验合格后再计量剩余工程量。

④ 防护工程。

对小于或等于 100 m³ 的段落，整段完成一次计量；对大于 100 m³ 的段落可分次计量，每次按实际完成数量（不少于 100 m³）计量，该计量单元工程全部完成，经监理人检验合格后再计量剩余工程量。

（2）路面工程。

路面工程按经监理和业主批准后的计量单元进行计量。

① 底基层、基层、面层按完成工程量的 95%进行计量，余下的 5%通过初步验收后全部计量。

② 路缘石、拦水带等预制构件预制完成后经监理人检验合格后按 80%进行计量，剩余工程量待安装完成经监理人检验合格后再进行计量。

（3）桥梁工程。

桩、桩基础及下部构造：按完成一棵桩、一个基础（承台）、一个墩（台）（一棵墩柱、一个台身、一个台帽、系梁、盖梁）进行计量，当混凝土 7 d 强度达到设计强度的 85%，外观质量检验符合设计及规范要求时，按 80%比例进行计量，剩余工程量待混凝土 28 d 龄期强度达到设计要求，经监理人检验合格后再计量剩余的 20%。

桥梁上部构造：

① 现浇箱梁：分次计量，当混凝土 7 d 强度达到设计强度的 85%，外观质量检验符合设计及规范要求，按 80%比例进行计量，剩余工程量待混凝土 28 d 龄期强度达到设计要求，经监理人检验合格后再计量剩余的 20%。

② 空心板、T 型梁等预制构件：每片梁（板）在预制、张拉、封锚完成且经监理工程师检查验收合格后，按 80%比例进行计量，吊装完成且经监理人检验合格后再计量剩余的 20%。

③ 现浇连续刚构：分次计量，每次按实际完成数量的 80%进行计量，完成合龙浇筑且经监理人检验合格后再计量剩余的 20%。

④ 支座、垫石、挡块：在整座桥梁（指单幅）完成且经监理人检验合格后后一次计量。

⑤ 搭板、防撞护栏等附属结构：以每座桥为计量单元。每次按实际完成数量（不少于一跨）的 80%进行计量，待浇筑完毕且经监理人检验合格后再计量剩余的 20%。

⑥ 桥面铺装：分次计量，每次按实际完成数量（不少于一跨）的 80%进行计量，待浇筑完毕且经监理人检验合格后再计量剩余的 20%。

（4）涵洞、通道工程。

涵洞、通道以每道为计量单元。钢筋混凝土盖板涵、箱涵、管涵及石拱涵整道完成后，以整道完成一次计量（含盖板）。若净跨大于 2m 的，可分下部砌体（或钢筋混凝土）、盖板两次计量。

（5）综合管廊工程。

按经监理和业主批准后的计量单元进行计量。分次计量，当混凝土 7 天强度达到设计强度的 85%，外观质量检验符合设计及规范要求，按 80%比例进行计量，剩余工程量待混凝土 28 天龄期强度达到设计要求，经监理人检验合格后再计量剩余的 20%。

（6）照明工程、交通工程。

按经监理和业主批准后的计量单元进行计量。分次计量，按完成工程量的 95%进行计量，余下的 5%通过初步验收后全部计量。

（7）绿化工程。

整理绿化用地、铺设表土按划分的计量单元完成，经监理工程师检查验收合格后，计量 90%，待铺设完毕且经监理人检验合格后再计量剩余的 10%。撒播草种、铺设草皮、种植乔木、灌木和攀缘植物等执行"442"支付方式。施工后，按划分的计量单元计量 40%，经初步验收合格后计量 40%，剩余的 20%在工程数量经审计审定且 3 年管养期满后再进行计量。

2）变更设计工程的计量

工程变更的计量必须待"工程变更单"会签并计入工程台账后方可进入计量程序。变更设计只计量变更增减数量。设计变更后的数量相对于原设计减少时，其增减数量为负值，须与原设计同时计量。变更工程的计量方法、比例与施工图设计计量方法、比例相同。

5. 计量的主要资料及要求

1）计量的主要资料

（1）分项工程开工申请批复单。

（2）经监理工程师签认的自检资料。

（3）"工程质量检验评定表"及有关质量评定资料。

（4）涉及变更的，有"工程变更单"。

（5）"现场计量记录表"。

（6）计量中所涉及的施工设计图纸、计算式、说明及简图。

（7）隐蔽工程及重要工程部位要有相应的摄像及照片等证明材料。

以上七项资料为"中间计量表"的相关附件，应提交监理工程师审核。其中，现场计量记录表、工程变更单（若有）必须作为计量支付月报的附件上报。

2）要求

（1）《中间计量表》必须清楚真实地填写计量记录结果，一般应附有简图、计算式和说明，并经监理工程师和各工区代表等有关人员审核签认。

（2）完工工程必须经监理工程师验收签认。

（3）桩基必须经无损检测且检测合格（若指定钻芯取样的必须有相关的合格证明资料）。

（4）板、梁预制必须检验合格。

（5）涉及注浆的计量项目必须有现场工程师签认并经监理工程师核准的注浆记录等资料。

（6）对有强度指标要求的分项工程，如混凝土或钢筋混凝土、浆砌工程等，在浇筑、砌筑完成后不能立即计量，必须取得 R_{28} 强度实测数据，且达到质量检验评定标准的规定时方能计量。

（7）凡是与工程计量有关的凭证，各工区均应提交监理工程师审核，监理和各工区应完整保存一套与工程计量有关的详细资料，以便核查。

（8）每次计量的项目必须附质量检验资料供监理工程师和建设单位查验。

6. 计量数据台账管理

计量数据台账主要是指全部计量单元的清单编码、起讫桩号、单价、设计数量、完善数量、变更数量等完成计量支付月报所必需的原始基本数据。要保证计量支付报表的准确性，关键是计量的原始基本数据必须准确。采用计算机软件编制计量支付月报后，计量人员最重要的任务就是：确定数量与编制单价，具体就是管理和维护数据台账。为保证工程计量的准确性，项目部、各工区应设置专人建立、管理和维护计量数据台账。计量数据台账的建立及管理要求：

（1）按工程量清单的细目编号将每个计量单元的细目名称、起讫桩号、单位、单价等基本数据按计量软件要求输入到数据台账。

（2）按要求进行施工图数量的清理，并将最终确定后的设计数量输入到数据台账。

（3）若有变更或完善设计项目，先确定变更或完善设计的起讫桩号与原设计计量单元的起讫桩号是否相同，若相同，则为同一个计量单元，在相应位置输入变更或完善数据，若不相同，则需另建一个计量单元，输入有关数据。每一份变更或完善设计，应作为一个计量单元进行计量。

（4）各工区每上报一份变更设计，都必须将上报的变更设计编号和增减数量输入到数据台账。各工区收到每一个变更单，都必须将变更单编号和批准的变更增减数量输入到数据台账。

（5）现场计量必须严格按数据台账划分的计量单元进行，要求各工区将已经划分好的计量单元的起讫桩号在工地上明显地标示出来，各工区若需调整计量单元，须经监理工程师同意，先在数据台账中调整后，才能到现场进行计量。

（6）现场计量完成后，监理工程师需将确认的本期末完成数量输入到数据台账。本期的数据台账建好后，应将文件改名存盘，进行备份保存。

（7）数据台账必须精心管理和维护，使之与工程实际情况完全相符。数据台账维护到最后，准确的竣工数量就可从数据台账中得出。到工程竣工结算时，计量支付报表、工程台账、变更台账、竣工数量和竣工图应完全统一起来。

7. 计量支付月报的编制

计量支付月报由中间计量、清单支付、工程台账等报表组成，应由各工区编制完成。每期计量支付月报的内容及表间关系如下：

（1）中间计量报表：中间计量表是计量单元完成和计量数量的凭证。中间计量表经监理认可后，就作为本期计量数量的依据。

（2）清单支付报表：清单支付报表包含如下支付报表，即：设计清单支付报表、变更设计支付报表、中期支付证书报表。计量支付报表按统一格式进行填报。

8. 计量支付月报的报审

各工区须按以下要求进行计量支付月报的报审：各工区于每月 18 日 24 点前将经现场计量工程师签认的"中间计量表"（一式一份，含电子文档）等与计量有关资料报项目部合同计量部门审核；项目部合同计量部门审核汇总相关资料后，报标段监理工程师，审核合格后上报造价咨询单位，造价咨询单位审核合格后上报业主；业主在收到计量的相关资料后，组织相关部门对当月工程数量台账、工程计量台账、计量工程量、工程价款等进行审核后，由合同管理处汇总并根据相关规定扣除工区应被扣除的各项费用（如开工预付款、材料款、保留金等）后出具"中期支付证书"。审核完毕后交由相关领导签批，财务部门根据签批的"中期支付证书"对项目部进行工程款支付。项目部合同部再根据各工区当期计量金额，按照合同约定给予支付。

根据招标文件规定，一般情况下，本期中期支付证书经审核后的金额小于业主规定的最小限额时，项目部应将此移到下一个月，直至其批准的数额之和超过所定的最小值时，才能审批。实际支付给各工区的金额=中期支付证书报表中的应付金额－合同中规定的暂扣款项（如进度、环保、奖励基金等）－材料扣款－其他扣款。

9. 计量审核与违约约定

1）计量审核

各工区在填写现场计量记录表时，应根据清单规范及现场完成情况据实填报，实际数量大于或小于设计数量，都需有变更手续。监理应对现场计量记录表的数量在施工现场进行 100%的核实、确认，并对其真实性和准确性负责。审查计量数量时，项目部会不定期地组织相关人员对计量单元的计量数量进行现场抽查、核实。对不合格和不真实的工程，不予计量。

2）违约约定

（1）计量时限违约约定。

工区必须按约定的时间和时限上报和审核计量支付报表，工区申报超过约定时限的，项目部不再进行审核，完成工作量纳入下期计量，本月不进行工程款的拨付。如因工程实际确需延长计量申报时间的，经项目部同意后可适当延长，但承包人须承担2000元/天的迟申报违约金。

承包人未经项目部同意擅自拖延申报时间的，按2000元/天承担迟申报违约金；类似情况出现第二次的，除承担5000元/天的迟申报违约金外，对项目总工予以全线通报批评；出现第三次的，除承担10000元/天的迟申报违约金外，对项目经理予以全线通报批评，同时停止其所在工区的计量工作，承包人自行整改，直至项目部满意方可恢复计量。

（2）计量过程违约约定。

计量过程中如发现工区有弄虚作假行为，除扣减虚假工程费用外，由工区承担虚假工程费用二倍金额的违约金。项目部应严格审核计量工程数量的真实性和准确性及资料的完整性，对新增清单单价和工程"中间计量表"等资料进行认真审查核实，确认无误后方能签认。工区经培训合格上岗的计量人员必须相对固定，在未取得项目部书面同意的情况下不得更换（项目部要求更换的除外），且常驻工地每月不得少于21 d，否则须承担2000元/（人·d）的违约金，造成一切后果由工区自行负责。

（3）其他违约约定。

对于履约信誉较差的工区或施工、计量工程师、施工人员，项目部将视实际情况，将其履约评价上报建工集团公司主管部门，作为不良记录纳入集团市场信用信息管理系统。情节严重的，对项目部利益造成较大损害的工区及其相关人员，项目部有权向司法机关提请诉讼。

6.3.2 哨关路的资金管理

1. 资金监管职责的落实

哨关路项目设置单独的财务部，由财务结算中心委派专职财务人员，上级主管部门为路桥部财务结算中心。设置三个工作岗位：财务部主任、主办会计及出纳岗位。

1）哨关路项目财务部主任工作职责

根据国家财务会计法规、集团公司及路桥部的财务管理制度规定，结合哨关项目涉及的会计事项制定有关工作细则和管理规定，哨关路项目财务部主任工作职责为：全面负责哨关项目的财务核算管理，组织、协调、实施哨关路项目的财务核算及哨关路项目会计报表的编制及报送工作。根据集团公司《会计制度》及《财务管理制度》的要求，设置哨关路项目会计核算主簿，负责会计科目及客商档案的设置，哨关路项目财务档案管理，维护计算机及财务软件系统的运行，哨关路项目资金管理，工程结算、工程款项清收及债权、债务往来清算、业务财务一体化及哨关路项目资金支付审批等工作。掌握哨关路项目各项税金的上交及利润完成情况，及时交纳各项税费；增强财务风险防范意识，采取财务风险防范措施，做好财务保密工作；组织哨关路项目财务人员搞好业务学习，提高财务工作质量；指导哨关路项目各工区财务人员开展财务工作，对各工区进行财务检查。及时向哨关路项目领导及财务结算中心提交各种财务数据及资料，编写哨关路项目经济活动分析；完成哨关路项目领导及财务结算中心安排的临时工作；参与本项目的投资和融资管理工作，参与与甲方对接落实投资计划，与银行洽谈贷款事宜。

2）哨关路项目财务部主办会计工作职责

财务部主办会计工作职责是：参与制定哨关路项目财务管理规定并负责实施，参与哨关路项目会计主簿及会计科目的设置；负责哨关路项目日常财务核算工作，参与编制哨关路大项目财务报表及进行经济活动分析；负责哨关路项目财务物资管理工作，定期或不定期组织资产物资盘点工作；负责哨关路项目债权、债务、往来款项的对账清算工作；负责哨关路各工区的财务核算管理工作；按集团公司会计制度规定进行账务处理，对费用单据进行审核，按规定控制费用开支；负责哨关路项目税金的计算、申报和缴纳工作；协助哨关路项目财务部主任完善财务核算管理工作，协助大项目出纳进行资金支付，监督出纳资金使用情况，编制银行余额调节表；完成领导交办的其他工作。

3）哨关路项目财务部出纳工作职责

财务部出纳的职责是：办理现金收付和银行结算业务；严格按照国家有关现金管理和银行结算制度，根据哨关路项目财务部编制的会计凭证，审核后办理款项收付；登记现金及银行存款日记账；登记现金日记账，核对每天结出余额与实存现金，做到账款相符，核对银行对账单，做到日清月结；正确保管库存现金和各种有价证，确保现金和各种有价票证完整、安全；保管保险柜密码及钥匙，不得转交和泄漏给他人；负责各种空白收据和支票登记工作，严格管理，认真办理领用、注销手续；负责哨关路各工区的款项支付工作；完成领导交办的其他工作。

2. 资金管理

1）银行账户管理

为了确保哨关项目资金投入、收取工程款及资金的使用，在集团公司的授权下开设银行账户，并遵守以下原则：严格遵守《银行账户管理办法》，不准出租、出借银行账户。

（1）哨关项目开设的银行账户，只对该项目的相关经济业务进行收款或付款。如果建设方对银行账户有监管要求的，严格按照建设方监管协议执行，不得擅自套取资金。使用网上银行交易办理货币资金支付业务的，不应因支付方式的改变而随意简化、变更支付货币资金所必需的授权批准程序。银行印鉴分别由不同的财务人员保管，网上交易、网银支付制单人、审核人、授权人应按不相容职务相互分离的原则设置，授权人必须为哨关路项目财务部主任。

（2）哨关路项目现金的使用严格按照国家关于现金管理的规定使用现金。与其他单位或个人的经济往来，凡是能够通过转账结算的，不使用现金结算。哨关路项目现金使用范围：购买办公用品、食堂用品等日常零星支出；支付职工工资、奖金、津贴及各项劳保福利费用；差旅费支出；施工过程中向农民支付补偿款等，必要时直接向农民工支付人工费；业务活动中的备用金（备用金的使用按路桥部相关管理办法执行）。

（3）哨关路项目所有现金收入款项（包括业主的奖励和对各项目部的罚款）都必须于当日如数存入银行，不准坐支现金。哨关路项目财务部出纳应根据实际情况安排使用现金，按当天使用当天支取的原则，不准留存大额现金，如果支取的现金不需要时，应于当天存入银行。

2）各项目部资金管理

（1）与哨关路指挥部（或路桥部）签订内部承包合同的各项目部，原则上不允许单独开设银行账户，所有款项的支付必须集中在哨关路指挥部开设的专户中设置虚拟子账户进行核算。

（2）哨关路指挥部对各项目部资金监管的内容包括：各项目部收到哨关路指挥支付的工程款后，首先应支付劳务费、外购工程材料款等；对工程款使用计划的编制、执行的真实性、完整性进行审核、检查；对重大支出、专项支出、其他支出项目进行专项监督检查；对各项目部资金使用情况及流向进行检查。

（3）各项目部支付用于本工程的各种劳务费、材料款、机械租金、配件等各项支出，提供合同、协议、发票等资料，经哨关路指挥部批准、银行复核后才给予办理转账或汇款手续。各项目部不得分解支付，以逃避哨关路指挥部对工程资金的监管。

（4）各项目部应严格遵守国家对现金支付的管理要求，不得分解金额提取现金，逃避哨关路指挥部对工程资金的监管。

（5）在工程建设过程中，各项目部不得上缴上级单位管理费，若要归还上级单位对本工程的垫资及代付费用，经哨关路指挥部审批后准予支付。

（6）各项目部不得用哨关路项目支付的工程款购置车辆及大型施工设备，支付与本工程无关的各种款项。

3. 支付管理办法

哨关路指挥部的资金使用包括两部分：一是项目建设资金支付，在支付前必须编制资金计划；二是指挥部费用支付，须依据指挥部编制的全年费用预算支付。所有款项的支付在路桥部审批同意的资金计划基础上进行，没有资金计划的支付财务部门一律不受理。金额不确定的日常费用支出，按每月的预算费用金额上报，支付时必须控制在计划金额内，超额部分不予支付。

（1）间接费用支付办法。

① 哨关路项目间接费用是指为完成工程所发生的、不宜直接归属于工程直接成本核算的各项费用支出，包括施工管理人员薪酬、劳动保护费、固定资产折旧费、修理费、低值易耗品摊销、办公费、水电费、财产保险费、检验实验费、差旅费、工程保费、排污费、外单位间接费、建筑工人意外伤害保险、业务招待费、聘请中介机构费、咨询费、诉讼费、投标费用、房产税、车船使用税、土地使用税、印花税、技术转让费、矿产资源补偿费、无形资产摊销、绿化费、研究与开发费、存货盘亏或盘盈、劳动保护费、项目融资费用、其他费用。

② 哨关路项目间接费用除工资外（哨关路项目管理人员的工资按月计提，不论该月是否发放工资都应计提并计入成本），其他费用采取报销制度，根据项目财务管理办法的相关规定实报实销。报销费用时，经办人提供的发票必须真实、合法、完整，根据不同的费用项目须附的资料有明细清单、合同协议、通知、文件、签到表或电脑小票等。

③ 哨关路项目在与公司签订《内部承包经营合同》后，应根据《内部承包经营合同》的相关规定对间接费用进行测算，并编制哨关路项目间接费用预算表，在哨关路项目运行期间，严格按照预算执行。如果运行期间费用严重偏离预算，应及时查找原因，控制费用或调整预算。

④ 哨关路项目间接费用发生时，由经办人填写费用报销单或差旅费报销单，由保管或证明人签字后交财务部门进行单据审核，审核合格后，返给经办人找相关负责人进行审批，审批齐全后交业务部门相关人员在 NC 中录入单据，待单据审批完毕后经办人拿费用报销单找项目出纳办理支付手续。

⑤ 哨关路项目间接费用的审批流程为：经办人填写费用报销单→保管或证明人签字→项目主办会计（或出纳）审核→经办人部门负责人审批→分管领导审批→项目负责人审批→交业务人员在NC中录入单据→按NC相关审批流程审批→审批完毕后找项目出纳办理支付手续。在审批过程中，如果不同意支付则直接返回经办人，不再走后面的审批程序。

哨关路项目预算费用超支时，财务部门有权不予支付，除非做出预算调整并经相关部门批准。

（2）工程款及材料款支付办法。

① 哨关路各项目部应按所承建的工程，选择有相关资质的施工单位，并与其签订施工合同，确定合同金额。如果合同约定工程预付款的，按合同约定，由各项目部提出申请，填写哨关路项目预付工程款支付审批表，由哨关指挥部各相关职能部门审核，各相关职能部门审核后交项目分管领导审批，分管领导批准后交项目负责人审批，各项目部将预付款审批表交项目主办会计填制会计凭证并找项目出纳办理付款手续。在审批过程中，存在不符合支付条件时，直接返回各项目部，不再走后面的审批程序。流程如下：各项目部提出申请（填写预付工程款审批表）→各职能部门审核→分管领导审批→项目负责人审批→各项目部到财务部办理支付手续。

② 哨关项目工程进度款支付管理。各项目部工程进度款支付必须在质量合格、资料齐全、正确和准确计量的基础上进行。

③ 工程进度款支付必须以合同文件中的工程量清单和技术规范的要求、原则为依据。

（3）各项目部在施工过程中，哨关路指挥部应按合同规定每月对其实际完成量进行计量，计量报表审批齐全后，由各项目部提出进度款支付申请，并填写哨关路项目进度款支付审批表。在支付各项目部进度款时，应先扣除其合同约定的质量保证金、农民工工资保证金、安全保证金等各种保证金及工程预付款和统供材料等款项，其余额才进行支付，如果当月计量款不足以扣除，累积到下月抵扣，直到有余额时才进行支付。

（4）各项目部在申请支付工程进度款项时，必须提供符合公司要求的等额发票，做到"三统一"，财务人员才给予办理支付，如果未能提供，财务人员有权拒绝支付。发票根据国家税收政策的相关规定开具。

（5）为了让哨关路项目农民工工资得到保障，各项目部在收到工程款后应先支付农民工工资，再支付其他款项。为此，哨关路各项目部在支付各项目部工程款时，分两次支付，第一次支付所申请款项的 60%，等各项目部提供农民工支付清单后，再支付剩余 40%。农民工工资的管理及提供资料详见《哨关路项目农民工工资管理办法》。

（6）哨关路项目材料款支付管理办法。哨关路项目采购的所有材料物资，必须先进行招投标，与供货单位签订材料物资采购合同，如果要支付预付款，必须在合同中明确规定，若合同中未规定，将不予支付预付款。材料款及材料预付款的支付由供货单位提出申请，填写付款审批单，先由哨关路项目材料物资部门审核，审核内容包括付款金额是否属实、材料是否合格、材料合格证明是否齐全等，物资部门审核后由合同部、中心试验室、质量监督部、财务部审批及相关职能部门审核后由分管领导审批，分管领导批准后交项目负责人审批，项目负责人审批同意后由供货单位将付款审批单交给财务部门并办理付款手续。支付材料款时，供货单位必须提供与其供应材料相符、单位名称相符的发票，否则财务部门有权不予支付。发票按国家当时税收政策的相关规定开具。

哨关路项目材料款支付流程为：供货单位提出申请（填写材料款支付审批表）→材料物资部审核→各职能部门审核（合同部、中心试验室、质量监督部、财务部）→分管领导审批→项目负责人审批→供货单位到财务部办理支付手续。

第7章 市政道路施工安全与应急管理

7.1 市政道路施工安全管理理论基础

7.1.1 安全事故致因理论

事故致因理论是研究事故如何发生以及如何防止事故发生的理论,是从大量典型事故的本质原因的分析中所提炼出的事故机理和事故模型。这些机理和模型反映了事故发生的规律,揭示了事故的成因、过程与结果。它暂时避开了危险源的具体特点和事故的具体内容与形式,而只是抽象概括地考虑构成系统的人、机、物、环境,因此它更本质、更具普遍意义。当它和具体的危险源、具体的事故结合时,就可以更科学、更实际、更生动地把可能的事故成因、过程、结果展现在人们面前。故而它是进行危险性分析、安全性评价、对策制定、监控管理,以及事故调查分析的有力武器。

事故致因理论是随着生产力的不断发展而发展的,是一定生产力发展水平的产物。随着生产力的不断发展,新的理论相继出现。每种理论都在某种程度上阐述了事故发生的原因。到目前为止,人们已提出了十多种事故致因理论,这里将对现有的主流理论进行研究,分析事故机理。

1. 事故因果连锁理论

事故因果连锁理论的基本观点是:事故是由一连串因素以因果关系依次发生,就如链式反应的结果,其代表性理论主要有:海因里希事故因果连锁理论、博德事故因果连锁理论和亚当斯事故因果连锁理论。

1)海因里希事故因果连锁理论

美国安全学家海因里希(W.H.Heinrich)认为,伤亡事故的发生不是一个孤立的事件,而是一系列原因事件相继发生的结果。由于工作中物的不安全状态和人的不安全行为同时存在,两者发生关联就会发生事故。其于1931年在《工业事故预防》一书中提出事故因果连锁论，核心思想是：伤亡事故的发生不是一个孤立的事件，而是一系列原因事件相继发生的结果，即社会环境和传统、人的失误、人的不安全行为和事件是导致事故的连锁原因，伤害与各原因相互之间具有连锁关系。

海因里希用五块骨牌形象地描述这种因果关系，因此，该理论又被称为多米诺骨牌理论。在骨牌系列中，如果第一张骨牌倒下就会造成第二、第三直到第五张骨牌接连倒下，最终造成事故和相应的损失，但是只要我们抽掉其中的一张骨牌，则连锁被破坏，事故过程被中止。海因里希认为，企业安全工作的中心是防止人的不安全行为，消除机械的或物质的不安全状态、中断事故的进程就可以防止事故的发生，如图7-1、图7-2所示。

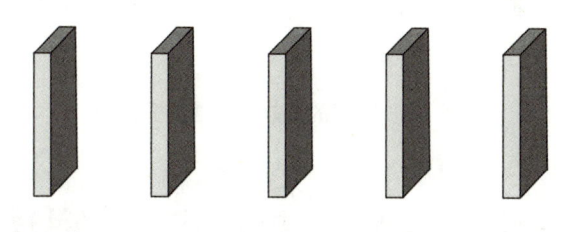

图 7-1　Heinrich 事故致因理论的五大因素

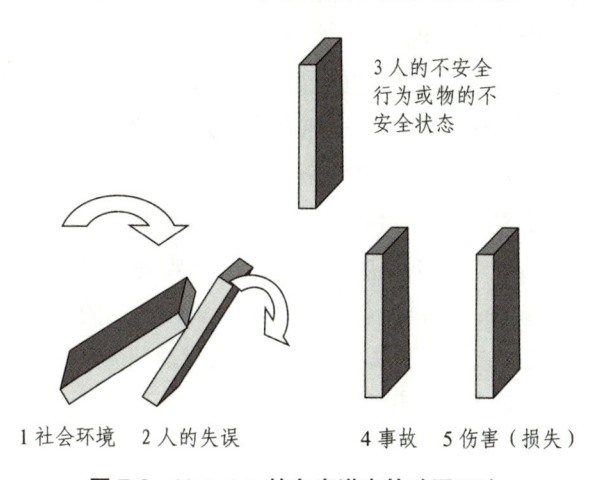

图 7-2　Heinrich 的多米诺事故致因理论

2）博德的事故因果连锁理论

美国前国际损失控制研究所所长小弗兰克·博德（Frank Bird）在海因里希事

故因果连锁理论的基础上,提出了现代事故因果连锁理论。博德认为,尽管人的不安全行为和物的不安全状态是导致事故的重要原因,但认真追究,却不过是其背后原因的征兆,是一种表面现象。他认为事故的根本原因是管理失误。博德的事故因果连续过程同样分为五个因素,但每个因素的含义与海因里希的都有所不同,如图7-3所示。

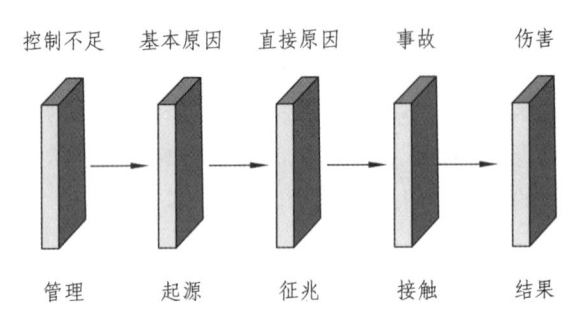

图 7-3 博德的事故因果连锁模型

（1）控制不足——管理缺陷。

安全管理方面的控制不足是事故导致伤害事故发生的根本原因。安全管理应懂得管理的基本理论和原则。控制损失包括对不安全行为和不安全状态的控制,这是安全管理工作的核心。

此事故模型认为安全生产管理是事故因果连锁中最重要的因素。博德认为,由于各种原因,完全依靠工程技术上的改进来预防事故既不经济,也不现实,只能通过完善安全生产管理工作,经过较大的努力,才能防止事故的发生。安全生产管理人员应该懂得管理的基本理论和原则。控制作为管理的机能（计划、组织、指导、协调及控制）之一是安全生产管理工作的核心,这种控制是损失控制,包括了对人的不安全行为和物的不安全状态的控制。在安全生产管理中,企业领导者的安全方针、政策及决策占有十分重要的位置,具体包括：生产及安全目标；资源的配备；资料的利用：责任及职权范围的划分；职工的选择、训练、安排、指导及监督,信息传递；设备、器材及装置的采购、维修及设计；正常及异常时的操作规程以及设备的维修保养等。

（2）基本原因——起源。

基本原因包括个人原因和工作方面的原因。其中：个人原因有生理或心理方面等问题,缺乏知识、技能方面的问题和动机不正确等；工作方面的原因有操作规程不合适,设备、材料不合适,通常的磨损以及异常的使用方法等。只有找出并控制这些原因，才能有效地防止后续原因的发生，从而防止事故的发生。

（3）直接原因——征兆。

人的不安全行为和物的不安全状态是事故的直接原因。直接原因是基本原因和管理缺陷的表面现象，在工作中要追究其背后隐藏的管理上的缺陷原因，并采取有效的控制措施，从根本上杜绝事故的发生。

（4）事故——接触。

该理论认为事故是人的身体或建（构）筑物、设备与超过其阈值的能量接触或人体与妨碍正常生理活动的物质接触。防止事故就是防止这种接触。因此，防止事故就是防止接触，可以通过对装置、材料、工艺等的改进来防止能量的释放，或者操作者提高识别风险和回避风险的能力，佩戴个人防护用具等来防止接触。

（5）损失——结果。

损失是指事故造成的结果，包括人员伤亡和财务损失。

3）亚当斯事故因果连锁理论

英国伦敦大学约翰·亚当斯（John Adams）教授提出了一种与博德事故因果连锁理论相类似的因果连锁模型。该理论将人的不安全行为和物的不安全状态称作现场失误，其目的在于提醒人们注意不安全行为和不安全状态的性质。亚当斯事故因果连锁理论如表7-1所示。

表7-1 亚当斯事故因果连锁理论

管理体制	管理失误		现场失误	事故	伤害或损坏
目标 组织 机能	领导者在下述方面决策错误或没做决策： 政策 目标 权威 责任 职责 注意范围 权限授予	安全技术人员在下述方面管理失误或疏忽： 行为 责任 权威 规则 指导主动性 积极性 业务活动	不安全行为 不安全状态	伤亡事故 损坏事故 无伤亡事故	对人 对物

亚当斯理论的核心在于对造成现场失误的管理原因进行了深入研究，认为

操作者的现场失误是由于企业领导者及安全工作人员的管理失误。管理人员在管理工作中的差错或疏忽、企业领导人决策错误或没有做出决策等失误对企业经营管理及安全工作具有决定性的影响。管理失误反映企业管理系统中的问题，即如何有组织地进行管理工作，确定怎样的管理目标，如何计划、实现确定的安全目标等方面的问题。管理体制反映的是作为决策中心的领导人的信念、目标及规范，它决定各级管理人员安排工作的轻重缓急、工作基准及指导方针等重大问题。

2. 人与环境匹配论

这是由瑟利（（J.Surly）在1969年提出的一种事故致因理论，所以也叫瑟利模型。它是把人、机、物、环境组成的一个系统整体看待，研究人、机、环境之间的相互作用、反馈和调整，从中发现导致事故发生的原因，揭示出预防事故的途径。这种模型以人对信息的处理过程为基础来描述事故发生的因果关系，认为人在信息处理过程中出现失误从而导致人的行为失误，进而引发事故。该模型把事故的发生过程分为危险出现和危险释放两个阶段，这两个阶段各自包括一组类似的人的信息处理过程，即感觉、认识和行为响应。在危险出现阶段，如果人的信息处理的每个环节都正确，危险就能被消除或得到控制；反之，就会使操作者直接面临危险。在危险释放阶段，如果人的信息处理过程的各个环节都是正确的，则虽然面临着已经显现出来的危险，但仍然可以避免危险释放出来，不会带来伤害或损害；反之，危险就会转化成伤害或损害，如图7-4所示。

由图中可以看出，两个阶段具有相类似的信息处理过程，即3个部分，6个问题则分别是对这3个部分的进一步阐述，它们分别是：

（1）危险的出现（或释放）有警告吗？这里警告的意思是指工作环境中对安全状态与危险状态之间的差异的指示。任何危险的出现或释放都伴随着某种变化，只是有些变化易于察觉，有些则不然。而只有使人感觉到这种变化或差异，才有避免或控制事故的可能。

（2）感觉到这个警告吗？这包括两个方面：一是人的感觉能力问题，包括操作者本身感觉能力，如视力、听力等较差，或过度集中注意力于工作或其他方面；二是工作环境对人的感觉能力的影响问题。

（3）认识到了这个警告吗？这主要是指操作者在感觉到警告信息之后，是否正确理解了该警告所包含的意义，进而较为准确地判断出危险的可能的后果及其发生的可能性。

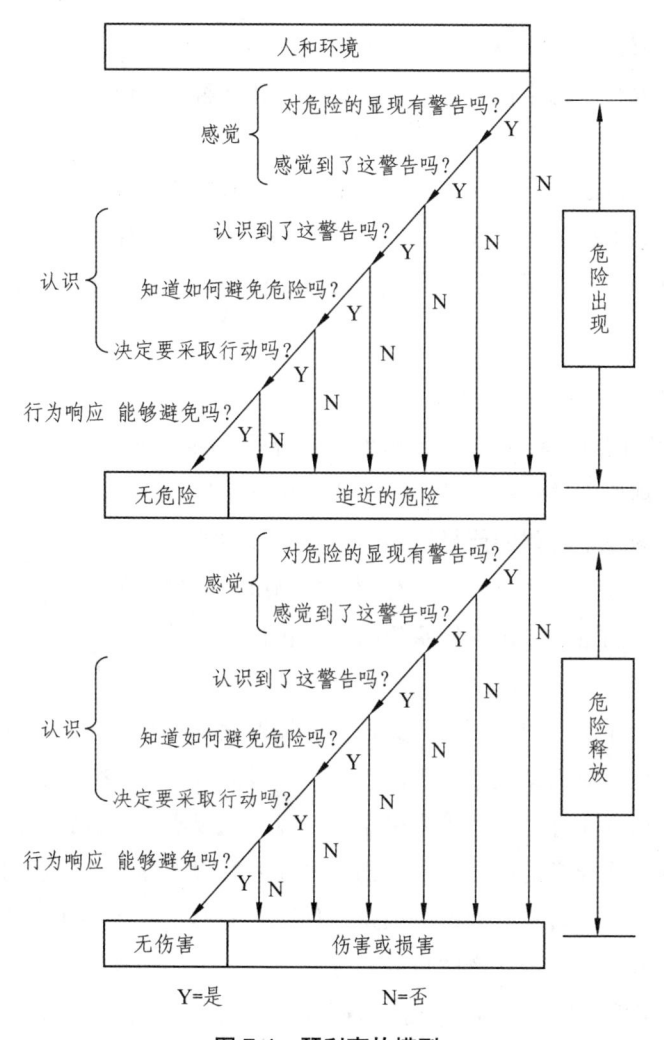

图 7-4 瑟利事故模型

（4）知道如何避免危险吗？这主要指操作者是否具备为避免危险或控制危险，做出正确的行为响应所需要的知识和技能。

（5）决定要采取行动吗？无论是危险的出现或释放，其是否会对人或系统造成伤害或破坏是不确定的。而且在某些情况下，采取行动固然可以消除危险，却要付出相当大的代价。特别是对于冶金、化工等企业中连续运转的系统更是如此。究竟是否采取立即的行动，应主要考虑两个方面的问题：一是该危险立即造成损失的可能性；二是现有的措施和条件控制该危险的可能性，包括操作者本人避免和控制危险的技能。当然，这种决策也与经济效益、工作效率紧密相关。

（6）能够避免危险吗？在操作者决定采取行动的情况下，能否避免危险则取决于人采取行动的迅速、正确、敏捷与否和是否有足够的时间等其他条件使人能做出行为响应。

上述6个问题中，前两个问题都是与人对信息的感觉有关的，第3~5个问题是与人的认识有关的，最后一个问题与人的行为响应有关。这6个问题涵盖了人的信息处理全过程，并且反映了在此过程中有很多发生失误进而导致事故的机会。

3. 能量转移理论

1961年山吉布森（Gibson）提出，由哈登（Hadden）引申的能量转移论，是事故致因理论发展过程中的重要一步。能量转移理论的基本观点是：事故是一种不正常的或不希望的能量转移，各种形式的能量构成了伤害的直接原因。依据能量转移理论的观点，当具有能量的物质（或物体）和受害对象处于同一时空范围内，能量并未按人们希望的途径转移，而是与受害对象发生接触时，就造成了事故。

能量是物体做功的本领，人类社会的发展就是不断地开发和利用能量的过程。但能量也是对人体造成伤害的根源，没有能量就没有事故，没有能量就没有伤害。所以吉布森、哈登等人根据这一概念，提出了能量转移论。其基本观点是：不希望或异常的能量转移是伤亡事故的致因。即人受伤害的原因只能是某种能量向人体的转移，而事故则是一种能量的不正常或不期望的释放。输送到生产现场的能量，依生产的目的和手段不同，可以相互转变为各种形式。能量按照形式分为势能、动能、热能、化学能、电能、辐射能、声能、生物能等。在能量转移论中，把能量引起的伤害分为两大类。

第一类伤害是施加了超过局部或全身性的损伤阈值的能量而产生的。人体各部分对每一种能量都有一个损伤阈值。当施加于人体的能量超过该阈值时，就会对人体造成损伤。大多数伤害均属于此类伤害。例如，在工业生产中，一般都以36 V为安全电压，这就是说，在正常情况下，当人与安全电源接触时，由于36 V在人体所承受的阈值之内，就不会造成任何伤害或伤害极其轻微；而由于220 V电压大大超过人体的阈值，与其接触，轻则灼伤，或某些功能暂时性损伤，重则造成终身伤残甚至死亡。

第二类伤害则是影响局部或全身性能量交换引起的，譬如因机械因素或化学因素引起的窒息（如溺水、一氧化碳中毒等）。

能量转移论的另一个重要概念是：在一定条件下，某种形式的能量能否造成伤害及事故，主要取决于人所接触的能量的大小、接触的时间长短和频率、力的集中程度、受伤害的部位及屏障设置的早晚等。用能量转移论的观点分析事故致因的基本方法是：首先确认某个系统内的所有能量源，然后确定可能遭受该能量伤害的人员及伤害的可能严重程度，进而确定控制该类能量不正常或不期望转移的方法。

4. 轨迹交叉理论

20世纪60年代末70年代初，日本劳动省提出了"轨迹交叉理论"，并构建了系列模型来描述这一理论。该理论强调人的因素和物的因素在事故致因中占有同样重要的地位。其基本思想是：伤害事故是许多相互联系的事件顺序发展的结果。这些事件概括起来不外乎人的不安全行为（人失误）和物的不安全状态（包括环境）两大因素发展系列。当人的不安全行为和物的不安全状态在各自发展过程（轨迹）中，在一定时间、空间发生了接触（交叉），使能量转移于人体时，就会造成事故。预防事故的发生就是设法从时空上避免人、物运动轨迹的交叉。

约翰逊（W.G.Jonson）认为，判断到底是不安全行为还是不安全状态，受研究者主观因素的影响，取决于他认识问题的深刻程度。许多人由于缺乏有关失误方面的知识，把由于人失误造成的不安全状态看作是不安全行为。一起伤亡事故的发生，除了人的不安全行为之外，一定存在着某种不安全状态，并且不安全状态对事故发生作用更大些。斯奇巴（Skiba）提出，生产操作人员与机械设备两种因素都对事故的发生有影响，并且机械设备的危险状态对事故的发生作用更大些，只有当两种因素同时出现，才能发生事故。上述理论被称为轨迹交叉理论，该理论的主要观点是，在事故发展进程中，人的因素运动轨迹与物的因素运动轨迹的交点就是事故发生的时间和空间，即人的不安全行为和物的不安全状态发生于同一时间、同一空间或者说人的不安全行为与物的不安全状态相通，则将在此时间、此空间发生事故。轨迹交叉理论作为一种事故致因理论，强调人的因素和物的因素在事故致因中占有同样重要的地位。按照该理论，可以通过避免人与物两种因素运动轨迹交叉，即避免人的不安全行为和物的不安全状态同时、同地出现，来预防事故的发生。其模型如图7-5所示。

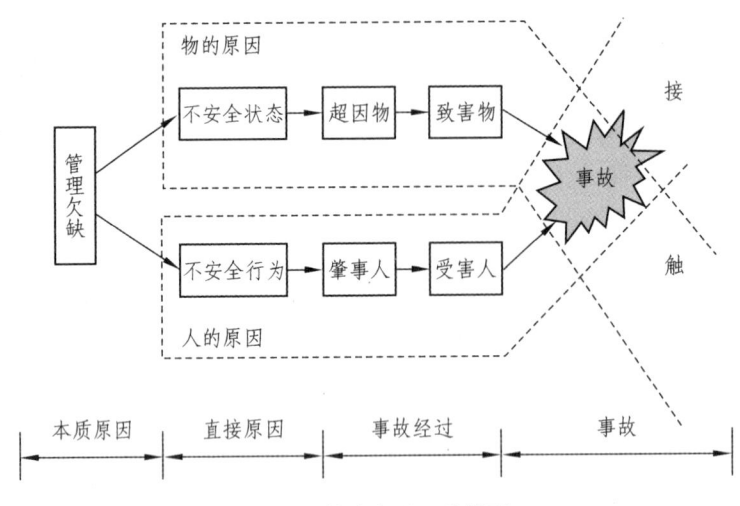

◆ 市政道路建设管理理论与应用——哨关路工程建设管理实践

图 7-5 轨迹交叉理论模型

轨迹交叉理论将事故的发生发展过程描述为：基本原因→间接原因→直接原因→事故→伤害。从事故发展运动的角度，这样的过程被形容为事故致因因素导致事故的运动轨迹，具体包括人的因素运动轨迹和物的因素运动轨迹。

1）人的因素运动轨迹

人的不安全行为基于生理、心理、环境、行为几个方面而产生：生理、先天身心缺陷；社会环境、企业管理上的缺陷；后天的心理缺陷；视、听、嗅、味、触等感官能量分配上的差异；行为失误。

2）物的因素运动轨迹

在物的因素运动轨迹中，在生产过程各阶段都可能产生不安全状态：设计上的缺陷，如用材不当，强度计算错误、结构完整性差、采矿方法不适应矿床围岩性质等；制造、工艺流程上的缺陷；维修保养上的缺陷，降低了可靠性；使用上的缺陷；作业场所环境上的缺陷。

人、物两轨迹相交的时间与地点，就是发生伤亡事故的"时空"，也就导致了事故的发生。值得注意的是，许多情况下人与物又互为因果。例如，有时物的不安全状态诱发了人的不安全行为，而人的不安全行为又促进了物的不安全状态的发展或导致新的不安全状态出现。因而，实际的事故并非简单地按照上述的人、物两条轨迹进行，而是呈现非常复杂的因果关系。若设法排除机械设备或处理危险物质过程中的隐患或者消除人为失误和不安全行为，使两事件链的连锁中断，则两系列运动轨迹不能相交，危险就不能出现，就可避免事故发生。对人的因素而言，强调工种考核，加强安全教育和技术培训，进行科学的安全管理，从生理、心理和操作管理上控制人的不安全行为的产生，就等于砍断了事故产生的人的因素轨迹。但是，对自由度很大且身心性格气质差异较大的人是难以控制的，偶然失误很难避免。

在多数情况下，由于企业管理不善，工人缺乏教育和训练或者机械设备缺乏维护检修以及安全装置不完备，导致了人的不安全行为或物的不安全状态。

轨迹交叉理论突出强调的是砍断物的事件链，提倡采用可靠性高、结构完整性强的系统和设备，大力推广保险系统、防护系统和信号系统及高度自动化和遥控装置。一些领导和管理人员总是错误地把一切伤亡事故归咎于操作人员"违章作业"。实际上，人的不安全行为也是由于教育培训不足等管理欠缺造成的。管理的重点应放在控制物的不安全状态上，即消除"起因物"，当然就不会出现"施害物"，"砍断"物的因素运动轨迹，使人与物的轨迹不相交叉，事故即可避免。实践证明，消除生产作业中物的不安全状态，可以大幅度地减少伤亡事故的发生。

7.1.2 市政道路施工危险源的识别

1. 危险源的含义

危险源是可能导致人身伤害或疾病、财产损失、工作环境破坏或这些情况组合的危险因素和有害因素。危险因素强调突发性和瞬间作用的因素，有害因素强调在一定时期内的慢性损害的累计作用。施工安全管理的目标之一，就是对建筑系统中的危险源进行辨识和分析，进而对其进行控制。

2. 危险源的分类

危险源表现形式不同，但从事故发生的本质讲，均可归结为能量的意外释放或有害物质的泄漏、散发。根据其在事故发生、发展过程中的作用，可把危险源分为第一类危险源和第二类危险源两大类。

1）第一类危险源

建筑系统中存在的，可能发生意外释放的能量（能源或能量载体）或有害物质称为第一类危险源。根据能量意外释放理论，能量或有害物质的意外释放是事故发生的物理本质。

2）第二类危险源

正常情况下，生产过程中的能量或危险物质受到约束或限制，不会发生意外释放，即不会发生事故。但是，一旦这些约束或限制能量或危险物质的措施受到破坏或失效（故障），则将发生事故。导致能量或危险物质约束或限制措施破坏或失效的各种因素称作为第二类危险源。第二类危险源主要包括物的故障、人的失误和环境因素等三种类型。

（1）物的故障。物的故障是指机械设备、装置、元部件等由于性能低下而不能实现预定的功能的现象。不安全状态是存在于起因物上的，是使事故能发生的不安全的物体条件或物质条件。从安全功能的角度，物的不安全状态也是物的故障。在施工生产中，物的故障的发生是不可避免的，其发生具有随机性、渐近性和突发性，是一种突发事件。

（2）人的失误。人的失误是指人的行为结果偏离了被要求的标准，即没有完成规定功能的现象。人的失误会造成能量或危险物质控制系统故障，是屏蔽破坏或失效，从而导致事故发生。人的失误包括人的不安全行为和管理失误两个方面。

（3）环境因素。人和物存在的环境，即生产作业环境中温度、湿度、噪声、震动、照明或通风换气等方面的问题，会促使人的失误或物的故障发生。

事故的发生往往是两类危险源共同作用的结果。第一类危险源是伤亡事故发生的能量主体，决定事故后果的严重程度。第二类危险源是第一类危险源造成事故的必要条件，决定事故发生的可能性。在事故的发生和发展过程中，两类危险源相互关联、相互依存。第一类危险源的存在是第二类危险源出现的前提，第二类危险源的出现是第一类危险源导致事故的必要条件。因此，危险源识别的首要任务是辨识第一类危险源，在此基础上再辨识第二类危险源。

在施工安全系统中，第一类危险源一般不可避免地存在，完全消除是几乎不可能的或付出的代价过大。实际工程中我们主要是通过消除第二类危险源的途径减少或消除事故的发生。

3. 危险源的识别

市政道路施工危险源的识别是根据经验或者假设进行推理和判断的基础上得出危险因素的结论。危险源分析的方法很多，常用的有鱼刺图分析法、事件树分析法、因果分析法等，以下主要介绍事故树方法。

1）事故树的概念

事件树分析又称故障树分析，简称 FTA，是在系统安全工程中应用较广泛的一种方法。其理论较完善，方法较科学，使用上较为广泛。1961 年，美国在研究民兵导弹发射控制系统时，由瓦特逊提出了这一方法，后由 A.B.门斯

（A.B.Mearns）做了改进，在预测导弹发射过程的事件中发挥了重要作用。波音公司对 FTA 进行改革后，使之能够利用计算机模拟。1974 年，美国原子能委员会利用 FTA 对核电站事故危害性进行评价，发表了拉士姆逊（（N.S.Rasmussen）报告，引起了世界的关注。目前已有许多国家在研究和应用这一方法，我国这方面的工作开始于 20 世纪 70 年代。故障树分析可用来分析事故，特别是重大恶性事故的因果关系；可进行系统的危害性评价、事故的预测、事故的调查分析，沟通事故情报和安全措施优化决策，也可用于系统的安全性设计等很多方面。由于这种分析方法具有形象直观、思路清晰、逻辑性强以及既可定性分析又可定量分析等优点，因而得到了广泛的应用。

2）事件树的编制

在编制故障树时，首先要确定顶上事件。所谓顶上事件，就是故障树所要分析的对象事件，在明确了顶上事件之后，接着要找出构成这一事件的直接原因，如人的不安全动作 A1、机械设备的不良状态 A2 等。然后，再找出构成直接原因的第二层原因，A3、A4、A5、……，直到最基本的原因，中间的原因称为中间事件，以 A1 表示，基本原因称为基本事件，以 X1 表示。

顶上事件、中间事件以及基本事件都是有一定关系的。为了表达它们之间的逻辑关系，需要选择相应的逻辑门将之连接起来。有时还要根据附加的条件设立修正门。将这些事件用逻辑门连接起来，就成为上部为顶上事件 T，底部为基本事件 X，中间为中间事件 A1，有根、有干、有枝和有叶的树状系统，这就是事件树。

3）事件树中的事件及符号

在故障树分析中，上一层故障是由下一层故障造成的结果，下一层故障则是引起上一层故障的原因。当用逻辑门连接这些事件时，作为结果的上层事件称为输出事件，作为原因的下层事件则称为输入事件。

逻辑"与"门表示全部输入事件都出现则输出事件才出现，只要有一个输入事件不出现则输出事件就不出现的逻辑关系，其符号见图 7-6。逻辑"或"门表示只要有一个或一个以上输入事件出现则输出事件就出现，只有全部输入事件都不出现，输出事件才不出现的逻辑关系，其符号见图 7-6。

故障树常见事件的符号见图 7-7。在基本事件中，为了区别物的不安全状态（故障）和人的不安全行为（失误），二者可分别采用不同的符号。

（1）长方形符号，表示需要进一步分析的故障事件，如顶事件和中间事件，在符号内侧写明故障内容。

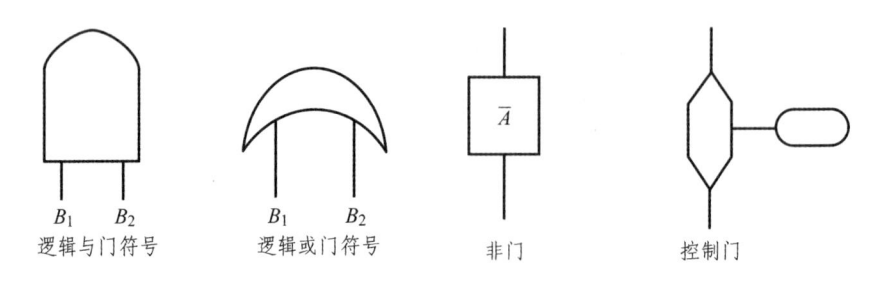

图 7-6　事故树的主要逻辑符号

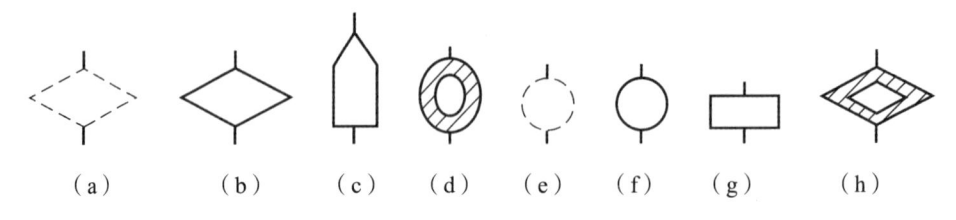

图 7-7　常见事件符号

（2）圆形符号，表示基本事件，有时用虚线圆表示人的失误，用加斜线的两个同心圆表示操作者的失误和对修正的遗漏。

（3）房形符号，表示不是故障的事件，是系统内正常状态下所发生的正常事件。

（4）菱形符号，表示事前不能分析或者没有分析必要的省略事件，有时用虚线菱形和加斜线的双菱形表示人的失误或者操作者疏忽和对修正的遗漏。

4）事件树分析的程序

事件树分析的工作大致可分为十个步骤。但是，由于情况不同，可能有时不需要其中的若干步骤。具体步骤如下：

（1）确定并熟悉系统。生产系统是分析对象（事故）的存在条件，要对系统中的人、物、环境和管理四大组成因素进行详细的了解。

（2）调查事故。收集过去的事故事例和事故统计，预想被分析系统中可能发生的事故，从系统中的人、物、环境及管理缺陷中，寻找构成事故的原因。

（3）确定顶上事件。对调查的事故，分析其严重程度和发生的概率，从中找出后果严重，且易发生的事故，作为分析顶上事件。

（4）确定顶上事件发生概率控制目标。根据以往事故经验和同类系统事故资料，进行统计分析，求出该类事故的概率（或频率），然后，根据这类事故的严重程度，确定其发生概率的控制目标值。

（5）事故原因调查并确定其发生概率。

（6）绘制事件树。根据调查的资料，按照演绎分析的原则和方法，从顶上事件开始，一级一级地找出各自的直接原因事件，直到所要求的深度，用逻辑门连接上下层事件，给出事故树。

（7）定性分析。通过对事故树的化简和结构分析，求出最小割集和最小径集，确定各基本事件的重要度。其目的是分析这些事故的规律和特点，找出各基本事件的重要程度，以便按主次关系分别采取对策，找出控制事故的有效方案。

（8）求顶上事件（事故）的发生概率。通过事故原因调查所确定的发生概率，将其标在事故树上，然后据此求出顶上事件的发生概率。

（9）比较。对于可维修的系统，需将求得的顶上事件发生概率与通常统分析所得到的概率进行比较。如果二者相互矛盾，需要返回（5），重新进行故障件调查，查看基本事件有无遗漏，逻辑关系是否正确以及所拟定的事故概率的控制指标是否过高或过低。对于不可维修的系统，求出顶上事件概率即可。

（10）定量分析和选定控制事故的方案。当求得的顶上事件发生概率超过预定目标时，应从最小割集入手，研究降低事故概率的各种可能，从中选出最优方案。通过事件树分析，求出最小径集后，可提出根除事故的各种途径，从中选出最佳方案，求出各基本事件的重要度系数。对暂时不能根除的事件，按重要度系数的大小排除，提出对其进行控制的方案，或编出安全检查表，以便发挥人的主观能动性，控制事故的发生。

4. 危险性因素预测的基本原理与方法

根据事故树的基本理论得知，顶上事件（事故）的发生是多种因素共同作用的结果。对于顶上事件的控制，只要在其可能途径中采取措施消除了其中一个或多个致因因素，顶上事件的发生就缺乏必要的"能量"而不会发生，这就是事故预测与控制的基本原理。建筑施工安全事故危险性因素预测包括三个方面内容：① 发生的可能性（L）；② 人员暴露于危险环境中的频繁程度（E）；③ 危害的严重度（C）。

7.2 哨关路施工安全管理办法与施工保证措施

7.2.1 哨关路的安全管理办法

1. 安全生产组织

哨关路工程指挥部成立安全生产领导小组，对哨关路工程项目建设期间安全生产工作进行总体部署。领导小组办公室设在指挥部安全部，负责执行安全生产管理的监督和日常工作。各工区项目部建立健全安全生产管理专门机构，按《公路水运工程安全生产监督管理办法》配备专职安全管理人员，以满足安全生产管理需要。各工区项目部所属各施工队、作业班组、施工点，应当根据比例配备数量足够的专职或兼职安全管理员，由专、兼职安全管理员对本施工队、作业班组、施工点的安全生产情况进行实地巡回检查，发现隐患及时处治，重大隐患及时上报相关部门。辖区内的生产作业过程接受指挥部安全生产管理职能部门的监督检查。

各工区项目部项目经理为工区安全生产第一责任人，负责对管辖区安全生产工作的全面管理，承担相应的经济、法律责任。工区项目部安全副经理为项目直接责任人，其他人员按"一岗双责"安全生产责任制的要求履行安全工作职责，从事各项工作的从业人员在本职工作范围内对安全生产负责。

2. 安全生产管理职责与制度

各工区项目部安全生产第一责任人对本单位安全生产工作履行以下职责：负责向所属从业人员宣传国家安全生产法律、法规、方针政策、制度措施；负责组织传达、学习、贯彻国家和上级以及地方各级政府召开的安全生产工作会议和通知精神，组织执行各级领导机关及当地党委、政府、指挥部对安全生产工作作出的决定、决议和命令；建立本项目安全教育培训制度，制订安全教育培训计划；组织执行有关安全生产法律、法规和行业安全技术规程、标准的布置、检查、评比、总结等安全生产工作；负责主持制定并组织实施本单位安全生产工作计划、规划、安全生产责任制和安全生产管理制度、措施；负责按法定比例提取和使用安全生产技术措施专项经费，不断改善安全生产条件；负责组织清除安全事故隐患，对危及从业人员生命安全和健康的安全隐患及时进行排查整改和治理；定期或不定期向上级有关部门、属地安全生产监督管理部门和全体从业人员报告安全生产工作情况；发生安全事故时，应立即组织救援；为职工配备符合国家标准的劳动防护用品；与部门和施工班组签订定安全责任书，并督促落实；组织开展生产安全事故应急演练；其他应当履行的安全生产管理职责。

各工区项目部应当建立健全以下安全管理规章制度：安全生产会议制度；专项安全施工组织设计制度；安全生产评估制度；安全技术交底制度；安全检查制度；安全生产资金保障制度；班前安全讲话、班后安全活动制度；操作规程挂牌制度；安全生产事故报告制度；安全生产奖惩制度；风险抵押金制度；车辆、机械管理制度；危爆物品管理制度；安全教育培训制度；备案制度；安全隐患整改制度；安全生产备案管理制度；消防安全管理制度；交接班、节假日值班制度；重大危险源及重大安全隐患控制制度；成立专门机构，落实专业知识人员，积极预防疾病，建立传染病防治制度；其他应当建立健全的安全生产规章制度。

3. 安全责任的落实

指挥部与各工区项目部之间必须签订安全生产责任书，工区项目部上下级之间以及与各施工队之间都要层层签订安全生产责任书，认真落实安全生产责任制，使安全管理工作"纵向到底、横向到边、专管成线、群管成网"。建设项目施工中，施工现场应符合施工现场安全生产条件，并由指挥部进行监督检查评价；建设项目竣工验收前，项指挥部应对项目参建单位进行施工安全信用评价。

工区项目部要建立健全安全生产管理体系，推行国际职业安全认证标准，完善各项管理制度，结合施工特点，制定专项安全措施和应急预案。各工区项目部各岗位人员均应接受三级安全教育培训及相关岗位安全技能培训并取得相应证书（证件）。特种人员，必须按照国家规定经过专门的安全作业培训，考试合格，取得特种作业操作证后方可上岗。各工区项目部应当遵守国家关于劳动保护方面的法律、法规、规定，为劳动者履行职业保护义务。

严格爆炸物品采购、运输、储存、发放、使用、回收诸环节的管理，严格贯彻落实《中华人民共和国民用爆炸物品管理条例》和《云南省民用爆炸物品管理实施办法》。工区项目部施工机械、运输车辆和所使用的设备、设施，应当按规定按时限进行维护、保养和检修，使其保持良好状态。起重机械、架桥机等特种设备要按规定取得验收合格证后方能使用，到期必须送检。指挥部、各工区项目部在工作、生活中，必须遵守国家有关安全管理方面的规定和纪律，维护好尊严和荣誉，保护好人身安全和健康。与指挥部签订综治维稳责任书，在少数民族地区工作、生活中，必须尊重当地少数民族的宗教信仰和风俗习惯，做好稳定、和谐工作。

4. 突发事件处置和事故报告调查处理

各工区项目部应当建立健全以下应急预案，并适时组织演练：安全生产事故应急预案；自然灾害和突发事件应急预案；汛期防洪应急预案；消防安全应急预案；传染病防治应急预案；危险性较大的其他需要特别引起重视和预防的单项施工应急预案（如桥梁施工应急预案、社会安全事故应急预案、重大危险源应急预案等）。

工区项目部在发生伤亡事故后，现场有关人员应当立即向单位主要负责人或有关分管人员报告；主要负责人或有关分管人员接到报告后，应当立即向属地安全生产监督管理部门报告，同时报指挥部安全生产领导小组办公室，并采取有效措施，组织救援，防止事态扩大，避免次生事故的发生，尽最大努力将人员、财产损失降至最低限度。各工区项目部因组织事故救援需移动现场物件时，应做好记录、标识或影像记录资料。救援工作结束后应保护好现场，以利事故的调查。发生伤亡事故时，应当严格按照国家《安全生产事故报告和调查处理条例》的规定程序和指挥部相关规定及时逐级上报，并坚持"四不放过"原则（事故原因未查清不放过；责任人员未处理不放过；整改措施未落实不放过；有关人员未受到教育不放过）对事故进行调查处理。

5. 安全生产资料档案和信息管理

各工区项目部应当根据国家《安全生产法》《云南省安全生产条例》和上级、指挥部的有关规定，建立健全安全生产管理档案。工区项目部应当建立健全以下安全生产管理档案（台账）：安全生产会议记录档案；安全风险评估报告档案；职工安全教育培训、考核档案；特种作业人员教育培训、考核、持证上岗情况档案；设备、设施安全管理档案；事故隐患排查、处治及整改情况档案；安全生产技术措施经费提取、使用情况档案；现场安全检查情况档案；职工违章处罚情况档案；职工劳动防护用品采购、发放和使用管理档案；伤亡事故统计、报告档案；安全生产责任书的签订、考核情况档案；安全生产目标完成情况档案；专项安全技术措施档案；各项安全应急预案；消防安全管理档案；安全"三级教育"档案；技术交底档案；重大安全隐患管理档案；其他需要建立健全的档案。

各工区项目部应当服从和配合当地政府安全生产监督管理部门和指挥部安全部门以及群众的监督检查。对所提出的意见、建议应认真处理，并及时反馈。各工区项目部应当按月（季、年）向指挥部报送安全生产各类报表、资料、简报，认真处理反馈意见和建议。各工区项目部应当及时传达国家、上级和各级人民政府关于安全生产有关法律、法规、制度、办法、通知的精神；及时通报（或报告）属地各种安全生产信息。各工区项目部安全生产第一责任人、分管安全生产的负责人、专（兼）职安全管理人员以及相关职能部门联系方式应当公开，手机 24 h 开机，以便及时联络。

6. 安全绩效考核管理

1）安全绩效考核的执行方式

指挥部对各工区项目部所进行的各项安全检查，其结果纳入年度安全综合考评，同时按《云南省公路建设施工现场安全生产条件监督检查评价办法》《云南省公路建设项目施工安全信用评价办法》记入信用考评，以云南建投滇中新区哨关路《安全生产责任书》兑现奖惩。处罚金纳入本单位安全生产专用经费管理；用于本单位安全隐患的排查和整改。生产过程中的违法、违规等行为按本章违约处理规定执行。

2）安全制度考核

各工区项目部应当建立健全安全生产管理组织机构和相关责任制，制定具体安全生产规章制度、办法、措施，明确相关责任人及其工作职责。对不符合规定的，除处驻地办、项目部（工区）5000~10000 元/处违约处罚金外，还要按《云南建投滇中新区哨关路工程安全生产管理办法》（以下简称《管理办法》）相关规定进行处理。工区项目部应当严格遵守国家安全生产法律、法规和行业安全生产规章制度，为从业人员职业健康提供有效保护。违反国家职业健康法律、法规或行业职业健康规范、规定的，处违约处罚金 1000~2000 元/（人）次，并责令改正。各工区项目部应当遵守国家《消防法》和属地人民政府有关消防安全法规、规定，做好管理范围内的消防安全工作。消防安全管理制度不健全、责任不落实、措施不力、防范不严的，视情节处违约处罚金 1000~5000 元/（处）次，并责令整改。工区项目部应当建立健全和完善的安全应急预案，并适时组织应急演练，做到人员、物资到位，制度、方案、措施完备、有效，具备可操作性，做到应急执行程序明确，应急联络渠道畅通，组织分工严明，演练结合实际，符合国家和上级相关规定、要求并结合实际。未建立相关应急预案的，处违约处罚金 1000~5000 元/份；相关预案虽已建立，但预案不规范、不完善、责任人不落实、应急队伍未组建、应急储备资金、物资、机械设备不到位、未组织演练的，单项分别处违约处罚金 1000~5000 元；突发事件处置不力的，视情节处违约处罚金 10000~20000 元/次。

3）安全行为考核

工区项目部管理责任范围内存在以下违法、违规行为的，视情节分别处项目部（工区）1000~5000元/人（次）违约处罚金：违章指挥，强令从业人员违法、违规作业的；违反安全生产操作规程，盲目、冒险施工的；特殊工种、特种作业人员违反劳动纪律，工作期间擅离职守（弃机、弃岗）的；发现事故隐患未及时采取有效整改措施的；发生生产安全事故未按规定时限报告的；发生生产安全事故故意隐瞒不报的（除按本规定处违约金外，视情节按国家《安全生产事故报告和调查处理条例》规定执行）；发生安全事故未按规定保护事故现场的；采购、使用不符合安全防护用品（具）质量要求物资、器材的；传达贯彻上级和指挥部有关安全生产文件、会议精神不及时的；违法驾驶（操作）车辆、机械的；违法采购、储存、管理、使用爆炸物品的；私存、私藏和非法交易爆炸物品的；爆炸物品挪作他用的；爆炸物品运输、存储、发放、使用、回收登记不清、账物不符的；危险源（油库、炸药库、易燃易爆气（固）体储存库、重要物资仓库）安全防范不到位的；危险源未作规范、醒目标志、标识的，在危险源安全红线内吸烟、用火、用电的；对重大危险源不按《重大危险源监督管理办法》管控的；氧气、乙炔混存、混装的；施工过程中，从业人员未按规定佩戴安全防护用品（具）的；其他违反安全生产法律、法规、规范、规定的行为。工区项目部管理责任范围内特殊工种、特种作业人员未经培训无证（或持无效证件）上岗的，处违约处罚金1000元/人；持特种设备未经检验擅自使用的，处违约处罚金5000元/台（次）。

4）施工过程安全管理

各工区项目部施工现场存在明显安全隐患未及时排查处治的，视情节处工区项目部1000~5000元/处的违约处罚金；经指挥部或上级有关部门检查指出的安全隐患，在规定时限内未完成整改或整改不到位的，处责任单位5000~50000元/处（次）的违约处罚金；对消极、拖延回复指挥部指令的按天数计算，每拖延一天处罚500元。各工区项目部对重点控制性工程没有进行安全风险评估分析，擅自开工建设，没有上报工区公司和总包指挥部安全监管的，视情节处工区项目部5000~10000元/处的违约处罚金。工区项目部管理范围内使用的施工机械、特种设备不符合国家相关法律、法规、规范或行业标准安全检测检验规定的，处违约处罚金1000~5000元/台（件），并责令限期整改。工区项目部管理范围内的施工临时用电设备、设施应当符合国家和行业用电安全管理规范、规定标准，违反规范、规定的，处违约处罚金1000~5000元/处（次），并责令整改。工区项目部管理范围内施工作业工序、工艺应当符合国家和行业安全技术规范、规定，违反规范、规定作业的，处违约处罚金1000~5000元/处（次），并责令整改。工区项目部施工作业场地的安排、布置,应当符合相关的规定,违反本规定随意开展施工的,视情节处违约处罚金 1000～5000 元/处（次）,并责令改正。工区项目部在特殊季节（雨季、冬季）及夜间施工的安全管理必须符合相关技术规范和行业标准的要求,违反规定、规范施工的,视情节处违约处罚金 1000～5000 元/次,并责令改正。从业人员驻地选址、建设违反相关规定擅自盲目建盖的,处违约处罚金 10000～100000 元/次（间）,存在水毁安全隐患的,除承担违约金外,责令在规定时限内立即搬迁、整改。

5）安全事故考核

各工区项目部违反国家安全生产法律、法规和上级、指挥部安全管理规章制度、安全操作规程导致安全事故的,处责任单位 10000～30000 元/（人·次）违约处罚金、直接责任人 2000～3000 元/次违约处罚金；造成重大、特别重大安全事故的,处责任单位 100000～200000 元/次违约处罚金、直接责任人 5000～10000 元/次违约处罚金、第一责任人 10000～20000 元/次违约处罚金。因此所造成的经济损失由工区项目部承担,并视情节分别给以警告、通报批评、限期整改、停工整顿；构成犯罪的,移交司法机关依法追究法律责任。各工区项目部对造成重大安全事故不及时上报、瞒报、虚报的,则处以责任单位 10000～50000 元/次违约处罚金,直接责任人、第一责任人 5000～10000 元/次违约处罚金。

6）安全目标综合考核

各工区项目部年度安全综合考评按百分制执行（90 分及 90 以上为优秀,75~89 分为合格,75 分以下为不合格）,以此评定安全生产优秀工区。安全生产优秀工区第一名奖励 10000~20000 元（20%作为安全副经理奖励,10%作为安全部部长的奖励,20%作为安全员的奖励）,第二名奖励 5000~10000 元（20%作为安全副经理奖励,10%作为安全部部长的奖励,20%作为安全员的奖励）。对连续三次获得考评第一名的工区项目部,指挥部组织召开现场会,授予安全生产流动红旗和证书,并追加安全生产优秀奖 30000~50000 元。评定为安全生产不合格工区,工区倒数第一名处罚 10000~20000 元。倒数第二名处罚 5000~10000 元。对连续两次考评不合格且排名为最后一名的工区项目部,追加处罚 30000~50000 元,并向工区所属公司发出批评函,对项目经理通报批评。各工区项目部应制定适合本管辖范围内相应的奖惩机制,由指挥部安全部监督执行落实。

7.2.2 哨关路的安全保障措施

1. 安全管理重点

根据工程施工安全特点，施工安全重点防护对象为：

① 人员高空坠落；

② 高空落物，物体打击人员或物品；

③ 脚手架及贝雷架支撑体系的设计、使用、管理；

④ 立体交叉作业，隔离防护措施；

⑤ 施工建筑物防火；

⑥ 防触电、雷击等；

⑦ 场内外交通安全；

⑧ 设备、机械作业安全。

2. 安全保障组织措施

1）安全管理方针

安全生产是各工区项目部的法定义务和责任，必须始终坚持"安全第一，预防为主，综合治理"的方针，工区项目部不得以安全生产费用超出或不足为由，拒绝履行安全生产义务和承担安全生产责任。

2）安全责任制度

各工区项目部应当按规定建立健全安全生产责任制，制定和完善各项管理制度、技术措施，建立健全安全生产长效机制和隐患排查治理办法措施，并按相关规定向职权部门备案，从源头遏制重特大安全事故的发生。

3）安全过程控制

加强项目重点控制性工程施工安全管理，优化施工组织方案，提高施工现场安全预控有效性，在工程实施前，开展定性或定量的施工安全风险估测，增强安全风险意识，改进施工措施，规范预案预警预控管理，有效降低施工风险，严防重特大事故发生，重大生产活动需上报工区公司相关部门及总包单位，总包单位对重大生产活进行监督管理。

工区项目部安全管理机构应当针对公路施工行业特点共性问题和特殊问题进行全方位、经常性、定期性、突击性、专业性和季节性等多种形式的安全检查，通过检查预知危险，预防危害，及时排查处治安全隐患，使施工作业环境达到最佳安全状态。各工区项目部应当每月组织一次安全生产自检自查并召开安全生产分析会议，认真分析安全生产形势，针对存在问题，采取有效措施，确保安全生产工作的顺利进行。会议记录报指挥部安全监督处备案。指挥部每季度或半年对各工区项目部进行一次全面的安全生产检查，查找事故隐患和存在问题，并加以整改落实，检查结果记入信用考评。

各工区项目部安全生产管理部门应当结合国家和省、地（市）组织开展的"安全生产周"、"安全生产月"、"反三违月"（即反违章指挥、反违章作业、反违反劳动纪律）开展内容丰富、形式多样的安全生产宣传教育活动，旨在不断提高从业人员安全意识，消除安全隐患，形成人人关心安全、注重安全和以人为本、构建和谐建设项目的环境和氛围。

4）安全费用管理

各工区项目部在工程开工前，必须编制安全生产费用总体使用计划，指导项目建设周期内有效使用安全生产费用，并报指挥部审批。每月应编制具体投入部位和安全设施设计图纸及详细的使用清单计划，并报指挥部安全部审查同意后实施。各工区项目部应当根据合同文件的要求，编报当月投入使用的安全生产费用使用报表，经工区项目负责人签字盖章后与当月工程款计量支付表一同上报。指挥部安全部在收到安全生产费用使用报表后，应当在5日内对项目部的安全生产费用使用报表进行审核，核实无误后予以签字确认。指挥部安全部对安全生产费用使用报表进行审核确认后，按照招投标文件相关条款进行计量支付。

安全生产费用管理坚持"项目计取、确保需要、规范使用"的原则，具体按合同计量部规定实施。各工区项目部对安全生产费用必须实行专款专用，实实在在用于本项目的安全防护用具及设施的采购和更新、安全施工措施的落实、安全生产条件的改善，不得挪用或挤占；不得弄虚作假，骗取安全生产费用；必须精打细算，正确把握安全生产费用使用的合理性、必要性、科学性，不得随意滥用。各工区项目部必须建立安全生产费用管理、计取、使用制度。指挥部对安全生产费用使用情况进行监管。对使用安全生产费用所投入的设备、设施、防护用品及规定使用范围的支出等方面，进行验收签认，并对签认的真实性和合理性承担责任。依法将工程进行分包的，应当在分包合同中明确由分包单位实施的安全措施、安全费用及支付等条款。分包单位安全生产条件及措施投入不足的可以由工区项目部配足。发现工区项目部在施工现场存在安全隐患或未落实安全生产费用的，应当责令其改正，工区项目部拒不改正的，指挥部可暂时停止工程款和安全生产费用的计量支付。指挥部安全部是安全生产费用使用的监督部门，定期或不定期对安全生产费用的使用情况进行监督检查，发现投入不足或弄虚作假的，按有关规定进行违约处理。

各工区项目部对使用安全生产费用购买的防护用品、设备设施等未投入使用的，指挥部不予计量支付。已计量支付的，在下次计量的安全生产费用中扣除。各工区项目部安全生产费用实际投入超出合同文件中安全生产费用总额的，超支部分已含在投标报价总额中，不予单独计量支付；安全生产费用实际投入使用少于合同文件中安全生产费用总额的，指挥部不支付余额部分的安全生产费用，并由工区项目部承担安全生产费用投入不足的责任。

3. 安全保障技术措施

1）施工用电：预防触电伤害

触电事故发生的原因：

（1）人的不安全行为：电工不按规定穿戴劳动保护用品；作业人员无证操作，私自接电或拆除设备电源线。

（2）物的不安全状态：建筑物或脚手架与户外高压线距离太近，不设置防护网；电气设备、电气材料不符合规范要求，绝缘受到磨损破坏；机电设备的电气开关无防雨、防潮设施；施工现场电线架设不当、拖地、与金属物接触、高度不够；电箱不装门、锁，电箱门出线混乱，随意加保险丝，并一闸控制多机；电动机械设备不按规定接地接零；手持电动工具无漏电保护装置；不按规定高度搭建设备和安装防雷装置。

（3）预防触电事故的措施：

安装、维修或拆除临时用电工程，必须由持有效证件的电工完成。高压线的下方不得搭设临建，不准堆放材料和进行施工作业。在架空线路一侧作业时，必须保持安全操作距离。严格执行"三级配电二级保护"的用电安全规范，施工现场必须采用 TN-S 接零系统及"三相五线制"；严格执行（一机、一闸、一漏、一箱）"四个一"规定。不符合用电安全规范规定时，任何人员不得擅自用电。规定使用接地的用电机具金属外壳要做好接地保护，不得让无资质人员铺设电线和接装用电设备，安装电动工具。现场临时用电的缆线不得随地面散落，应采用架空或地下埋设。架空的缆线必须用绝缘物支撑，不得将电线缠绕在钢筋、树木或脚手架上。埋设的缆线通过施工便道处必须套防护套管，防止碾压破损漏电。所有线路的布置应整齐、合理，严禁私自乱接、乱拉。电气设备的金属外壳应做接地保护，漏电保护设备应定期检查。各种电气设备的检查维修，应停电作业。如必须带电作业时，应有可靠的安全措施，并派专人监护。夜间施工时，现场必须有符合操作要求的照明设备，施工驻地要设置路灯。机械维修期间，配电箱应挂设"机械维修禁止合闸"警示牌。电焊机应设在干燥通风良好的地点，周围严禁存放易燃易爆物品，电焊机应设置单独的开关箱，作业时应穿戴防护用品，电焊作业完毕及时切断电源。在潮湿地点工作，电焊机应放在木板上，操作人员应站在木板或绝缘脚板上操作，把线、地线等不得与钢丝绳、各种管道、金属构件等接触，不得用这些物品代替接地线，更换场地移动用电机具时，必须切断电源，防止触电事故的发生。

（4）施工现场临时电线路、设施的安装和使用必须符合规范的规定，具体要求如下：

在建工程（含脚手架）的外侧边缘与架空线路最小安全距离，1 kV 以下为 4 m，1~10 kV 为 6 m。实际距离小于安全距离时，必须按规定采取防护措施，增强屏障，并设醒目的警告标志。施工现场专用中性点接地的电力线路，必须实行三相五线制，如引入的电源为三相五线制时，在引入的第一级开关的零线端子处，做好重复接地，工作零线和保护零线同时从重复接地处引出，重复接地电阻值不大于 10Ω。施工配电系统按施工组织设计要求设总配电箱、分配电箱、开关箱，实行分级配电，开关箱必须装漏电保护器[漏电保护器应符合《剩余电流动作保护器的一般要求》（GB/Z 6829—2008）]。电线穿坑、洞、棚或过路时应穿管保护，严禁乱拉乱扯把线等。沟槽内操作时使用的手把行灯，电压不得超过 36 V，潮湿场所、金属容器内不得超过 12 V，露天装设的灯具，其灯口和开关要使用防水灯具，与地面的间距不小于 2.5 m，碘钨灯具应在 3m 以上，电线固定可靠，不得靠近灯具。职工宿舍、工具房照明及施工用移动式照明采用低压安全电源。手动开关电器只许用于直接控制照明电路和容量不大于 5.5 kW 的动力电路，对于容量大于 5.5 kW 的动力电路，应采用自动开关电器或降压启动装置控制。低压干线的架设、配电箱、熔丝等要根据现场条件，依据规程规范进行布置，应设在干燥、通风、操作方便及常温场所，露天应有防雨设施。施工周期较长，用电设施较多的工程要有电气设计。所有电工必须持证上岗。

2）防火措施

（1）灭火器的配置：农民工宿舍、木工加工房、铆焊加工房、配电房、库房是必须配置灭火器的重点部位。

（2）木工房、铆焊房、配电房、库房及堆放易燃易爆物质的场所应在显眼部位挂防火告示牌。

（3）气瓶应有防震圈、安全帽，存放地点有明显标志，有防火防爆措施。

（4）可燃与助燃气瓶安全距离应大于 5 m，与作业距离大于 10 m。

3）施工机具

机械伤害事故发生的原因：

（1）人的不安全行为：机械工作时，将头、手伸入机械行程范围内；不按操作规程正确操作机械，违章操作。

（2）物的不安全状态：机械设备超负荷运作或带病工作；传动带、砂轮、电锯以及接近地面的联轴节、皮带轮和飞轮等，未设安全防护装置；平刨无护手安全装置，电锯无防护挡板，手持电动工具无断电保安器；起重设备未设置卷扬限制器、起重量控制、联锁开关等安全装置。

（3）预防机械伤害事故的措施

检修机械必须严格执行断电：挂"禁止合闸"警示牌和设专人监护的制度。机械断电后，必须确认其惯性运转已彻底消除后才可进行工作。机械检修完毕，试运转前，必须对现场进行细致检查，确认机械部位人员全部撤离才可取牌合闸。检修试车时，严禁有人留在设备内进行试车。人手直接频繁接触的机械，必须有完好紧急制动装置，该制动按钮位置必须使操作者在机械作业活动范围内随时可触及；机械设备各传动部位必须有可靠防护装置；各入孔、投料口、螺旋输送机等部位必须有盖板、护栏和警示牌；作业环境保持整洁卫生。各机械开关布局必须合理，必须符合两条标准：一是便于操作者紧急停车；二是避免误开动其他设备。严禁无关人员进入危险因素多的机械作业现场，非本机械作业人员因事必须进入的，要先与当班机械操作者取得联系，有安全措施才可同意进入。操作各种机械人员必须经过专业培训，能掌握该设备性能的基础知识，经考试合格，方能上岗。上岗作业中，必须精力集中，严格执行有关规章制度，正确使用劳动防护用品。

（4）作业规定：各类施工、加工机具自身的安全保护装置必须齐全有效。手持电动工具应选用Ⅱ类电动工具，并装额定电流不大于 15 mA、动作时间小于 0.1 s 的漏电保护器，若使用Ⅰ类工具时还应作保护接零。露天潮湿场所金属架上，严禁使用Ⅰ类手持电动工具。电焊机一、二次应用接线并加罩防护，二次线应用线板、线鼻子接牢，露天存放应有良好的防雨、防潮设施。潜水泵、水泵等均应有保护接零。

4）高空作业防护：预防高处坠落事故

高处坠落事故发生的原因：

（1）人不安全行为：施工人员患有不适合高处作业的疾病，如高血压、心脏病、贫血等；施工人员不注意自我保护，坐在防护栏上休息，在脚手架上睡觉；安全防护用品和材料不按规定正确安装和使用。

（2）物的不安全状态：安全防护用品和材料质量不好，不符合安装和使用要求；气候原因造成的事故，如突遇大风、暴雨，夏季高温中暑晕倒坠落，冬季、雨季、霜冻打滑摔倒坠落；提升机具限位保险装置失灵或"带病"工作；洞口、临边防护措施不到位。

（3）预防高处坠落事故的措施：

在高处作业时，须对所有施工作业人员进行安全技术教育及交底，在地面2m以上的高空作业，必须戴好安全帽，系好安全带或安全绳，不准穿带钉或易溜滑的鞋。安全带、安全绳在每次使用前，使用人必须详细检查，项目部每半年应做一次鉴定。荷载试验：用静荷载3000N的力拉5min；冲击试验：用800N重物体由3m高处自由坠落悬空，检查合格的应做出合格标记。对用于高处作业的设施、设备和安全标志，在投入使用前，必须经检查确定完好后才能使用。遇恶劣天气不得进行露天攀登与悬空高处作业。用于高处作业的防护设施，不得擅自拆除，确因作业需要临时拆除的必须经项目经理部施工负责人同意，并采取相应的措施，作业后应立即恢复。严禁在一个物件上拴挂几根安全带或一根安全绳上拴几个人；临边作业要设置防护围栏和安全网；悬空作业应有可靠的安全防护设施。高处作业中所用的物料均应堆放平稳，不得置放在临边或洞口附近，更不得妨碍通行和装卸，对于有坠落可能的任何物料、工具，都应一律先行撤除或加以固定。发现高处作业的安全设施有缺陷或隐患，必须及时解决，危及人身安全时要停止作业。设置在建筑结构上的直爬梯及其他登高攀件，必须牢固、可靠。供人上下的踏板承载力不应小于1.1 kN。移动式梯子的梯脚底应坚实，梯子上端应有固定措施，人字梯铰链必须牢固。在同一架梯子上不得两人同时作业。高处作业不易上下重叠。确需在高处上下重叠作业时，应在上下两层中间用密铺棚板隔离或采用其他隔离设施，防止发生高处坠落事故。

（4）高处作业必须设置防护措施，并符合《建筑施工高处作业安全技术规范》（JGJ 80—91）的要求。按照《高处作业分级标准》（GB 3608—2008）实行三级管理。2~5m为一级管理，由专业工班长负责；5~15m为二级管理，由专业施工负责人负责；15m以上为三级管理，由项目经理负责。项目部施工负责人对该工程的高处作业安全技术负责，安全防护设施应由项目部负责组织验收,因工作必须临时拆除或变动安全防护设施时,必须经项目部施工负责人同意,并采取相应的可行措施。各工种进行上下立体交叉作业时,不得在同一垂直方向上操作;作业时,上下层间应隔离。雨天进行高处作业时,必须采用可靠的防滑措施。高耸建筑物应设置避雷设施。遇有六级以上强风、浓雾等恶劣气候不得从事高处作业,强风暴雨后,应对高处作业设施逐一进行检查,发现有松动、变形、损坏等现象,应立即修理完善。作业人员高空使用工具时,为防滑落,应用绳子将工具系牢,牢挂在固定构件或人体上。进入高空或其他作业面时应排除作业面不安全因素方可作业。高空作业人员均应配备防滑鞋、工具袋、安全带、安全帽并应正确使用。

5)脚手架

(1)脚手架搭设前要有设计方案和安全技术交底,搭好应上报验收。

(2)严格按规定选择杆件、零配件,按规定与构筑物连接,铺设脚手板,支设安全网和设置防护栏杆及马道。

(3)拆除时要清理脚手架上的杂物,设置警戒范围,自上而下地拆除,不许上下同时拆除作业。

6)物体打击伤害

物体打击事故发生的原因:

(1)人的不安全行为:交叉作业劳动组织不合理;起重吊装未按"十不吊"规定执行;从高处往下抛掷建筑材料、杂物、垃圾或向上递工具、小材料。

(2)物的不安全状态:拆除工程未设置警示,周围未设置护栏和搭防护隔离栅;缆风绳、地锚埋设不牢或缆风绳不符合规范要求;脚手架上材料堆放不稳、过多、过高。

(3)预防物体打击的措施:

为防止物体打击事故的发生,项目部对作业人员进行安全培训,按要求正确使用安全防护用品,进入作业区,必须按规定戴好安全帽等劳动保护用品;不得违章指挥、违章操作;高处和双层作业时,不得向上下抛掷料具;无隔离设备时,严禁双层同时垂直作业;搬运重、大、长物时,必须有专人指挥,动作协调。高处作业人员所使用的工具或废料,必须放进工具袋或采取防坠落措施,严禁到处乱放,以防掉下伤人。施工现场临边、临空及所有可能导致物件坠落的洞口都应进行防护;起吊重物时,所采用的索具、索绳等应符合安全规范的技术要求,不得提升悬挂不稳的重物,起吊零散物料或异形构件时必须用容器集装,确认无误后方可指挥起吊,防止物料散落伤人。

7）起重伤害

起重伤害事故发生原因：

（1）人的不安全行为：吊装人员违反起重吊装"十不吊"原则；作业人员穿越或进入吊装区域。

（2）物的不安全状态：起重机械超负荷或带病工作；吊装辅助机具存在缺陷；吊装区域没有设置警示范围。

（3）预防起重伤害事故的措施：

起重作业人员须经有资格的培训单位培训并考试合格，才能持证上岗。起重机械必须设有安全装置，如起重量限制器、行程限制器、过卷扬限制器、电气防护性接零装置、端部止挡、缓冲器、联锁装置、夹轨钳、信号装置等。严格检验和修理起重机机件，如钢丝绳、链条、吊钩、吊环和滚筒等，报废的应立即更换。建立健全维护保养、定期检验、交接班制度和安全操作规程。起重机运行时，禁止任何人上下，也不能在运行中检修。上下吊车要走专用梯子。起重机的悬臂能够伸到的区域不得站人。吊运物品时，不得从有人的区域上空经过；吊装区域要拉设好安全警示线；吊物上不准站人；不能对吊挂着的物品进行加工。起吊的物品不能在空中长时间停留，特殊情况下应采取安全保护措施。起重机驾驶人员接班时，应对制动器、吊钩、钢丝绳和安全装置进行检查，发现异常时，应在操作前将故障排除。开车前必须先打铃或报警。操作中接近人时，也应给予持续铃声或报警，按指挥信号操作。对紧急停车信号，不论任何人发出都应立即执行。确认起重机上无人时，才能闭合主电源进行操作。工作中突然断电时，应将所有控制器手柄扳回零位；重新工作前，应检查起重机是否工作正常。当风力大于6级时，一般应停止工作，并将起重机锚定。

7.3 市政道路应急管理理论基础

7.3.1 突发事件

突发事件的核心在于"突发"二字，强调突然发生，给人以震撼和重大影响。目前，我国对突发事件最为权威的定义来源于《中华人民共和国突发事件应对法》："本法所称突发事件，是指突然发生，造成或者可能造成严重社会危害，需要采取应急处置措施予以应对的自然灾害、事故灾难、公共卫生事件和社会安全事件。"突发事件是区别于危机的不同概念,突发事件与危机的区别在于发展历程和所带来的影响两个方面。突发事件最显著的特征即突发性——出人意料,所涵盖的时间外延相对较窄;而危机的形成往往会有一个或长或短的过程,且一般以某件事为契机或导火索在负面影响方面。突发事件的负面影响是显性的、现实的,人们可以感觉到;而危机的负面影响既可以是显性的、现实的,也可以是隐性的、潜在的,人们可能一时还无法感觉得到。在国际上,突发事件多等同于"危机"。

1. 突发事件的内涵

突发事件分类是开展应急组织管理的基础,可以按照不同的维度对其进行划分。

按照是否可预测分类:突发性事件分为可预测性突发事件和不可预测性突发事件。前者指事前就可以预料到有可能发生的突发事件,这类事件一般在发生前都有一些隐患或征兆;而后者是指如地震、山体滑坡、火山爆发等灾害性事件以及恐怖袭击事件等事前根本不可能预料发生的突发事件。

按照诱因分类:国务院发布的《国家突发公共事件总体应急预案》将突发公共事件分为四大类,即自然灾害、事故灾难、公共卫生事件和社会安全事件。

按照危害程度分类:按照其性质、严重程度、可控性和影响范围等因素,《国家突发公共事件总体应急预案》将突发事件危害分为四级,即特别重大级、重大级、较大级和一般级。目前,美国建立了用绿、蓝、黄、橙、红五种颜色标识的国家威胁预警系统。

按照发展阶段分类:每一个级别的突发事件都有其生命周期,即发生、发展和减缓的阶段,由此将突发事件总体上划分为预警期、爆发期、缓解期和善后期四个阶段。一个完整的突发事件包括潜伏期、爆发期、高潮期、缓解期和消退期五个阶段。

2. 突发事件的特征

突发事件主要有以下几个方面的显著特征:

1)突发性

突发事件的突发性是指对于突发事件能否发生,于什么时间、什么地点、以什么样的方式爆发,以及爆发的程度等情况,人们都始料未及,难以准确地把握。突发事件的起因、规模、事态的变化、发展趋势以及事件影响的深度和广度也不能事先描述和确定,是难以预测的。突发性是突发性事件的首要特征,这个特征使突发事件能在较短的时间内迅速成为社会关注的焦点和热点，给人以巨大的震撼。

2）危害性

突发事件造成的危害包括直接和间接两个方面。前者体现在突发事件所带来的直接生命、财产损失；后者体现在突发事件对社会心理和个人心理所造成的破坏性冲击并进而渗透到社会生活的各个层面。突发事件越是严重，其危害范围和破坏力就越大，所造成的损失也越严重。

3）次生性

突发事件的发生往往会引致其他事件的出现，从而造成衍生性危害。突发事件的次生性所带来的衍生危害往往大于突发事件的本身。

4）规律与可控性

尽管突发性是突发性事件的首要特征，但突发事件也具有生命周期性，有其自身的发生、发展、扩散直至消失的过程，更有其内在的规律，因此突发事件也是可控的，可以进行积极的干预，以使其危害降到最低限度。

5）机遇性

"祸兮福所倚"，突发事件也具有祸福双重属性。突发性事件的确存在机遇或机会，但是这些机遇或机会不会凭空掉下来，也不会自动到来，更不是一种恩赐。然而，突发性事件毕竟是人们不愿看到、不愿接受的事情。因此，不应过分强调其机遇性，否则易使人们忽视对突发事件的警惕，从而疏于对突发事件的防范。

7.3.2 应急组织管理的理念

应急组织管理是针对突发事件，尤其是公共突发事件而出现的一门新兴学科。因此，学术界所关注的应急组织管理的行为主体主要是政府部门。中国行政管理学会课题组认为，所谓政府应急组织管理，就是指政府为了应对突发事件而进行的一系列有计划有组织的管理过程，主要任务是如何有效地预防和处置各种突发事件，最大限度地减少突发事件的负面影响。美国联邦应急管理署将应急管理定义为面对紧急事件时准备、缓解、反应和恢复的过程，并且它是一个动态的过程。突发事件应急组织管理就是在突发公共事件爆发前、爆发后、消亡后的整个时期内，用科学的方法对其加以干预处理，在突发事件应急组织管理过程中，针对社会所发生的各种危及公共利益的灾害危机，及时采取有效的手段，整合各种资源，防止危机的发生或减轻危机的损害程度，保护公共利益的管理活动。

应急组织管理是在应对突发事件的过程中，为了降低突发事件的危害，达到优化决策的目的，基于对突发事件的原因、过程及后果进行分析，有效集成社会各方面的相关资源，对突发事件进行有效预警、控制和处理的过程。由以上定义可以看出，应急组织管理的目标对象为突发事件，是对突发事件的全过程的监控和处置，其间包括各种社会资源的调度和安排。

7.3.3 应急组织管理的环节及内容

突发事件有其自身的生命周期，包括潜伏期、爆发期、高潮期、缓解期和消退期等阶段。现代应急组织管理以综合性的应急管理为特征。突发事件应急组织管理环节主要包括以下几个方面，如图7-8所示。

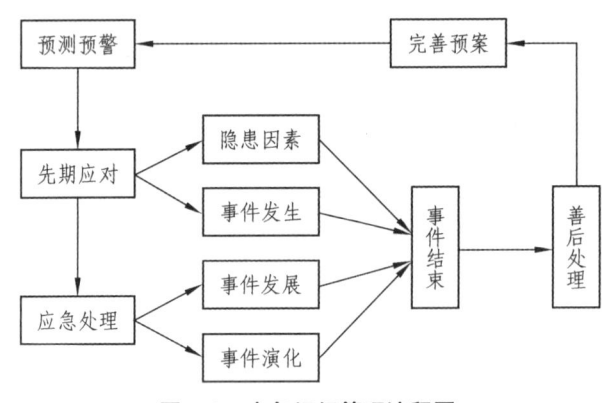

图7-8 应急组织管理流程图

1. 预 防

突发事件预防就是为了有效地避免突发事件的发生，而在思想、行为等方面的各种防范和准备。突发事件的预防对于单纯的某一特定突发事件的解决显得更加重要，这是因为如果能够防患于未然，不仅能够有效保障均衡的社会秩序，还可以节约大量的人力、物力和财力。突发事件预防环节包括突发事件的检测监控、应急培训等内容。

2. 准 备

突发事件准备是指针对特定的或潜在的突发事件所做的各种应对准备工作。所谓"有备无患"，充分准备是此环节的主要原则。突发事件准备环节主要包括应急预案的制订、演练和人员培训、预测和预警等内容。

3. 响应

突发事件响应是指在突发事件发生发展过程中采取各种应急措施，从而有效地制止事态的发展，最终化危害为机遇的过程及其活动，及时应对是此环节的主要原则。该环节包括预警的发布、应急预案的启动、资源调度和相关信息发布等内容。

4. 恢复

突发事件的恢复是指在危机事件得到有效控制之后，为了恢复到事件前正常状态和秩序所进行的各种善后工作。该环节包括各种设施的重建、对突发事件各环节的处理过程进行调查评估并总结经验。

7.3.4 应急救援的影响因素

应急救援力量的影响因素主要体现在人口的密度分布、财富的积累程度、交通便利状况、建筑物的地理位置、协助力量、次生灾害、发生的灾害类型、自然环境状况以及救援队伍的能力等方面。

1. 人口密度分布状况

事故损失的严重程度是由事故现场周围的人口数量与密度分布决定的，事故现场的人越多，人口密度越大，出现伤亡的可能性也就越大，造成的损失也会越大；但是，人口密度大的地区的事故现场的救援力量调配也是比较困难的。所以，不但救援部门比较多，同时所需要的救援力量也是比较多的。通常情况下，突发事件在城市中造成的损失要远远大于农村造成的损失。

2. 财富积累程度

城市经济发展水平越高，它的财富积累也就越多，灾害事故发生的时候，造成的经济损失也会越大。我们为了能够降低灾害造成的经济损失，各种不一样的救援力量也就需要越多。

3. 交通状况

交通包含事故现场周围与内部的一些交通状况。如果事故现场的交通情况非常畅通，那么，它就能为顺利完成救援任务与提高救援效率提供可靠的保障。救援任务执行过程中，交通因素包含的方面非常广泛，比如人员疏散、安排救援人员执行现场任务以及救助物资如何到达现场等。首先，救援人员是否能在预计时间内到达现场很大程度上取决于救援地点的交通状况是否通畅，同时还对救援人员对于现场的控制能力产生极大影响。如果现场具备较通畅的交通条件，那么救援人员就可以在第一时间到达救援现场，并对现场事故进行及时分析并遏制事态的扩大。在进行事故现场救援工作时，要充分考虑到事故现场相关人员（受灾人员和救援人员）的活动范围，同时还要想到大型救援设备该呼入到达事故现场。

4. 建筑物

城市灾害事故发生以后，救援行动的主要工作就是救援被困在倒塌建筑里面的受灾人群。建筑物在发生倒塌的瞬间，受灾人员被困在建筑物中，产生了救援的需求。在开展救援行动的过程中，救援人员还要充分考虑到建筑物自身的属性特点。因此建筑物的自身属性也会影响救援行动的水平。建筑物的属性包括多方面，比如建筑物的架构、构成材料以及用途等等。建筑物倒塌以后，它的属性信息有建筑物倒塌形成的空间的大小与它的结构的稳定性。实施救援行动的时候，有时需要对建筑物进行支撑、切割、加固等一些手段以解救受灾者。在必要时可以请不同领域的专家充分调研并分析建筑物的材料构成以及属性信息等。在本基础上提供建筑物的安全性、稳定性信息，帮助救援人员顺利开展救援行动。在进行救援行动的时候，需要有足够的救援人员对建筑物以及受灾现场的实时状况进行重新、有效的评估。如果建筑物的某些部件由于发生移动产生了二次坍塌，那么该建筑物必须进行二次评估，相应的救援行动也要重新开始进行。一般地，建筑物每倒塌一次，就需要重新开展救援行动。负责现场救援的人员，首先除了要考虑到建筑物的稳定性之外，还要考虑到相邻建筑物的状况。比如，本建筑物坐落在建筑较密集的地区，在开展救援行动时也要考虑到本建筑物对其他建筑物的影响。

5. 协 助

一个完整的、成功的救援体系，不但需要幸存者的有力支持，同时还离不开一个完整的应急管理机构。对于应急救援而言，应急管理机构就是受灾现场的协调与管理机构。对于应急管理机构而言，需要提供某些有价值的救援信息支持救援行动，具体包括：受灾者的人员信息与人数信息、受灾现场的实时信息、受灾现场的建筑布局图、公用救援设施布置状况、受灾地区的医疗卫生状况以及伤者信息等。要获得这些信息不是轻而易举的，而是必须建立在幸存者与救援人员之间的相互协作、相互协调一致的基础上，假如有一个环节出现了延迟，就会影响整个事故现场对救援人员需求的总量。

6. 次生灾害

如果对现场的危险物没有进行正确的处理，很有可能会带来更严重的损失。为了能够降低灾害造成的不必要的损失，一定要赶在对事故实施救援之前对危险物进行探测和处理，这样能够避免救援人员与幸存者受到多余的伤害。但是，在我们平常的生活过程中，建筑物里面通常都会放一些很容易燃爆的物品，像煤气罐、一些化学药品、工业建筑物中的一些原料等，这些东西都有可能造成二次伤害。所以，我们还需要一定的专业人员进行救援，从而增加救援力量的来源部门与调配总量。

7. 灾害类型

灾害的发生种类决定了不同的救援要求与救援过程。一般来说，造成建筑物倒塌的原因包括：地震、爆炸或者物体撞击。发生倒塌的原因不一样，救援工作所需的工具与设备也是不一样的。假如原因是地震，那么救援人员还要面临发生余震的风险；如果倒塌事故是爆炸等原因引起的，救援人员则要考虑有毒气体泄漏的危险。因此，灾害发生的类型会直接影响到救援部门中的救援力量的需求。

8. 自然环境

这里所讲的自然环境，具体包含气温状况、所处的地理位置以及实时天气状况等等。第一是气温因素的影响。由于气温是影响受困人员身体状况的重要因素。如果受灾时的气温高于 37℃，人体因为脱水而造成死亡的概率会大大增加，是正常情况的若干倍；如果气温在 0℃ 之下，就算非常健康的人也很有可能在一天之内死亡。气温也会影响救援人员在救援装备上的选择。比如说，如果受灾现场的温度有利于一些传染病的传播，那么，就需要准备一些相对应的物资，实施一些对应的防疫手段。第二是季节和天气状况。受灾地区的天气状况也会直接对救援行动产生影响。有没有风与风力的大小很有可能会对建筑物的稳定性造成一定的影响；降雨也会影响到幸存者支撑的时间。第三是地理位置。受灾地区的海拔高度也会对救援人员的行动产生很大的影响。我国西部的部分地区具有高达几千米的海拔，如果救援人员不能适应当地的气候状况，救援能力将会受到极大程度的影响。因此，救援行动受到当地气候、温度、季节、天气等众多因素的综合影响，救援力量的需求也不尽相同。

9. 救援队伍的能力

影响救援队伍的救援能力的主要因素包含组成结构、现场决策指挥能力和各种救援力量的协调能力、受灾现场的搜索能力、搜索队员的相关搜索经验、搜索队员的心理素质、搜索犬与搜索设备的营救能力等多方面。除此之外，通信的信息能力、后勤部门的保障能力和日常的训练状况等因素也会影响到救援队的救援能力。救援队伍的能力受到自身构成、通信水平、训练经验等因素影响，救援水平也不尽相同。一般来说，救援综合能力好的队伍能够在发生紧急事故的时候开展及时的调配，同时在调配过程当中，该队伍也会表现出需求量较少、救援能力较强的效果。

7.4 哨关路的应急管理制度与措施

7.4.1 应急管理制度

1. 应急管理组织

成立以项目经理为组长，项目副经理、项目总工为副组长的应急救援指挥中心，全面负责整个过程应急救援工作实施。指挥中心设组长 1 名，副组长 4 名，负责对突发事件的辨识及应急救援组的调度和指挥。应急救援指挥中心人员组成为：项目经理、项目总工、项目副经理、项目部各职能部门、各工区负责人及职能部门、各施工队伍、班组成员。

2. 应急管理职责

1）组长（副组长）职责

组长（副组长）职责为：及时向总监办、指挥部应急领导小组、公司以及当地政府主管部门等报告事故及处理情况，必要时请求援助，并接受其领导，落实指令；审定并签发本项目应急预案；下达预警和预警解除令；下达本项目应急预案启动和终止指令；负责生产安全事故的应急救援指挥工作，统一协调应急资源；检查督促各应急救援工作小组做好抢险救援、信息上报、善后处理以及恢复生活、生产秩序的工作；负责对外联络，向新闻媒体发布相关信息；负责检查监督应急准备工作情况，组织开展应急培训教育及应急预案的演练、操练和讲解活动；审批并落实项目应急准备及救援资金。

2）各应急救援工作小组及职责

（1）现场营救组。

现场营救组负责对事故现场的处置，他们根据事故发生的具体情况，分析事故原因，及时制定有效、合理的处理方案，采用加固、抢修或排除事故隐患等措施，有效地遏制事故的蔓延。同时，现场营救组还负责对受灾人员进行抢救，负责组织救护车辆及公务人员、器材进入指定地点，组织现场抢救伤员。对事故中的轻伤人员，现场及时进行包扎救治；伤情严重的，专人负责送至附近医院紧急抢救。

（2）物资抢救组。

物资抢救组的职责是：转移事故现场可以转移的物资；转移可能引起新危险源的物品到安全地带。

（3）安全疏散组。

安全疏散组的职责是：对现场内外进行有效的隔离和维护现场应急救援通道的保通；接警后，督促所有员工立即离开工作岗位，有秩序地撤离；安全撤离后，防止员工未经许可重返事故现场。

（4）后勤供应组。

后勤供应组的职责是：迅速调配抢险物资器材至事故发生地点；迅速组织后勤必须供给的物品。为了使事故救援的顺利实施，后勤供应组还负责应急救援车辆、物资、资金等所需物资供应、日常管理等工作。

（5）事故调查组。

事故调查组的职责是：协助调查部门收集整理有关事故的详细资料。

3. 信息报告及处理

安全事故发生后，事故现场人员以最快捷的方法，立即将所发生事故的情况报指挥中心信息组，信息组接到事故报告后，立即报告项目经理部和有关部门。相关部门按照预定的应急救援程序派人立即赶赴现场，必要时可将事故情况通报武警部队请求给予支援。安全事故发生后，必须严格保护事故现场，并迅速采取必要措施抢救人员和财产，防止事故蔓延扩大。

4. 应急决策及响应

应急救援指挥中心做出启动应急救援预案的决策后，按应急救援程序确定应急救援方案，协调有关单位和部门，调动各应急救援小组、物资和设备展开应急救援工作。

5. 警戒、疏散及信息发布

应急救援指挥部认为事故可能危及公众生命财产安全时，指挥长授权疏散协调警戒组组长负责发出指令，动员可能受到事故危害范围内的人员，采取必要的安全防范措施或者紧急撤离危险场所；组织现场勘察和治安保卫，负责现场警戒和清理疏散现场可能受影响的居民。副指挥长负责对媒体和新闻单位统一发布事故信息。

6. 应急救援的资源配置

应急救援的资源包括应急救援队伍和应急救援器材、设备两个方面。应急救援队伍由训练有素的专业救援队伍和培训合格的人员组成。对有关部门可用的应急资源、设备建立长期联系，确保联系畅通和抢救及时。应急救援物资、设备应提前足量储备，单独储存保管，不能挪用。经常对机械设备进行维护与保养，使其始终处于完好无故障状态，确保应急救援工作需要。

7. 培训和演练

（1）工程开工前，首先确定应急预案，组织进场人员进行应急预案的培训和学习，聘请有关部门的专家及技术人员进行指导，并进行演练，合格方能开工。

（2）制订详细的培训和演练计划，经常利用施工间隔及雨天组织人员进行培训和演练。对新入场的人员及时培训，使其具备完成急反应任务所需的知识和技能。

（3）应急培训主要是针对应急人员，使他们了解和掌握如何识别危险，如何采取必要的应急措施，如何启动紧急情况报警系统，如何安全疏散人群等具体操作等。

7.4.2 应急事故处理流程

施工过程中发生需要紧急抢救处理的危险时，应迅速逐级上报，由办公室收集、记录、整理紧急情况信息并向小组及时传递，由小组组长或副组长主持紧急情况处理会议，协调、派遣和统一指挥所有车辆、设备、人员、物资等实施紧急抢救和向上级汇报。事故处理根据事故大小情况来确定，如果属于重大或特别重大事故，则应向当地安全部门和地方政府报告，从而得到更大的帮助和启动更高级的应急预案。

具体处理流程详见图 7-9。

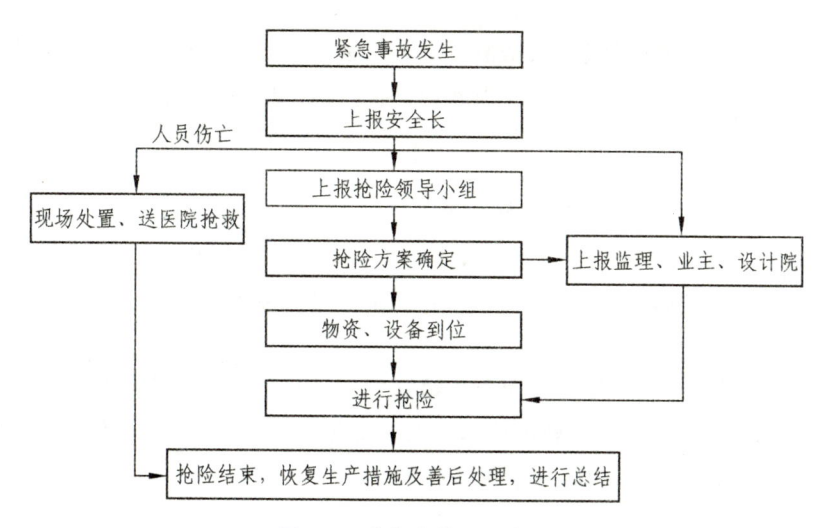

```
紧急事故发生
    ↓
  上报安全长
    ↓
上报抢险领导小组
    ↓
  抢险方案确定  →  上报监理、业主、设计院
    ↓
  物资、设备到位
    ↓
   进行抢险
    ↓
抢险结束，恢复生产措施及善后处理，进行总结
```
人员伤亡 → 现场处置、送医院抢救

图 7-9　应急事故处理流程

7.4.3　应急管理技术措施

1. 土方坍塌应急预案

一旦发生坍塌事故，将采取以下应急救援措施：

（1）当事故发生后或发现事故预兆时，最早发现者立即大声呼救，并向有关人员报告。

（2）按照应急程序处置，应急小组立即启动。急救人员按照基本救护措施立即抢救伤员。

（3）有关人员迅速与附近医院联系要求派遣医生来工地和联系报 120 急救中心。在等待医生救治或送往医院抢救过程中，不要停止和放弃施救，如采用人工呼吸、清洗包扎或输氧急救等。

（4）迅速判断事故发展状态和现场情况，采取正确方法施救，并判断清楚被掩埋人员位置后，立即组织人员和机械设备进行挖掘。

（5）在救护过程中要防止二次土方坍塌伤人，必要时要先对危险的地方采取一定的措施。

（6）现场不具备抢救条件时，立即报 110 求救。

（7）分析事故或土方坍塌的影响范围，迅速组织疏散无关人员撤离事故现场，并组织人员建立警戒，不让无关人员进入事故影响范围。

（8）发现事故预兆立即停止作业，迅速组织人员撤离作业场所。

（9）应急救援技术组应根据情况迅速制定有效的抢险措施，以最快的速度实施抢险。同时要密切监测事故周围建筑、道路、地下水等的发展情况，以便根据情况调整和实施新的抢救措施，并迅速疏散影响范围内的所有人员。

2. 高处坠落及设备伤人应急预案

一旦发生高处坠落或设备伤人事件将采取以下应急措施：

（1）最早发现者立即大声呼救，并根据情况立即采取正确方法施救，向有关人员报告。

（2）按照应急程序处置，应急小组立即启动。急救人员按照基本救护措施立即救护伤员，在等待医生救治或送往医院抢救过程中，不要停止和放弃施救，如采用人工呼吸、清洗包扎或输氧急救等。

3. 脚手架坍塌应急预案

（1）当施工现场发生脚手架坍塌事件时，应立即组织人员对受伤人员进行急救，并设立危险警戒区域，严禁与应急抢险无关的人员进入。

（2）迅速确定事故发生的准确位置、可能波及的范围、脚手架损坏的程度、人员伤亡情况等，以根据不同情况进行应急处置。

（3）组织人员尽快解除重物压迫，减少伤员挤压综合征发生，并将其转移至安全地方。

（4）对未坍塌部位进行抢修加固或者拆除，封锁周围危险区域，防止进一步坍塌。

（5）如发生大型脚手架坍塌事故，必须立即划出事故特定区域，非救援人员未经允许不得进入特定区域。迅速核实脚手架上作业人数，如有人员被坍塌的脚手架压在下面，要立即采取可靠措施加固四周，然后拆除或切割压住伤者的杆件，将伤员移出。如脚手架太重可用吊车将架体缓缓抬起，以便救人。

（6）现场急救条件不能满足需求时，必须立即上报当地政府有关部门，并请求必要的支持和帮助。拨打120急救电话时，应详细说明事故地点和人员伤害情况，并派人到路口进行接应。

（7）警戒组在事故发生区域设置警戒线，设人把守，除抢救人员可以进出外，禁止任何无关人员进入事故发生区域，防止事故进一步扩大。

（8）指挥员应采用"网格法"将事故现场划分为若干救援区域，由到场的各级指挥员分片负责实施。抢救的方法和措施要结合坍塌现场的具体情况，机动灵活、因地制宜地进行。在建筑构件连带着钢筋、模板纵横交错地堆积在废墟之中时，一定要进行科学合理的评估，根据力学原理，判断现场的钢筋、模板受力连带关系，不能盲目牵引和顶撑，以免发生大面积坍塌。

4. 高温中暑应急预案

露天作业时易遭高温暴晒，若不注意，易发生施工人员中暑事件。而一旦发现施工人员有中暑迹象，发现者应及时通知救援人员到场，并按以下步骤进行施救：

（1）迅速转移中暑人员至阴凉通风的地方，解开衣服、脱掉鞋子，让其平卧，头部不要垫高。

（2）降温。用凉水或 50%酒精擦拭全身，直到皮肤发红、血管扩张以促进散热。

（3）补充水分和无机盐类，能饮水者应鼓励其喝足凉盐开水或其他饮料，不能饮水者送医院采用静脉补液。

5. 触电事故应急措施

（1）触电事故发生后，事故发现第一人应立即大声呼救，报告责任人（项目经理或管理人员）。

（2）项目管理人员获得求救信息并确认触电事故发生以后，应：

① 立即采用绝缘材料等器材使触电人员脱离带电体。

② 立即组织项目职工自我救护队伍进行施救，并立即向当地急救中心（120）、电力部门电话报告。

③ 立即向所属公司、公司应急抢险领导小组汇报事故发生情况并寻求支持。

④ 严密保护事故现场。

（3）项目部指挥部接到电话报告后，应立即指令全体成员在第一时间赶赴现场，了解和掌握事故情况，开展抢救和维护现场秩序，保护事故现场。

（4）当事人被送入医院接受抢救以后，项目部即指令善后人员到达事故现场：

① 做好与当事人家属的接洽善后处理工作。

② 按职能归口做好与当地有关部门的沟通、汇报工作。

6. 机械及车辆事故应急措施

（1）当发生重大机械事故后，应立即停止机械的运转，切断电源，保护事故现场。

（2）及时通知现场应急小组成员。应急小组组织和指挥抢险工作。

（3）抢险过程中应正确使用防护用品。

（4）及时疏散和妥善抢救事故区域内的人员。

（5）划出事故隔离区域，采取有效措施避免事故范围扩大。

（6）采取有效措施组织抢救，减小事故造成的损失。

（7）及时联系当地医院和卫生部门，对轻伤人员由医护人员进行处置，对重伤人员及时送往医院救治。

7. 火灾事故应急措施

（1）立即报警。当接到基地或施工现场火灾发生信息后，指挥小组要立即拨打"119"火警电话，并及时通知公司应急抢险领导小组，以便及时扑救火灾事故。

（2）组织扑救火灾。当基地或施工现场发生火灾后，除及时报警以外，指挥小组要立即组织义务消防队员和员工进行扑救，扑救火灾时要按照"先控制、后灭火；救人重于救火；先重点、后一般"的灭火战术原则，并派人及时切断电源，组织抢救伤亡人员，隔离火灾危险源和重点物资，充分利用基地或施工现场中的消防设施器材进行灭火。

（3）协助消防队灭火。在自救的基础上，当专业消防队到达火灾现场后，火灾事故应急响应指挥小组要简要地向消防队负责人说明火灾情况，并全力支持消防队员灭火，要听从专业消防队的指挥，齐心协力，共同灭火。

（4）伤员身上燃烧的衣物一时难以脱下时，可让伤员躺在地上滚动，或用水洒扑灭火焰。

（5）现场保护。当火灾发生时和扑救完毕后，指挥小组要派人保护好现场，维护好现场秩序，等待对事故原因及责任人的调查。同时应立即采取善后工作，及时清理，将火灾造成的垃圾分类处理并采取其他有效措施，从而将火灾事故对环境造成的污染降低到最低限度。

（6）火灾事故调查处置。按照公司事故（事件）报告分析处理制度规定，项目部火灾事故应急准备和响应指挥小组在调查和审查事故情况报告出来以后，应作出有关处理决定，重新落实防范措施，并报公司应急抢险领导小组和上级主管部门。

8. 传染病应急预案

（1）如发现员工有集体发烧、咳嗽等不良症状时，应立即报告现场负责人和有关主管部门，对患者进行隔离。

（2）立即拨打120电话，不可以自行送往医院的，等待救护车来接，可以自行送往医院的，把患者送往医院进行诊治，陪同人员必须做好防护措施。

（3）对可能出现病因的场所进行隔离、消毒，严格控制疾病的再次传播。

（4）加强现场员工的教育和管理，落实各级责任制，严格履行员工进出登记手续，做好病情监测工作。

参考文献

[1] "城市基础设施建设与管理"课题组. 城市基础设施[M]. 北京：北京燕山出版社，2009.

[2] 吕政,黄群慧. 中国工业化、城市化的进程与问题[J]. 中国工业经济，2005（12）：5-13.

[3] 严胜虎,李宇,毛琦梁. 市政公用事业市场化改革的依据和路径[M]. 北京：中共中央党校出版社，2008.

[4] 王琳琳. 论市政基础设施工程建设中政府职能的发挥——以郑州市为例[D]. 郑州：郑州大学，2010.

[5] 减跃茹. 英国基础设施的三种管理模式[J]. 管理现代化，1996（3）：62-64.

[6] 徐诗训. 日本的城市规划与基础设施建设[J]. 福建建设科技，1995（1）：35-36.

[7] 建设部城市基础设施投融资体系考察团. 法国西班牙城市基础设施投融资体制考察报告[J]. 城乡建设，2004（25）：36-39.

[8] 陈萍，王一林. 城市基础设施投资与运营体制市场化改革研究[J]. 社会科学辑刊，2003（5）：6-7.

[9] 彭安玉. 南京城市基础设施建设及其运作机制[J],南京社会科学，2004(9)：32-33.

[1] 王建国. 河南城市基础设施建设与发展研究[J]. 中州学刊，2002（11）：19-23.

[2] 任郑杰. 河南省城市基础设施建设投融资对策分析[J]. 商丘师范学院学报，2004（2）：117-119.

[3] 陈敬德. 市场经济驱动下的城市基础设施建设改革[J]. 发展研究，2002（37）：58-60.

[4] 张庭伟. 市场经济下城市基础设施的建设——芝加哥的经验[J]. 城市规划，

1999（87）：55-60.

[5] 卫华. 浅谈城市基础设施建设投融资体制[J]. 山西建筑，2003(6):189-190.

[6] 蔡竞. 构建现代化的城市基础设施和生态环境系统势在必行[J]. 决策咨询通讯，2005（3）：80-82.

[7] 丁芸. 我国城市基础设施投融资体制改革研究[J]. 中央财经大学学报，2004（8）：24-27.

[8] 尤丽霞，连军. 城市基础设施与可持续发展研究[J]. 天津大学学报（社会科学版），2001（12）：339-342.

[9] 于腾帅. 市政公用事业市场化中的政府监管[J]. 山东干部函授大学报，2006（11）.

[10] 王菊萍，宁维超. 对城市基础设施的现状及未来发展的思考——以青岛市城阳区城市基础设施为例[J]. 现代商贸工业，2008.

[11] 王济萍. 市政公用事业管理体制创新问题研究[J]. 行政论坛，2005（1）.

[12] 张永刚. 对我国城市市政公用事业改革与发展问题的探讨[J]. 城市管理与科技，2005（6）.

[13] 侯祥朝，姚兵. 公共工程建设管理的新思路——中国特色的PFI[J]. 城乡建设，2002（8）.

[14] 张振凯. 我国城市基础设施建设存在的问题及其对策浅析[J]. 经济师，2001（4）.

[15] 纵向阳. 目标管理在小湾水电站施工中的应用[J]. 云南水利发电，2006（4）.

[16] 施颖，刘佳. 基于PPP模式的城市基础设施特许经营期决策研究[J]. 当代经济管理，2015（6）.

[17] 姚鹅程，王松江. 双层目标规划模型在PPP项目中的应用研究[J]. 中国行政管理，2010（8）.

[18] 叶苏东. BOT项目主要风险研究[J]. 项目管理技术，2008（8）.

[19] 方励国. PPP项目合同标准化研究[D]. 上海：华东政法大学，2016.

[20] 吴亚平. 没有特许经营权社会资本敢投资PPP项目吗[J]. 中国投资，2016.

[21] 袁慧东. 市政工程项目施工方项目经理绩效考核体系的研究田[J]. 项目管理，2015.

[22] CJJ 2—2008 城市桥梁工程施工与质量验收规范[S].

[23] CJJ 1—2008 城镇道路工程施工与质量验收规范[S].

[24] JGJ 59—2011 建筑施工安全检查标准[S].
[25] JTG B03—2006 公路建设项目环境影响评价规范[S].
[26] 吴芳亮. PPP 模式在市政建设中的应用研究[J]. 市政技术，2010.
[27] 周元明. PPP 模式下的市政道路项目投资回报研究[J]. 城市开发，2016.
[28] 李朝明. 市政工程成本控制理论与方法的研究[D]. 成都：西南交通大学，2009.
[29] 李金龙. 市政道路改造工程中的理论分析与试验研究[D]. 南京：南京理工大学，2008.
[30] 何满良. 关于市政工程施工项目成本控制的研究[D]. 西安：长安大学，2006.
[31] 李朝明. 市政工程成本控制理论与方法的研究[D]. 成都：西南交通大学，2009.
[32] 黄玉刚. 施工组织设计对建设工程项目成本的影响研究[D]. 长沙：中南大学，2007.
[33] 高锋. 浅谈施工组织设计在市政项目中的作用[J]. 建筑设计管理，2004(1)：43-44.
[34] 何文雄. 浅谈市政工程投标阶段施工组织设计的编制[J]. 城市道桥与防洪，2008（6）：100-102.
[35] 孙波. 市政道路工程施工项目管理要素浅析[J]. 北方交通，2008（6）：216-219.
[36] 何艳. 市政道路工程施工技术资料管理系统开发研究[D]. 武汉：华中科技大学，2004.
[37] 王献仓. 对市政工程项目成本控制的思考[J]. 基建优化，2005(6)：47-49.
[38] 蒋彤. 对市政工程造价管理的探讨[J]. 中国市政工程，2006（5）：72-73.
[39] 武向阳，盛春杰，张明选. 关于市政道路工程施工成本控制浅析田[J]. 科技信息，2009（29）：910.
[40] 钟成高. 浅谈市政工程的施工成本控制[J]. 科技资讯，2010（5）：167.
[41] 谭晓芸. 市政道路施工项目的成本控制方法研究[J]. 中国新技术新产品，2009（11）：202.
[42] 李后新. 关于市政道路造价指标体系建立的探索[J]. 经营管理者，2010（13）：195-234.
[43] 韦树杰. 基于市政工程项目全过程造价控制与管理措施分析探讨[J]. 广东

建材，2009（9）：146-148.

[44] 李文云，周永波，张金英. 某市政道路工程施工成本预测与控制[J]. 黑龙江水利科技，2007（2）：80.

[45] 陈明坤. 市政道路工程成本估算及影响因素探析[J]. 现代商贸工业，2008（3）：166-167.

[46] 邱志侃. 市政道路工程成本价的估算方法[J]. 中华建设,2008(6):121-122.

[47] 王远. 市政道路工程造价估算的理论与方法研究[D]. 长春：吉林大学，2007.

[48] 羊英姿. 市政工程造价估算方法的研究[D]. 成都：西南交通大学，2006.

[49] 余振华. 工程量清单计价模式下市政道路工程成本价估算研究[D]. 合肥：合肥工业大学，2007.

[50] 胡金红，乔伟，刘立群. 我国市政工程项目成本控制分析[J]. 吉林建筑工程学院学报，2008（1）：89-92.

[51] 杨锋. 谈市政工程的成本控制[J]. 工程建设与档案，2003（2）：22-23.

[52] 罗永刚. 论市政工程工期的合理安排[J]. 科技情报开发与经济,2010(23)：216-217.

[53] 严家友. 市政工程施工组织设计中的常见问题和对策研究[J]. 工程质量，2010（11）：53-55.

[54] 刘耕，王学军. 国内外项目进度管理的比较及建议[J]. 重庆交通学院学报，2003（12）：95-96.

[55] 丁士昭. 建设工程项目管理[M]. 北京：中国建筑业出版社，2007.

[56] 姜敏. 工程进度管理系统的设计与实现[D]. 长春：吉林大学，2006.

[57] 陶月. 浅析我国市政工程施工进度管控措施[J]. 建材发展导向,2013(22)：234.

[58] 徐智棋. 浅谈市政工程进度失控的原因及措施[J]. 中国科技信息,2005(4)：122.

[59] 张孟然. 国外市政工程项目进度管理对我国的启示[J]. 中国住宅设施，2012（5）：56-58.

[60] 朱宏亮. 项目进度管理[M]. 北京：清华大学出版社，2002.

[61] 戚安邦. 现代项目管理[M]. 北京：对外经济贸易大学出版社，2001.

[62] 白思俊. 现代项目管理（中册）[M]. 北京：机械工业出版社，2002.

[63] 王端良. 建设项目进度控制[M]. 北京：中国水利水电出版社，1998.

[64] 卢向南，赵道致. 项目计划与控制[M]. 北京：机械工业出版社，2009.

[65] 雷霆. 建筑工程进度控制的有效控制措施探究[J]. 城市建筑，2014.

[66] 魏颖旗. 影响市政道路施工质量的因素及控制措施[J]. 中华民居，2013（8）：369-370.

[67] 杨坤. 项目时间管理[M]. 天津：南开大学出版社，2006.

[68] 张建新，进度控制管理实务[M]. 北京：中国水利水电出版社，2008.

[69] 白思俊. 资源有限的网络计划与启发式优化方法及其评价与选择：启发式优化方法综述[J]. 中国管理学. 1993.

[70] 蒋根谋，熊燕. 线性计划方法及其应用研究[J]. 华东交通大学学报，2008，25（5）：8-17.

[71] 田元福. 建设工程项目管理[M]. 北京：清华大学出版社，2005：18-19.

[72] 田军祯，等. 一种新的工程进度计划图[J]. 华东公路，2002，136（3）：81-83.

[73] 刘津明. 线状工程项目进度计划方法的研究[J]. 市政技术，1998，97（4）：25-26.

[74] 彭宏汉. 采用网络横道图编制施工进度计划[J]. 湖北工学院学报，1995，10（3）：25-28.

[75] 欧阳斌. 工程网络计划进度风险分析及关键链进度计划法研究[D]. 天津：天津大学，2003.

[76] 谢行皓. 网络计划在建筑施工中的应用前景[J]. 西安建筑科技大学学报（自然科学版），2010，42（6）：795-798.

[77] 蒋根谋. 一种新的线性工程项目进度计划的编制方法[J]. 铁道建筑，2008，38（11）：87-89.

[78] 蒋根谋. 线性计划方法及其应用研究[J]. 华东交通大学学报，2008，2（13）：8-11.

[79] 蒋根谋. 线状工程项目进度计划及资源分配问题优化研究[D]. 南昌：南昌大学，2008.

[80] 刘荣自. 基于LSM的线状工程项目多目标优化研究:（硕士学位论文）. 南昌：华东交通大学，2012.

[81] 王丽，王健. 保持资源连续性的LSM关键路线优化新方法[J]. 经济管理与科学决策，2012，6：142-143.

[82] 宋车梅. PERT网络图绘制的研究[D]. 成都：西南交通大学，2003.

[83] 刘煌明. PERT 进度编制及其在资源约束下的优化[D]. 南京：河海大学，2006.

[84] 阮宏博. 基于遗传算法的工程多目标优化研究[D]. 大连：大连理工大学，2007.

[85] 吴国有. 项目管理的计划及控制方法[J]. 当代石油石化，2002（3）.

[86] 俞宗卫. 进度控制理论和方法的探讨[J]. 基建优化，2000（9）.

[87] 菲根堡姆 AV. 全面质量管理[M]. 北京：机械工业出版社，1991.

[88] 刘立户. 全面质量管理 TQM[M]. 北京：北京大学出版社，2002.

[89] 徐伟. 市政工程质量通病[M]. 北京：中国建筑工业出版社，2009.

[90] 聂振海. 市政道路工程质量和安全通病的防治及监理[J]. 建设监理，2004，（1）：112-115.

[91] 周冠中. 浅谈市政道路工程质量控制与管理[J]. 中国高新技术企业，2010（5）：152-154.

[92] 张忠心. 市政工程质量管理中存在的问题及建议[J]. 科技风，2010（12）：104-105.

[93] 赵王熙. 施工企业质量体系建立与审核操作指南[M]. 北京：科学技术文献出版社，1998：90-98.

[94] 赵质晖. 浅谈质量管理体系如何在道路施工项目中有效运行[J]. 当代经理人，2006（11）：247.

[95] 杨晓英. 质量工程[M]. 北京：清华大学出版社，2010.

[96] 王宙驰. 市政工程的施工管理与质量控制[J]. 山西建筑，2009（3）.

[97] 张灵敏，王永国，田灵. 目标管理方法在建设工程项目管理中的应用. 2010.

[98] 汪建新，余永明. 市政道路项目施工质量控制探讨[J]. 现代商贸工业，2009（15）.

[99] 郭汉丁，刘应宗. 论政府建设工程质量监督改革. [J]. 建筑，2002（2）：12-15.

[100] 徐友全. 国际建筑业管理体制、法制和机制的研究[J]. 建筑经济，1999(7)：3-5.

[101] 陈兵. 合肥市市政工程质量政府监督的现状分析与对策研究. [D]. 合肥：合肥工业大学，2007.

[102] 孟凡青，王昕. 工程项目建设中质量管理与控制[J]. 煤矿现代化，2010(4).

[103] 沈文博. 论工程项目的质量控制主要体现在哪些方面[J]. 建筑工程，2010

（8）．

[104] 胡举，印唐军. 浅议工程项目的动态成本控制[J]. 交通科技与经济，2003，10（4）：23-26.

[105] 肖绪文. 建设工程施工安全技术操作规程[M]. 上海：同济大学出版社，2012.

[106] 钟骏武. 浅析市政工程施工中安全管理[J]. 中小企业管理与科技（上旬刊），2011（8）．

[107] 顾世阳. 浅谈市政公用工程的安全管理现状及对策[J]. 城市建设理论研究，2011（29）．

[108] 孙金涛，黄鹏. 浅议市政工程施工质量管理中存在的问题和对策[J]. 科技风，2010（2）：72-73.

[109] 何继善，等. 论工程管理[J]. 中国工程科学，2005（10）：5-10.

[110] 王东峰，等. 市政工程施工质量管理中存在的问题和解决措施分析[J]. 科技向导，2012（7）：353-354.

[111] 张平国，等. 浅谈项目施工中的质量管理[J]. 科技情报开发与经营，2003（10）：5-10.

[112] 黄小莉，李安安. 浅析市政工程管理[J]. 科技创新与应用，2013，（2）：199.

[113] 许国庆. 完善市政道路工程质量的管理控制措施[J]. 科技创新与应用，2013（2）：51-152.

[114] 苏少雄. 浅谈市政工程施工中的质量管理问题[J]. 工程技术，2006（35）：44-45.

[115] 胡成柱. 加强质量管理，提升市政施工企业市场竞争力[J]. 现代企业文化，2009（27）：17-18.

[116] 储富贵. 浅谈市政道路施工过程适量控制措施[J]. 中华民居，2012（12）：302-303.

[117] 于海波，刘洪岩. 市政给排水施工质量管理中常见问题、技术要点及措施探讨田[J]. 民营科技，2013，（1）：161-162.

[118] 何金丽. 市政道路改造工程质量控制及分析处理[J]. 山西建筑，2013（12）：223-224.

[119] 陈兰芳. 施工企业质量管理体系分析[J]. 工程建设与设计，2012（1）：32-34.

[120] 赫相超. 市政工程安全管理重要性研究川[J]. 科技资讯，2011（19）．

[121] 蔡永跃. 对市政工程施工安全管理的分析川[J]. 民营科技，2011（4）.

[122] 刘志强. 浅析市政工程施工的安全管理川[J]. 黑龙江科技信息，2011（12）.

[123] 王飞. 浅谈市政公用工程安全管理现状及对策[J]. 三门峡职业技术学院学报，2011.

[124] 万永超. 浅谈市政工程的安全管理工作[J]. 黑龙江科技信息，2011（25）.

[125] 高红彬. 谈路桥工程安全监理的难点及完善措施[J]. 四川建材，2011（6）.

[126] 赫相超. 市政工程安全管理重要性研究[J]. 科技资讯，2011.

[127] 周载海. 市政工程安全管理思考[J]. 技术与市场，2011（8）.

[128] Barry kirwan. Human error identification techniques for risk assessmennt of highrisk systems[J]. 1998，29（3）：157-177.

[129] John G Everett, Willard S, Thompson, Experience. Modification Rating For Worker's Compensation Insurance[J]. Journal of construction Engineering and Management, 1995（52）.

[130] Hinze JTurnove. New Work and safety[J]. Journal of construction, 1978（32）.

[131] 秦言亮，市政工程项目施工的安全管理[A]. 2010.

[132] 黄中天. 浅析市政公用工程安全的影响因素及解决措施[J]. 科海故事博览·科技探索，2010，9.

[133] 牛水云，马丽萍. 浅论市政工程施工安全管理[J]. 山西建筑，2010.

[134] 高国伟. 浅析城市市政工程建设中的安全管理方法[J]. 中国科技博览，2010（21）.

[135] 赵红. 市政工程安全管理工作的几点思考[J]. 黑龙江科技信息，2010（32）.

[136] 黄劲松. 浅谈路桥建设项目安全管理工作[J]. 安徽建筑. 2009（4）.

[137] 薛志强. 影响市政公用工程安全的因素及解决建议[J]. 黑龙江科技信息，2009（30）.

[138] 刘铁民. 安全生产法及相关法律知识[M]. 北京：煤炭工业出版社，2005.

[139] 张彬. 浅议我国市政建设安全存在的问题、成因及对策[J]. 建筑安全，2007.

[140] 郝生跃，柴正兴. 完善我国建筑安全管理组织体系的思考[J]. 中国软科学，2006（20）.

[141] 卢欢庆，刘雯. 美国建筑工程项目的安全管理[J]. 建设监理，2005（15）.

[142] 李富强. 中国建筑施工项目管理的研究[D]. 武汉：华中科技大学，2006（19）.

[143] 杨杰. 建筑施工项目安全管理的研究[D]. 北京：北京交通大学，2008（24）.

[144] 彭雷. 建设项目施工安全生产管理研究[D]. 北京工业大学，2009（32）.

[145] 李挺剑. 市政公用工程的安全管理现状及对策[J]. 东方企业文化，2012（10）：225-227.

[146] 赵红. 市政工程安全管理工作的几点思考[J]. 黑龙江科技信息，2010（32）：298.

[147] 张西臣，陈燕霞. 浅谈建设工程职业健康安全与环境管理[J]. 价值工程，2013（6）：81-82.

[148] 牛水云，马丽萍. 浅论市政工程施工安全管理[J]. 山西建筑，2010（17）：199-200.

[149] 朱明安. 市政工程安全事故典型案例及分析[J]. 中国市政工程，2009（141）：44-45.

[150] 土会永，鞠华宗. 市政工程安全事故原因分析及防治[J]. 建筑安全，1999（140）：9-10.

[151] 陈建堂，茅哲烽. 市政工程安全生产管理的讨论[J]. 经营管理者，2010（16）：197.

[152] 金薇. 浅谈市政工程施工安全管理[J]. 改革与开放，2011.

[153] 刘跃军. 关于市政工程施工安全管理的探讨[J]. 科技之友，2011（3）：129-131.

[154] 白泽，俞婷. 关于市政工程安全生产管理的分析[J]. 科技之友，2012（15）：96-99.

[155] 周载海. 市政工程安全管理思考[J]. 技术与市场，2011（8）：357-358.

[156] 黄亚平. 对市政工程施工安全管理的一些思考[J]. 经营管理者，2010（6）：236.

[157] 土纪明. 市政工程安全管理之我见[J]. 科技风，2011（2）：90.

[158] 土晓军. 市政工程施工安全管理研究[J]. 科技风，2011（24）：84.

[159] 朱明安. 市政工程安全生产特点及风险防范对策[J]. 城市道桥与防洪，2009（6）：114-118.

[160] 闫利荣. 浅谈市政工程建设的质量安全管理[J]. 科技情报开发与经济，2005（18）：285-286.

[161] 王雨田，陆晓锋. 浅谈市政工程施工安全管理[J]. 山西建筑，2010（4）：220-221.

[162] 吴建龙. 对市政工程施工安全管理的分析[J]. 江西建材，2013（124）：276-277.

[163] 应六均. 浅析市政工程安全管理信息系统[J]. 科技与企业，2012（13）：122.

[164] 吴强. 市政工程项目施工中安全管理的创新研究[J]. 科技传播，2011（4）：96.

[165] 顾世阳. 浅谈市政公用工程的安全管理现状及对策[J]. 城市建设理论研究，2011（29）：33-35.

[166] 钟轶. 市政公用工程现场管理问题及对策[J]. 城市建设理论研究，2012（5）：75-77.

[167] 刘志强. 浅析市政工程施工的安全管理[J]. 黑龙江科技信息，2011（12）：21-22.

[168] 蔡永跃. 对市政工程施工安全管理的分析[J]. 民营科技，2011（4）：51-52.

[169] 赫相超. 市政工程安全管理重要性研究[J]. 科技资讯，2011（19）：124-125.

[170] 何满良. 关于市政工程施工项目成本控制的研究[D]. 西安：长安大学，2006.

[171] 尹仿佳. 影响市政道路工程成本预算控制的几个因素[J]. 建材技术与应用，2008，（7）：20-22.

[172] 王永忠. 加强工程项目的质量成本管理[J]. 山西建筑，2007（11）：258-259.

[173] 贾文静. 控制市政工程成本提高市场竞争能力[J]. 新乡师范高等专科学校学报，2004（6）：99-100.

[174] 韦勇华. 浅析施工项目进度成本和质量控制与管理[J]. 科技咨询，2008（9）：213-214.

[175] 王进，刘建辉. "五本"管理见真功[J]. 报道，2009（2）：72-73.

[176] 薛健. 实施施工项目成本管理的原则和措施[J]. 中国市政工程，2007（1）：5-7.

[177] 王献仓. 对市政工程项目成本控制的思考[J]. 基建优化，2005（12）：20-22.

[178] 张国玲. 公用市政工程施工成本费用的控制[J]. 城市公用事业，2006（6）：24-26.

[179] 许宝星. 市政公用工程施工成本管理概述[M]. 徐州：中国矿业大学出版社，2009，3-4.

[180] 挤日强，扬清江. 施工项目管理中成本工期质量和安全的控制[J]. 宁夏工

学院报，1997（3）：31-36.

[181] 胡金红，乔伟，刘立群，等. 我国市政工程项目成本控制分析[J]. 吉林建筑工程学院学报，2008（1）：90-92.

[182] 韩申良. 市政工程施工项目成本控制存在的问题及对策分析[J]. 管理荟萃，2007（12）：13-14.

[183] 王献. 市政工程项目成本控制的思考[J]. 基建优化，2005，12（6）：47-50.

[184] 裴永胜. 浅谈市政道路工程施工过程的质量控制[J]. 山西建筑，2014，30（8）：26-27.

[185] 温金祥. 市政道路工程施工方法与质量控制[J]. 工程技术与管理，2013（4）：38-39.

[186] 任军政. 浅谈市政道路工程的质量监理[J]. 技术与市场，2013（3）：45.

[187] 杨航丽. 城市道路施工质量控制与主要质量通病的防治[J]. 太原科技，2012（2）：68-69.

[188] 王伟. 市政道路工程质量的研究和分析[J]. 学术论坛，2014（18）：10-11.

[189] 任军政. 浅谈市政道路工程的质量监理[J]. 技术与市场，2014（3）：101-102.

[190] 张琴，刘丹静. 探讨城市道路施工质量控制[J]. 建设科技，2013（1）：264-265.

[191] 钟强. 论市政工程建设混凝土道路施工质量的控制[J]. 科技创新导报，2010（2）：72-73.

[192] 王宙驰. 市政工程的施工管理与质量控制[J]. 山西建筑，2009，29（3）：90-91.

[193] 汪建新，余永明. 市政道路项目施工质量控制探讨[J]. 现代商贸工业，2009（15）：54-55.

[194] 周黎. 市政道路工程施工质量优化管理策略分析[J]. 工程技术，2010（16）：20-21.

[195] 周冠中，童爱平. 浅谈市政道路工程质量控制与管理[J]. 中国高新技术企业，2008（14）：15-16.

[196] 谢友平. 论市政道路施工的质量控制[J]. 企业科技与发展，2010（16）：29-30.

[197] 王赛翔，姚敏亚. 影响市政工程质量要素分析[J]. 工程技术，2009（1）：41-43.

[198] 朱东风. 质量控制在市政工程项目管理中的作用[J]. 建筑与工程，2013

（28）：15-16.
- [199] 王健，刘尔烈，骆刚. 工程项目管理中工期-成本-质量综合均衡优化[J]. 工程技术，2014，19（2）：36-37.
- [200] 李明，黄升平. 市政工程施工测量监理探讨[J]. 地矿测绘，2009（1）：85-86.
- [201] 霍庆春，陈军. 市政工程项目施工阶段的质量控制[J]. 中国新技术新产品，2009（6）：90-91.
- [202] 张豪，夏才安，方诚，等. 市政工程质量量化评定的研究[J]. 浙江工业大学学报，2015，28（4）：24-26.
- [203] 蒲松林. 成都城市基础设施投融资体制改革实例分析[J]. 西部观察，2004（1）：7-8.